財務諸表監査
第3版
Fundamentals of Financial Statement Audits

亀岡恵理子／福川裕徳
永見　尊／鳥羽至英 著

国元書房

序（第3版）

　2021年4月の改訂版（第2版）からおよそ3年半の期間をもって本書第3版が発行される運びとなった。監査制度や法規制は常に改訂や進展を見せており，改訂版発行以降にも四半期報告制度やリスクアプローチのとらえ方などが見直されてきた。本書では，これらの改訂や監査基準委員会報告書から監査基準報告書への名称の変更に加えて，とくに職業倫理や品質管理などの説明もより詳しく記載している。さらに本書では，読者が財務諸表監査の理論や構造をより体系立てて理解しやすいように，21章建ての改訂版から構成を変更し，全16章に組みなおしている。これは，各章の相互に関連する内容の一部を統合し，また「財務諸表監査」として学習するうえで不可欠な部分とそうでない部分とを慎重に識別して整理したものである。

　今回の改訂にあたっては，これまでと同様に国元書房の國元孝臣社長にご尽力いただいた。ここに記して感謝申し上げる。最後に，製造業の認証不正や粉飾決算，あるいは中国における不動産大手による利益の大幅な水増しなど，企業の不正や不祥事が絶えず報道される中，大学の学部学生・大学院生をはじめとする多くの読者が，本書を通じて監査の主題を明確に理解して，不正や粉飾に対する財務諸表監査の意義や公認会計士の役割と責任を正しく理解し，そして有意義で活発な議論をもつことができることを祈念するものである。

2024年8月10日

亀岡恵理子

福川裕徳

永見　尊（取り纏め）

鳥羽至英

序

　本書は，わが国の企業社会において制度として行われている公認会計士による財務諸表監査の理論的基礎を，とりわけ「概念」と「なぜ」という視点を大切にしながら説明した基本書である。

　紆余曲折を経ながら発展してきた職業会計士による財務諸表監査の基本的な骨格部分はすでに相当固まり，そこでの議論も精緻になってきた。財務諸表監査が過去に抱え込んでいたさまざまな問題——とりわけ，財務諸表監査の基本構造と整合させることが難しい問題——についても，「社会の人々が財務諸表監査に期待する役割に，職業会計士はどのように応えたらよいか」という問題提起（期待ギャップの問題）を通じて，相当前向きに解決されてきた。

　その一方において，その内実が学問的に十分に解明されていない領域もある。その代表は，監査人の内的過程（inner process）を対象とする監査判断の領域である。財務諸表監査の失敗の多くは，程度の差こそあれ，監査判断上のミスに起因したものである。監査判断を直接に取り上げるのはもう少し研究成果が蓄積されるのを俟つことにして，本書では，監査認識のあり方，とりわけ監査判断のあり方にも関連する「アサーション」に焦点を当て，それが立証プロセスにおいて果たす役割を少し詳しく説明することにした。

　本書は，鳥羽至英単著『財務諸表監査—理論と制度』（基礎篇と発展篇）を母体にしている。本書を構想するに際しては，その対象を財務諸表監査に限定したうえで，若干の周辺領域（会社法監査・内部統制）の説明を加えるという基本方針のもとに，全体の章立てを組み直した。「監査の主題」という概念は，社会のさまざまなところで実施されている監査を体系的に理解するうえで中核となる概念であるが，説明がどうしても抽象的になることから，本書では，まず，「言明の監査」としての財務諸表監査を説明し，そのうえで，「監査の主題」

なる概念に触れるほうが学習上も教育上も有効であろう，と判断した。

本書の全体的な見直しは，著者4名と出版社による合同作業として行われた。旧書の内容のうち，引き継ぐべき部分の確認に加え，旧書の誤っている部分や不要な部分，あまりにも詳細すぎる説明や反対に説明の足りない箇所の洗い出しなど，旧書2冊を1冊にまとめ上げ，新しい本を誕生させるうえで必要と考えられる作業（新たな調査を含む）を3年間にわたって継続的に実施してきた。今後の研究成果を俟たなければならない領域や項目（概念）があることは承知したうえで，本書では財務諸表監査の骨格を理解するのに必要と思われる基本事項（fundamentals）を，とりわけ「概念」と「なぜ」を重視しつつ説明している。

本書は財務諸表監査の基本書であって，財務諸表監査の入門書や概説書ではない。また，監査基準や監査基準委員会報告書の解説書でもない。読者におかれては，財務諸表監査の理論的・概念的な枠組みがどのように説明されているかを考えながら，本書の一行一行を丁寧にそして深く精読されることをお願いしたい。

なお，旧書の章末に掲載されていた練習問題はすべて本書から外し，出版社のホームページから，解答・解説を含めて，ダウンロードできるようにした。さらに，本文から少し距離をおいたところで監査（財務諸表監査）に対する理解を深め，監査思考を発展させていただくための素材として「Coffee Break」を，またこれからの監査研究に対する糸口を探すための一助としていただくため「リサーチの種」を設けた。なお，本書をより深く理解するうえで必要と思われる統計や資料なども，追々，ホームページを通じて提供したいと考えている。役立てていただければ幸いである。

各年代にわたる著者4名の年齢構成は，ある意味で，監査の教科書をどのようにまとめ上げるかに関して微妙な意見の相違をもたらした。「過去に拘る立場」と「過去から解放しようとする立場」である。今回は，旧書を母体にしているという意味において前者が勝っていると思われる。しかし，これから続く本書の改訂作業のなかで，少しずつ新鮮な風が反映されるものと考える。

iii

序

　執筆陣の代表として，秋月信二氏（埼玉大学教授），永見　尊氏（慶応義塾大学教授），および福川裕徳氏（一橋大学教授）の改訂に向けての真剣な姿勢に心から謝意を表する次第である。さらに，長期間に及ぶ改訂作業に常に参加されるとともに，改訂作業の前後の対応にご尽力いただいた株式会社国元書房・代表取締役社長國元孝臣氏に感謝申し上げたい。

　2015 年 3 月 1 日

福川裕徳

永見　尊

秋月信二

鳥羽至英（代表）

財 務 諸 表 監 査

目　次

第1章　経済社会における監査の役割と定義 ———————— 1

1. 経済社会において監査が果たす役割 ————————————— 1

　　企業買収と財務諸表監査　2／オリンパス社の事例と財務諸表監査　5

2. 監査の定義 ———————————————————————— 6

　　アメリカ会計学会による監査の定義　7／

　　本書における監査の一般的定義と監査の主題　11

3. 財務諸表監査の監査報告書の概説 ————————————— 14

　　監査意見と財務諸表の質（信頼性）の保証　17／

　　監査基準と財務諸表監査の質　17

4. 本章のまとめ ——————————————————————— 18

第2章　財務諸表監査の生成基盤 ————————————— 21

1. 財務諸表監査の生成基盤についての歴史的概観 ——————— 22

2. 財務諸表監査の生成基盤についての一般的考察 ——————— 24

3. 財務諸表監査の生成基盤と財務諸表の基本的性質 ————— 28

4. 情報の質をめぐる潜在的な利害の対立―― 一般的考察 ——— 29

5. 財務諸表の質をめぐる潜在的な利害の対立

　　――委託受託関係と市場取引関係 ————————————— 30

　　委託受託関係と財務諸表監査　31／

　　市場取引関係と財務諸表監査　32

6. 監査の主題 ———————————————————————— 33

目　　　次

　　　　　言明の監査　34／非言明の監査　35

7. 本章のまとめ——————————————————————————36

第3章　財務諸表監査の担い手 ——————————————————39

1. 財務諸表監査の担い手としての公認会計士——————————————40

　　　　公認会計士法の制定　40／

　　　　公認会計士法に定める業務と財務書類の監査証明業務　41／

　　　　公認会計士制度の骨格　42

2. 国による公認会計士の資格認定制度——————————————————43

3. 特殊法人としての日本公認会計士協会—————————————————44

4. 日本公認会計士協会への公認会計士の強制加入制度——————————45

5. 日本公認会計士協会による自己規制——————————————————47

　　　　自己規制の仕組みを支える基本的規則——会則と倫理規則　47／

　　　　『倫理規則』の概要　49／自己規制の仕組みを支える制度　53

6. 本章のまとめ——————————————————————————55

第4章　不正・誤謬・違法行為と財務諸表の重要な虚偽表示 – 57

1. 不正概念の枠組み————————————————————————59

　　　　不正の範疇と会計上の不正　60／言明不正　62／財産不正　63

2. 不正の態様と財務諸表監査—————————————————————63

3. 誤謬概念の枠組み————————————————————————67

4. 違法行為概念の枠組み———————————————————————70

　　　　財務諸表監査の枠組みにおける違法行為の位置づけ　71／

　　　　違法行為の監査手続　72

5. 虚偽表示—————————————————————————————74

6. 本章のまとめ——————————————————————————76

第5章　証券市場と金融商品取引法監査 ———— 79

1. 証券市場の参加条件と投資者の保護 ———————————— 80
2. 企業内容開示制度の理念と制度の枠組み ———————————— 84

　　企業内容開示制度　84／公表される投資情報の質　85／

　　投資情報の提供される頻度　86／

　　投資情報を投資者が等しく利用できる機会　87

3. 企業内容開示制度と開示書類 ———————————————— 88

　　発行市場における企業内容開示制度　89／

　　流通市場における企業内容開示制度　91

4. 金融商品取引法のもとでの開示書類の信頼性の保証 —————— 96

　　監査による保証系列——財務諸表の監査　97／

　　監査による保証系列——内部統制報告書の監査　98／

　　レビューによる保証系列——中間連結財務諸表のレビュー　98

5. 本章のまとめ —————————————————————— 99

第6章　監査基準の形成と意義 ———— 101

1. 監査基準の形成 ————————————————————— 102

　　監査基準の形成——アメリカの場合　102／

　　監査基準の形成——わが国の場合　105

2. 監査基準の基本的性格 —————————————————— 107

　　役割基準としての監査基準　108／

　　監査人の行為・判断を規制する基準としての監査基準　109／

　　財務諸表監査全体の品質基準としての監査基準　109／

　　財務諸表監査の規範としての監査基準　110／

　　責任基準（免責基準）としての監査基準　111／

　　専門職業基準としての監査基準　114／

　　利害調整の基準としての監査基準　114

vii

目　　次

3. わが国における「一般に公正妥当と認められる監査の基準」の体系── 115

　　　企業会計審議会『監査基準』 116 ／

　　　日本公認会計士協会「監査実務指針」 118

4. 本章のまとめ ──────────────────────── 119

第7章　監査人の独立性と正当な注意 ───────── 123

1. 監査人の独立性概念──精神的独立性 ──────────── 126

2. 監査人の独立性──外観的独立性 ───────────── 128

　　　法令・監査基準による外部規制 130 ／

　　　『倫理規則』による自己規制 132 ／

　　　社会選択としての自由契約主義 132

3. 財務諸表監査の概念的枠組みにおける注意の標準 ─────── 133

4. 職業的専門家としての正当な注意 ──────────────── 134

5. 職業的専門家としての正当な注意と職業的懐疑心 ─────── 137

6. 本章のまとめ ──────────────────────── 140

第8章　監査の失敗と監査人の責任 ─────────── 145

1. 監査の失敗 ──────────────────────── 146

2. 財務諸表監査における監査人の責任の枠組み ───────── 148

　　　依頼人（契約当事者）に対する法的責任（民事責任） 150 ／

　　　第三者に対する法的責任（民事責任） 153 ／挙証責任の転換 154 ／

　　　社会に対する監査人の法的責任（刑事責任・行政処分） 155

3. 監査の失敗・監査人の法的責任・監査基準 ─────────── 158

　　　責任基準としての「一般に公正妥当と認められる監査の基準」

　　　の法的有効性 158

4. 本章のまとめ ──────────────────────── 159

viii

第 9 章　監査プロセスとアサーションの意義 ———— 163

1. 監査契約プロセス———————————————————— 164
2. 監査立証プロセス———————————————————— 168
3. 監査報告プロセス———————————————————— 170
4. 監査立証プロセスとアサーション————————————— 173

   アサーション——定義　174／

   アサーション——『監査基準』における監査要点との関係　175

5. 財務諸表と立証の対象としてのアサーション——————— 176

   財務諸表レベルのアサーション　178／

   財務諸表項目レベルのアサーション　178

6. 本章のまとめ————————————————————— 180

第 10 章　監査リスク・アプローチ ———————————— 181

1. 監査リスク・アプローチの意義と適用——————————— 182
2. 監査リスクとそれを構成する 3 つのリスク————————— 184

   監査リスク（AR）　184／固有リスク（IR）　186

   統制リスク（CR）　188／発見リスク（DR）　192

   固有リスク（IR）・統制リスク（CR）と発見リスク（DR）の関係　194／

   IR と CR の評価に対するアプローチの変遷　195

3. 監査リスク・アプローチの特徴——————————————— 197

   財務諸表全体の重要な虚偽表示リスクの評価と監査計画の策定　197／

   アサーション・レベルの重要な虚偽表示リスクの評価と監査計

   　画の策定　198／

   重要性の水準（重要性の基準値または閾値）198

4. 監査計画の修正————————————————————— 203

   統制リスク（CR）の当初の判断を変更する必要が生じた場合　203／

   発見リスク（DR）を目標とする水準以下に抑えることが難し

ix

目　　次

　　　　　い状況に直面した場合　204

5.　本章のまとめ—————————————————————————————————205

第11章　監査証拠と監査技術———————————————————207

1.　監査手続と監査証拠—————————————————————————————207

　　　リスク評価のための監査証拠　208 ／

　　　立証の材料としての監査証拠　210 ／

　　　文書的証拠　210 ／物理的証拠　213 ／口頭的証拠　213

2.　照合の手段としての監査技術———————————————————————215

　　　実　査　216 ／立　会　217 ／確　認　219 ／質　問　221 ／

　　　視　察　223 ／閲　覧　223 ／証憑突合　224 ／勘定突合　226 ／

　　　帳簿突合　226 ／計算突合（独立的計算）　227 ／勘定分析　227 ／

　　　通　査　228 ／調　整　228 ／再実施　229 ／分析的手続　229

3.　アサーション・監査証拠・監査技術——売掛金監査を例にして———233

4.　本章のまとめ—————————————————————————————————236

第12章　監査意見の表明を支える合理的な基礎———————237

1.　監査計画の策定——証拠の事前評価—————————————————238

2.　監査手続を実施するなかで行われる証拠の評価———————————241

3.　監査調書の作成とレビュー——証拠の事後評価————————————242

4.　意見表明の合理的な基礎——個別信念と総合信念—————————244

5.　本章のまとめ—————————————————————————————————248

補論　監査調書の閲覧について—————————————————————————248

第13章　監査報告書の構造と監査メッセージ————————251

1.　監査報告書の意義—————————————————————————————252

2.　標準監査報告書の意義———————————————————————————253

3.　監査メッセージの目的と意味————————————————————————256

x

4. 現在の監査報告書の構造————————————— 258

　　監査報告書におけるメッセージ区分　258

5. 監査報告書における情報提供機能————————— 278

　　監査上の主要な検討事項　279／その他の記載内容　280／

　　追記情報　281

6. 本章のまとめ————————————————— 282

第 14 章　監査意見の類型と意見不表明————————— 285

1. 除外事項の意義と機能————————————— 286

　　除外事項の定義　286／除外事項の種類　288

2. 標準監査報告書以外の監査報告書の作成——————— 290

　　1）アサーションの立証を妨げる監査手続上の制約があった場合　290／

　　2）アサーションを否定する会計基準違反が検出された場合　294

3. 限定付適正意見が表明された場合において除外事項が財務諸表に与

　　えている影響を記載することの意味——情報価値——————— 298

4. 財務諸表の信頼性の格付けと監査意見————————— 301

5. 本章のまとめ————————————————— 303

補論　会計方針の変更と継続性の原則—————————— 303

第 15 章　財務諸表監査とゴーイング・コンサーン————— 309

1. ゴーイング・コンサーン問題の本質————————— 311

　　個別リスク開示主義　312／GC リスク開示主義　313／

　　GC リスク評価主義　314

2. ビジネス・リスク情報の開示とゴーイング・コンサーン問題——— 316

　　経営者の対応　316／監査人の対応　319

3. ゴーイング・コンサーン問題と監査手続————————— 320

　　1）にかかる監査上の対応と監査報告　320／

　　2）にかかる監査上の対応と監査報告　324

xi

目　　次

4. ゴーイング・コンサーン情報の注記開示と監査報告書上の記載————— 325
5. 本章のまとめ————————————————————————— 328

第 16 章　監査規制と品質管理 ————————————————— 329

1. 金融庁による公認会計士制度の運営と規制————————————— 330

　　　金融庁（企画市場局企業開示課）——監査規制を統括する行政機関
　　　333 ／

　　　公認会計士・監査審査会——主に事前規制を担当する行政機関　334
　　　／

　　　証券取引等監視委員会——主に事後規制を担当する行政機関　336

2. 監査法人制度————————————————————————— 337

　　　監査法人の設立と社員　337 ／監査法人の種類と責任　338 ／
　　　指定社員制度　339 ／
　　　監査法人の社会に対する報告責任と経営の透明性　340

3. 監査法人内で行われる品質管理————————————————— 340

　　　監査事務所（監査法人）レベルの品質管理　341 ／
　　　監査チームレベルの品質管理　346

4. 本章のまとめ————————————————————————— 349

索引————351

第1章
経済社会における監査の役割と定義

経済社会において監査が果たす役割

会計史家ボイド（Boyd [1905] 74）は，その論文の冒頭の一節において，監査の社会的ニーズについて，次のように述べている。

> 文明の進歩によって，財産を所有する者がその財産をある範囲で他の者に委託する必要が生み出された都度，後者の誠実性を何らかの形でチェックする仕組みを設ける必要のあることが明らかとなった。

ボイドのいう「後者の誠実性を何らかの形でチェックする仕組み」，これが監査（audit/auditing）である。ボイドの説明は，監査を必要とする経済的関係（監査の生成基盤）の1つとして，財産の保全と管理に関する委託受託関係（managerial stewardship）があることを示唆している。確かに，財産の保全と管理に関する委託受託関係を背景にした監査は，株主と取締役の間の関係を生成基盤とする監査役監査や経営者と従業員の間の関係を生成基盤とする内部監査，納税者と行政の間の関係を生成基盤とする会計検査院検査[1]や地方

---

[1] 国民（納税者）と国レベルでの行政機関の長との関係を生成基盤とする監査は，会計検査院によって行われている。表現上は「監査」ではなく「検査」という用語が用いられている。「監査」なる用語に代えて「検査」という用語を使用した理由は明らかではないが，そこで求められている役割（機能）は実質的に「監査」という概念で十分に説明できるも

第1章　経済社会における監査の役割と定義

自治体における監査委員監査など，わが国の現代社会のさまざまなところでみられる。しかも，こうした監査は法によって強制されている場合（法定監査）もあれば，経営上のニーズに応えるため，経営者の自由意思に基づいて導入される場合（任意監査）もある。たとえば，株主と取締役の間の関係（委託受託関係）を生成基盤とする監査役監査は会社法により強制されているが，経営者と従業員の間の委託受託関係を生成基盤とする内部監査は任意監査である。

　現代においても企業社会で実施されている主要な監査の1つは「受託者の誠実性のチェック」を目的とした監査であるが，とりわけ20世紀初頭のアメリカにおいて，ある経済的関係（取引）に関連して当事者の間で利用される「情報（財務諸表）の信頼性のチェック」を目的とした監査が行われるようになった。この監査は，財務諸表が信頼できるものであるかどうかを監査人が確かめ，その信頼性を保証することに主眼がおかれている。財務諸表の監査は，主として証券市場との関係において多くの国で義務づけられており，そしてその監査の主役を担っているのが独立の職業会計士である。

　では，今日の経済社会において，財務諸表監査の意義とその機能はどのように説明できるのであろうか。ここでは，企業買収（merger and acquisition：M&A）とわが国でおこった企業不祥事（オリンパス［2011］）を例にして考察することにしよう。

企業買収と財務諸表監査

　ABC株式会社の経営者であるあなたは，現在，A氏が100％所有しているXYZ株式会社の買収を検討している。A氏は自らの会社が買収されることに同意しており，買収価格の決定の問題だけが両者の間に残されている。あなたは，XYZ社の財務諸表とその他の財務情報，さらに業界や市場に関する情報などを入手して同社の将来の収益性を評価してその企業価値を算定し，買収価格を決定しようとするであろう。一方で，A氏は自らの会社をできるだけ高く

のと考えられる。

売却したいと考えている。企業の買収価格の決定にはさまざまな要因が複雑に影響し合い、単一の要因によって決まるものではない。しかし、あなたとA氏が企業の買収価格の決定に際して等しく重視するものが、買収候補会社であるXYZ社の財務諸表であることは間違いない。そして、企業買収に関連して企業社会で広く行われている実務は、XYZ社の財務諸表について職業会計士による監査を受けることである。XYZ社の財務諸表を職業会計士が監査することにはどのような意味があるのであろうか。

　XYZ社の企業価値を算定するために利用する同社の財務諸表が職業会計士による監査を受けていない場合、あなたは、その財務諸表を信頼できるであろうか。もとより、あなたは、A氏が会社をできるだけ高い価格で売却したいと考えていることはわかっている。たとえば、財務諸表において報告されている利益が1億円であり、この利益数値が当該会社の財務状況を反映した適切なものであれば、買収価格を10億円としてもよいと考えるかもしれない。しかし、A氏の側には、売却価格を高くするために、XYZ社の将来の収益性をよりよくみせようとするインセンティブがある。つまり、本当の利益は1億円よりも小さく、たとえば9,000万円であるかもしれない。そうであれば、当該会社の買収価格を10億円とすることは適切ではないであろうし、あなたが本来の利益数値（9,000万円）を知っていれば、それよりも低い価格——たとえば9億円——とするはずである。

　ここで重要なことは、A氏には買収価格を高くしたいというインセンティブがあるため、XYZ社の本当の利益は1億円よりも低い可能性がある、とあなたが考えていることであり、その結果として、本当の利益が1億円であった場合の算定額10億円よりも買収価格を低くせざるをえない、ということである。ここでは、実際にA氏が売却価格を高くするために、XYZ社の利益を本来よりも水増ししているかどうかは問題ではないのである。

　財務諸表で報告されている1億円の利益数値が信頼できるかどうかわからないために、その分を割り引いた買収価格を提示されたA氏はどのように考えるであろうか。A氏は誠実な人で健全な企業経営に努力し、一般に認められ

第1章　経済社会における監査の役割と定義

た企業会計の基準に準拠して XYZ 社の財政状態，経営成績およびキャッシュ・フローの状況を適正に反映した財務諸表を——とりわけ，企業の経営成績（業績）を適切に反映した利益数値を——報告していたとすると，買収価格が 10 億円を下回ることには納得がいかないであろう。ここで，A 氏には，独立の第三者（職業会計士）による財務諸表監査を受けるインセンティブが生じることになる。

　報告された利益数値の信頼性が明らかでないことを理由にして，その利益数値に基づいて算定される額（10 億円）よりも買収価格が 1 億円低くなってしまうのであれば，報告された利益数値が信頼できるものであることを明らかにするため，A 氏が財務諸表の監査を第三者である職業会計士に委嘱しようと考えるのは自然である。もちろん，その場合でも必ず監査を受けるとは限らない。監査のコストが 1 億円を超えるのであれば，利益数値の信頼性が明らかでないことに起因する買収価格の引き下げを享受したほうが A 氏にとっては有利なはずである。しかし，監査のコストが 1 億円未満であれば，その監査コストを負担してでも，監査を受けるほうが望ましいと A 氏は考えるであろう。

　つまり，2 つの経済主体が何らかの経済的な関係（取引）をもとうとする（もっている）状況で，両者の間に潜在的な利害の対立があり（上記の例であれば，あなたは買収価格を低くしたいし，A 氏は高くしたい），さらには両者の間に情報の格差——厳密にいえば，財務諸表の質（信頼性）に関する情報の非対称性——がある（上記の例であれば，あなたには A 氏が報告する利益数値の信頼性がわからない）場合には，監査に対する需要が生じる可能性がある。

　監査は，情報（財務諸表）の質に関する情報の非対称性を減少させることにより，財務諸表の信頼性をめぐる経済主体間の潜在的な利害の対立を緩和することに役立つ。もちろん，監査にはコストがかかる。潜在的な利害の対立の緩和によって実現する利益（便益）が監査のコストよりも大きいことが，監査に対する需要の必要条件となる。

　以上の例は，法（会社法や金融商品取引法など）による規制を受けていない自由な市場経済のもとで，職業会計士による財務諸表監査がいかなる理由で要請

されるかを説明したものである。しかし，現実の企業社会は法による規制を相当に受けており，それゆえ，財務諸表監査も法の枠組みのもとで実施されているのがむしろ一般的である。

　財務諸表監査を必要とする可能性のある経済的な関係のうち，より一般的なのは上記の企業買収における売り手（A 氏）と買い手（ABC 社）との関係ではなく，証券市場において株式を上場している会社と当該上場会社が発行している（しようとしている）株式を売買している（しようとしている）投資家との間の経済的な関係であろう。この監査は，わが国においては，金融商品取引法監査と広く呼ばれている。次に，上場会社における財務諸表監査の意味を，オリンパス社の会計不祥事を引き合いに考えてみよう。

オリンパス社の事例と財務諸表監査

　監査が存在していない状況で，経済主体間にどのような問題が生じるのかを理解するため，2011 年に発覚したオリンパス社の粉飾事件を一例として取り上げてみよう。オリンパス社は世界的に有名な精密機器の製造・販売を行う上場会社であり，金融商品取引法に基づく財務諸表監査を長年受けていた。しかし，同社の粉飾決算は監査法人による財務諸表監査によって発見されなかった。そのため，監査が存在していない状況で生じうる問題の 1 つを理解するうえでこの事例は有用である。

　オリンパス社による粉飾決算は，1990 年代初頭から始まったバブル経済の崩壊に伴って生じた有価証券投資にかかる巨額の損失を長期間にわたってロールオーバー（決算における損失計上の先延ばし）したうえで，累積した巨額の損失を不正なスキームを用いてオリンパス社本体から切り離した後，他社の買収に際して買収価格を膨らませることで当該損失の形を「のれん」へと変え（資産化），最終的には「のれんの償却」として処理するというものであった。

　2011 年の粉飾発覚に伴って，1 株当たり 2,000 円以上の値を付けていたオリンパス社の株価は一時 500 円を割り込むところまで下落した。もし有価証券投資にかかる損失を各事業年度（会計期間）の決算において適切に計上し

ていたとすれば，同社の株価はその時点で下がっていたはずである。しかし，それが投資家に隠されていたため，同社の株価は，この損失を織り込んだ本来あるべき株価以上の値を付けていたわけである。投資家が株式投資から得られる利益は，基本的に，配当と株式の売却益からなっている。粉飾決算が行われていた期間に株式を売却した投資家は，本来得られるべき利益以上の利益を得たことになり，またその期間に株式を購入した投資家は，当該損失が明るみに出ていれば付いていたはずの株価よりも高い株価で購入したことになる。さらに，この投資家が粉飾決算発覚後に保有株式を売却し損失を被ったとすれば，それは本来，有価証券投資にかかる損失が計上されるべきであった事業年度の株式保有者が負担すべき損失を被ったことになる。

　つまり，このオリンパス社の事例は，異なる時点の投資家の利害が適切に調整されなかったことを示している。もし財務諸表監査が適切に機能し，有価証券投資にかかる損失が損失として計上されるべき事業年度に計上されていれば，投資家への利益（損失）の帰属は適切に行われたはずであるし，結果として，異なる時点における投資家の利害は適切に調整されていたはずである。

　オリンパス社の事例では，財務諸表監査が行われていたにもかかわらず，粉飾決算のための全体的な不正のスキームを見抜けなかった。その結果として利害関係者間に生じる問題は，監査が行われていない場合に生じる問題と本質的に同じである。財務諸表の信頼性をめぐる経済主体間の潜在的な利害の対立は，財務諸表監査が行われていたという事実によって緩和されていたかもしれない。しかし，ひとたび粉飾が行われていたことが明るみに出れば，そうした潜在的な利害の対立は顕在化し，利益（損失）の帰属をめぐって利害関係者間で争いが生じることとなる。

② 監査の定義

　わが国においては，監査なる概念がいまだ学術的に確立しているとはいいが

たい。学者（法律学者のみならず会計学者さえも）や実務家が都合のよい監査用語を打ち上げ，まさに百家争鳴の状況である。日常語としての「監査」と学術用語としての「監査」の境界があいまいで，そのことがさまざまな監査用語の創出につながっているように思われる。しかし，学術的な監査概念の定義がないというわけではない。

　現在，内外の監査文献において最も広く受け入れられている監査の定義は，アメリカ会計学会が公表した報告書『基礎的監査概念報告書』（*A Statement of Basic Auditing Concepts*：ASOBAC［1973］）において示されている定義であろう。少なくとも欧米においては，監査概念について共通の理解がなされているように思われる。教科書，専門書，実務書，基準書などにおいて，上記の報告書が示した定義は広く受け入れられている。

　『基礎的監査概念報告書』は会計人の作成した報告書であるので，そこでの定義は会計人の見方を反映したものにすぎない，と評されがちであるが，決してそうではない。少なくとも同報告書で示された監査の定義は，それが職業会計士による財務諸表監査であろうが，内部監査であろうが，それ以外の監査であろうが，監査を議論するうえでの出発点として，広く欧米の監査書などにおいて言及されている。

　ここでは，この定義を紹介し，その特徴や限界など，注意を要するところを中心に説明を加えたうえで，わが国において行われている監査を踏まえた監査の定義を提示することにしたい。

アメリカ会計学会による監査の定義

　監査とは，経済活動や経済的事象についてのアサーションと確立された規準との合致の程度を確かめるために，これらのアサーションに関する証拠を客観的に入手・評価し，その結果を利害関係のある当事者に伝達する組織的なプロセスである。

　これがアメリカ会計学会による監査の定義である。この定義における第1

のポイントは，監査をもって，「証拠の入手・評価」と「その結果の伝達」からなる組織的なプロセスであるとしている点である。具体的な証拠の入手・評価方法や伝達方法については，この定義では示されていない。「プロセス」（process）という用語は，証拠の入手・評価や結果の伝達が人間（監査人）の判断を伴う行動であることを，「組織的な」（systematic）という表現は，それらの監査人の行動が相互に関係をもち，全体として有機的に結びつきながら，かつ，計画（plan）→実施（do）→見直し（check）→是正（action）という作業の流れのなかで実施されるものであることを強調している。

　第2のポイントは，監査人が従事する立証活動——監査人が証拠を入手・評価し，財務諸表の適否について信念（心証）を形成する活動——の対象として**アサーション**（assertion）なる概念を用意し，当該アサーションが確立された規準の要求するところとどの程度合致しているかをもって，監査人が従事する立証活動の実質と捉えていることである。監査人が従事する立証活動は，監査実務においては広く「監査手続」と呼ばれている。また，監査の理論では「監査人の証拠活動」と呼ばれることもある。

　上記の定義が果たした最も重要な貢献は，証拠活動・監査手続はアサーションを対象に，そしてアサーションとの関係において行われることを示唆したところにある。証拠はアサーションについて入手され，アサーションとの関係で評価されるという考え方がそれである。ただし，上記の定義には，「経済活動や経済的事象についてのアサーションと確立された規準との合致の程度を確かめるために」とあるように，監査人が確かめる対象が「経済活動や経済的事象についてのアサーション」に限定されているという問題がある。換言すれば，上記の定義が想定している監査人の立証活動の対象は経済行為や経済的事象であり，その意味では財務諸表監査が最も強く意識されているようにもみえる。しかし，アサーション自体は経済活動や経済的事象についてだけ取り上げられるわけではない。たとえば，取締役の職務の執行の監査として特徴づけられる監査役監査のように，法的事象をアサーションに関係づけなければならない場合もあれば，内部監査のように，業務的事象（従業員による社内規程の遵守）を

強く意識しなければならない場合もある。

　上記の定義が抱えているさらに本質的な問題は，アサーションが「何」についての「誰」のアサーションかが即座には識別できない点である。財務諸表監査についていえば，「財務諸表が表示する経済的事象の財務的側面」についての「経営者」のアサーションであると直ちにいえるが，監査によっては，それが明らかではない場合もある。この問いを解く鍵が**監査の主題**という概念である。詳細は第 2 章において説明することとする。

　経済的事象についてであれ，法的事象についてであれ，監査を行うには，アサーションが識別されていなければならない。アサーションが識別されていなければ，監査人は監査手続を実施することはできない。というのは，アサーションがなければ，そもそも何について証拠を入手してよいかわからないからである。このように，アサーションは，監査が従事する立証活動において最も基本的な働きをする概念である。

　そして第 3 のポイントは，監査人が従事する立証活動は，アサーションと確立された規準との合致の程度を決定すること——すなわち，確立された規準に照らして評価すること——としていることである。もう少しわかりやすく説明すると，監査上の立証とは，特定のアサーションが成立するかどうか——あるいは，特定のアサーションがどの程度確からしいか——を確立された規準に照らして決定（評価）することである。監査とは，つまるところ，規準に照らしての評価である，という理解は極めて重要である。

　では，「確立された規準」（established criteria）とは何であろうか。「規準」とはアサーションについて監査人が適用する判断基準であり，「確立された」とは関係者の間で合意（承認）された，という意味である。規準の内容が包括的で具体的に規定され，かつ，それが関係者の間で合意（承認）されている程度をここで**規準の硬度**として捉えると，硬度が高ければ高いほど，規準の適用にあたって関係者の間で解釈の余地が小さく，反対に硬度が低ければ，規準をめぐって関係者の間で解釈の余地が大きくなる。監査人の判断は規準の硬度によって影響を受け，硬度が低い場合には，監査人の間でさえ判断が「ぶれる」

ということも起こりうる。監査役監査が「取締役の職務の執行の監査」において適用する「法令および定款」は，その具体的な範囲が必ずしも明らかではないという意味で，硬度の低い規準といえるであろう。

「確立された規準」が何であるかは，監査によって異なる。たとえば財務諸表監査の場合における「一般に認められた会計原則」(generally accepted accounting principles：GAAP，一般に公正妥当と認められる企業会計の基準）は，しかるべき機関（たとえば，アメリカでは Financial Accounting Standards Board：FASB，わが国では企業会計審議会や企業会計基準委員会）におけるデュー・プロセスを経て合意（承認）されたものであり，比較的硬度の高い規準といえるであろう。また，内部監査における「確立された規準」とは，各種関連法令（金融商品取引法・独占禁止法・労働基準法・銀行法・大気汚染防止法など）のほか，経営者が企業内部において定めた各種規程やマニュアル，経営者が特に指示した経営方針や企業行動憲章などである。もとより，その範囲や内容は業種や業務そして何よりも企業によって異なるので，その硬度を一般的に決めることはできない。ただ，コーポレート・ガバナンスが確立され，内部統制が十分に整備・運用されている企業において適用される確立された規準の硬

Coffee Break　　コーポレート・ガバナンスの捉え方

コーポレート・ガバナンスは，わが国では「誰が企業を統治するのか」という形で提起されることが多い。そこでの議論には「いかなる会社の機関が執行の機関を監督するのか」という視点が反映されているため，会社の機関設計のあり方に強く関連し，その意味で法的色彩が強い。しかし，コーポレート・ガバナンスに対するアプローチはこのような枠組み論ではなく，たとえば「取締役会と経営者による事業体の市民としての責任の履行と事業体の経済的業績の達成を支援する構造，行動および戦略」と，人間行動的な視点を強めて捉えることも可能である（Marshall et al. [2014] pp. 393-395, p. 412）。では，企業組織の経済学や社会学はコーポレート・ガバナンスをどのように規定しているのであろうか。

度は相対的に高いといえるであろう。

　規準が客観的に設定され，関係者の間で合意されていれば，この規準を使って行われる監査人の証拠判断はそれだけ確固としたものとなる。少なくとも監査判断が監査人の主観によって影響を受ける程度と範囲は小さくなるであろう。その意味で，規準がどこで（誰によって），どのようなプロセスを経て設定されたものであるかは，監査人の判断にとって非常に重要である。さらに，その規準が一般的な記述にとどまっているのか，具体的で明確な記述となっているのかによっても，監査人の判断は大きく影響を受ける。

本書における監査の一般的定義と監査の主題

　すでに言及したように，アメリカ会計学会による監査の定義は今日でも全体として有効であり，監査という行為の本質の一面——確立された規準に基づくアサーションの評価——を的確に捉えている。この定義が数多くの監査書において引用され，今日まで引き継がれてきた理由であろう。できれば定義の文言のなかで監査機能の担い手（監査主体）に言及されるべきであったし，定義において最も重要な働きをする「アサーション」なる用語が「何」についての「誰」のアサーションであるかを説明できる視点（概念）が組み込まれるべきであった。これは監査なる概念の一般的定義を模索するうえで必要な作業である。

　本書では，監査を以下のように定義する。基本的には，アメリカ会計学会の定義を踏襲しているが，とりわけそこに「監査の主題」という概念が使われていることに注意されたい。なお，監査の主題については，第6章第2節で詳しく説明する。

　　監査とは，監査の主題に関連して識別されたアサーションと確立された規準との合致の程度を確かめるために，独立の第三者がこれらのアサーションに関する証拠を客観的に入手・評価し，その結果を監査人の結論として関係者に伝達する組織的なプロセスである。

11

第1章 経済社会における監査の役割と定義

　ここで，監査の主題とは，監査人の意見や結論が求められている立証の対象をいう。この記述のなかで重要なのは「監査人の意見や結論が求められている」という部分である。いいかえれば，立証の対象がそのまま監査の主題となるのではないということである。また，立証の対象はアサーションであって，たとえば言明そのものではない。

　たとえば，あなたが財務諸表監査に従事し，以下の貸借対照表（売掛金）を取り上げたとしよう。

　貸借対照表は，ABC株式会社の20XX年3月31日時点における財政状態について経営者が作成した言明である。図表1-1の「売掛金100,000千円」は当該貸借対照表に表示された言明の一部である。しかし，これはアサーションではない。売掛金に含まれているアサーションとは，当該言明に含まれている会計上の意味であり，たとえば①～⑩である（けっしてこれだけではない）。一見すると，監査人は「売掛金100,000千円」を立証しようとしているように思われるが，監査手続は①～⑩に示されているようなアサーションを立証の対象としているのである。

　監査人の立証の対象はアサーションであるが，監査人の意見が求められているのは個々のアサーションについてではない。「売掛金100,000千円」であろうか。それでもない。では，貸借対照表であろうか。実は，それでもない。監査人の意見が求められているのは財務諸表である。監査人は財務諸表に含まれている個々のアサーションを立証することを通じて，財務諸表全体としての適否について意見を表明するのである。監査の主題は財務諸表そのものであり，端的にいえば「言明」である。監査の主題，言明，そしてアサーションはそれぞれ，監査の理論において，別個の，しかし相互に関連する重要な働きをするのである。なお，監査の主題については，第2章において詳説する。これは監査を理論的に理解するうえで最も重要な基礎概念である。

　最後に，上記の監査の一般的定義を利用して，わが国における金融商品取引法のもとで実施されている財務諸表監査と内部統制報告書監査の定義を示しておく。参考までに，会社法のもとで行われている「会計監査人」による計算書

12

■図表1-1　言明とアサーション

財務諸表監査（言明の監査）の定義
　財務諸表監査とは，経営者が作成した財務諸表（会計的言明）に含まれるアサーションと一般に公正妥当と認められる企業会計の基準（確立された規

準）との合致の程度を確かめるために，職業会計士が，これらのアサーションに関する証拠を客観的に入手・評価し，その結果を監査人の結論として関係者に伝達する組織的なプロセスである。

内部統制報告書監査（言明の監査）の定義

内部統制報告書監査とは，経営者が作成した内部統制報告書（非会計的言明）に含まれるアサーションと一般に公正妥当と認められる財務報告に係る内部統制の評価の基準（確立された規準）との合致の程度を確かめるために，職業会計士が，これらのアサーションに関する証拠を客観的に入手・評価し，その結果を監査人の結論として関係者に伝達する組織的なプロセスである。

計算書類監査（言明の監査）の定義——会社法

計算書類監査とは，取締役が作成した計算書類（会計的言明）に含まれるアサーションと一般に公正妥当と認められる企業会計の慣行（確立された規準）との合致の程度を確かめるために，会計監査人が，これらのアサーションに関する証拠を客観的に入手・評価し，その結果を会計監査人の結論として株主に伝達する組織的なプロセスである。

③ 財務諸表監査の監査報告書の概説

それでは，財務諸表監査を行う職業会計士は，上述の役割——財務諸表の信頼性の保証——を果たすため，「監査する」という行為をどのように遂行し，その結論をどのように報告するのであろうか。財務諸表監査において作成される標準監査報告書を使って，この問題を簡単に概観することにしよう。具体例として，資料1-1に掲載した東日本旅客鉄道株式会社の監査報告書を参照されたい。なお，監査報告書に記載されている文言（監査メッセージ）についての詳細な説明は第13章にて行うこととする。

■資料1-1　監査報告書（東日本旅客鉄道）

独立監査人の監査報告書及び内部統制監査報告書

2023年6月22日

東日本旅客鉄道株式会社
　取締役会　御中

有限責任　あずさ監査法人

東京事務所

指定有限責任社員 業務執行社員	公認会計士	蘒	和	彦
指定有限責任社員 業務執行社員	公認会計士	吉 田	秀	樹
指定有限責任社員 業務執行社員	公認会計士	斉 藤	直	樹

＜財務諸表監査＞

監査意見

　当監査法人は、金融商品取引法第193条の2第1項の規定に基づく監査証明を行うため、「経理の状況」に掲げられている東日本旅客鉄道株式会社の2022年4月1日から2023年3月31日までの連結会計年度の連結財務諸表、すなわち、連結貸借対照表、連結損益計算書、連結包括利益計算書、連結株主資本等変動計算書、連結キャッシュ・フロー計算書、連結財務諸表作成のための基本となる重要な事項、その他の注記及び連結附属明細表について監査を行った。

　当監査法人は、上記の連結財務諸表が、我が国において一般に公正妥当と認められる企業会計の基準に準拠して、東日本旅客鉄道株式会社及び連結子会社の2023年3月31日現在の財政状態並びに同日をもって終了する連結会計年度の経営成績及びキャッシュ・フローの状況を、全ての重要な点において適正に表示しているものと認める。

監査意見の根拠

　当監査法人は、我が国において一般に公正妥当と認められる監査の基準に準拠して監査を行った。監査の基準における当監査法人の責任は、「連結財務諸表監査における監査人の責任」に記載されている。当監査法人は、我が国における職業倫理に関する規定に従って、会社及び連結子会社から独立しており、また、監査人としてのその他の倫理上の責任を果たしている。当監査法人は、意見表明の基礎となる十分かつ適切な監査証拠を入手したと判断している。

（中略）

連結財務諸表に対する経営者並びに監査役及び監査役会の責任

　経営者の責任は、我が国において一般に公正妥当と認められる企業会計の基準に準拠して連結財務諸表を作成し適正に表示することにある。これには、不正又は誤謬による重要な虚偽表示のない連結財務諸表を作成し適正に表示するために経営者が必要と判断した内部統制を整備及び運用することが含まれる。

　連結財務諸表を作成するに当たり、経営者は、継続企業の前提に基づき連結財務諸表を作成することが適切であるかどうかを評価し、我が国において一般に公正妥当と認められる企業会計の基準に基づいて継続企業に関する事項を開示する必要がある場合には当該事項を開示する責任がある。

　監査役及び監査役会の責任は、財務報告プロセスの整備及び運用における取締役の職務の執行を監視することにある。

第1章　経済社会における監査の役割と定義

連結財務諸表監査における監査人の責任

　監査人の責任は、監査人が実施した監査に基づいて、全体としての連結財務諸表に不正又は誤謬による重要な虚偽表示がないかどうかについて合理的な保証を得て、監査報告書において独立の立場から連結財務諸表に対する意見を表明することにある。虚偽表示は、不正又は誤謬により発生する可能性があり、個別に又は集計すると、連結財務諸表の利用者の意思決定に影響を与えると合理的に見込まれる場合に、重要性があると判断される。

　監査人は、我が国において一般に公正妥当と認められる監査の基準に従って、監査の過程を通じて、職業的専門家としての判断を行い、職業的懐疑心を保持して以下を実施する。

・　不正又は誤謬による重要な虚偽表示リスクを識別し、評価する。また、重要な虚偽表示リスクに対応した監査手続を立案し、実施する。監査手続の選択及び適用は監査人の判断による。さらに、意見表明の基礎となる十分かつ適切な監査証拠を入手する。

・　連結財務諸表監査の目的は、内部統制の有効性について意見表明するためのものではないが、監査人は、リスク評価の実施に際して、状況に応じた適切な監査手続を立案するために、監査に関連する内部統制を検討する。

・　経営者が採用した会計方針及びその適用方法の適切性、並びに経営者によって行われた会計上の見積りの合理性及び関連する注記事項の妥当性を評価する。

・　経営者が継続企業を前提として連結財務諸表を作成することが適切であるかどうか、また、入手した監査証拠に基づき、継続企業の前提に重要な疑義を生じさせるような事象又は状況に関して重要な不確実性が認められるかどうか結論付ける。継続企業の前提に関する重要な不確実性が認められる場合は、監査報告書において連結財務諸表の注記事項に注意を喚起すること、又は重要な不確実性に関する連結財務諸表の注記事項が適切でない場合は、連結財務諸表に対して除外事項付意見を表明することが求められている。監査人の結論は、監査報告書日までに入手した監査証拠に基づいているが、将来の事象や状況により、企業は継続企業として存続できなくなる可能性がある。

・　連結財務諸表の表示及び注記事項が、我が国において一般に公正妥当と認められる企業会計の基準に準拠しているかどうかとともに、関連する注記事項を含めた連結財務諸表の表示、構成及び内容、並びに連結財務諸表が基礎となる取引や会計事象を適正に表示しているかどうかを評価する。

・　連結財務諸表に対する意見を表明するために、会社及び連結子会社の財務情報に関する十分かつ適切な監査証拠を入手する。監査人は、連結財務諸表の監査に関する指示、監督及び実施に関して責任がある。監査人は、単独で監査意見に対して責任を負う。

　監査人は、監査役及び監査役会に対して、計画した監査の範囲とその実施時期、監査の実施過程で識別した内部統制の重要な不備を含む監査上の重要な発見事項、及び監査の基準で求められているその他の事項について報告を行う。

　監査人は、監査役及び監査役会に対して、独立性についての我が国における職業倫理に関する規定を遵守したこと、並びに監査人の独立性に影響を与えると合理的に考えられる事項、及び阻害要因を除去又は軽減するためにセーフガードを講じている場合はその内容について報告を行う。

　監査人は、監査役及び監査役会と協議した事項のうち、当連結会計年度の連結財務諸表の監査で特に重要であると判断した事項を監査上の主要な検討事項と決定し、監査報告書において記載する。ただし、法令等により当該事項の公表が禁止されている場合や、極めて限定的ではあるが、監査報告書において報告することにより生じる不利益が公共の利益を上回ると合理的に見込まれるため、監査人が報告すべきでないと判断した場合は、当該事項を記載しない。

（中略）

利害関係

　会社と当監査法人又は業務執行役員との間には、公認会計士法の規定により記載すべき利害関係はない。

以　上

監査意見と財務諸表の質（信頼性）の保証

　監査報告書のメッセージのなかで，財務諸表（監査報告書）利用者（投資家）が最も重要視し関心を払うメッセージが，監査報告書の監査意見区分に記載されている「当監査法人は，上記の連結財務諸表が，我が国において一般に公正妥当と認められる企業会計の基準に準拠して，……財政状態並びに……経営成績及びキャッシュ・フローの状況を，全ての重要な点において適正に表示しているものと認める。」という文言である。これが財務諸表についての監査人（職業会計士）の意見である。監査人は，上記の監査意見を表明することを通じて，被監査会社の経営者の言明である財務諸表の信頼性を保証しているのである。しかし，いったい，監査人はこの監査意見を通じて財務諸表利用者に何を伝えようとしているのであろうか。読者諸氏が理解しなければならない最も基本的な事項である。

監査基準と財務諸表監査の質

　監査報告書に記載されるメッセージに関連して，もう1つの本質的な問題は，監査人がいかなる監査手続をどのように実施して監査意見の表明を可能とする証拠（合理的な基礎）を確かめたのか，という問題である。この問いに対する答えは，監査報告書の監査意見の根拠区分において，やや抽象的な表現で示されている。「当監査法人は，我が国において一般に公正妥当と認められる監査の基準に準拠して監査を行った。」という文言，これである。監査人は，上記のメッセージ——ただし，これは監査人の意見ではない——を記載することを通じて，監査人が実施した財務諸表監査全体の質を保証しているのである。この記載は，上記の監査意見の記載とともに，監査報告書における最も基本的なメッセージである。いったい，監査人はこの記載を通じて財務諸表利用者に何を伝えようとしているのであろうか。そもそも，「一般に公正妥当と認められる監査の基準」とは何であろうか。これらも，読者諸氏が理解しなければならない最も基本的な事項である。

17

第1章　経済社会における監査の役割と定義

　なお，監査報告書では，上記の用語以外にも，いくつかの重要な監査概念が使われている。「重要な虚偽表示」，「内部統制」，「合理的な保証」，および「意見表明の基礎となる十分かつ適切な監査証拠」がその例である。これらの用語は，本書における関連章において個別に説明する。

　本章のまとめ

　「監査の爆発」（audit explosion）という表現がイギリスの監査書に登場している。監査という用語を付したモニタリングが次々と登場し，監査という用語の意味する範囲（外延）が急速に広がりつつある現代社会の現状を象徴的に表現したものである。わが国においても，上述の財務諸表監査，監査役監査，内部監査，監事監査といった伝統的な用語のほかに，地方公共団体の監査委員監査，システム監査，情報セキュリティ監査，個人情報保護監査，環境監査，政治資金監査など，主だったものだけでも枚挙に暇がない。これらの監査のなかには，そもそも「監査」と呼ぶことが適切かどうか判然としない機能もある。少なくとも本書での監査の定義には含まれないような機能に対して，監査という用語が用いられる場合もある。まさに「監査用語の爆発」あるいは「監査用語の粗製濫造」ともいえる状況である。

　本章では，アメリカ会計学会の定義に基づいて，本書における監査の一般的定義と言明の監査としての財務諸表監査，内部統制報告書監査，計算書類監査の定義を示した。なお，アメリカ会計学会の定義および本書における一般的定義は，言明の監査のみに適用されるものではなく，非言明の監査にも適用可能であることに注意が必要である。

参・考・文・献

American Accounting Association. 1973. *A Statement of Basic Auditing Concepts*.（青木茂男監訳・鳥羽至英訳. 1982. 『基礎的監査概念』. 国元書房.）

Boyd, E. 1905. "History of Auditing," in *A History of Accounting and Accountants*, edited and partly written by Richard Brown. Edinburgh：T.C. & E.C. Jack.

Marshall, D.H., W.W. McManus, and D.F. Viele. 2014. *Accounting: What the Numbers Mean*. New York, NY, McGraw-Hill.

第2章

財務諸表監査の生成基盤

　第1章において，企業買収とオリンパス事件を引き合いに出して，経済社会において果たす財務諸表監査の役割を説明した。財務諸表監査における監査人の役割は，独立の職業会計士として，経営者の作成した財務諸表の信頼性を保証することである。監査の失敗とは，端的にいえば，監査人が財務諸表の信頼性を正しく保証しなかったことである。

　現在の財務諸表監査は，法律（会社法や金融商品取引法など）によって義務づけられて行われる場合（**法定監査**）と，経営者が経営上のニーズを受けて自主的に財務諸表の信頼性についての保証を求めて行われる場合（**任意監査**）とがある。この監査の分類は関連法令の適用の有無に基づくものであるが，監査はいかなる状況のもとで原理的に要請されるのかという問いに答えるものではない。会計監査の歴史を概観すると，職業会計士による決算書の監査は，イギリスの場合には法（1844年会社〔登記〕法）による規制が契機となったと理解してよいが，アメリカの場合には経営者のニーズによって職業会計士による監査がまず利用され，その後1933年有価証券法および1934年証券取引所法によって義務づけられるようになった。しかし，財務諸表監査の生成基盤を捉える視点はイギリスの場合とアメリカの場合とで必ずしも同じではない。

　本章では，財務諸表監査の生成基盤について，本質的なところから考察することにしたい。本章が取り上げる生成基盤（経済的関係）は次の2つである。

　・資本の拠出者と経営者との間の**委託受託関係**
　・マネー・マーケット（証券市場と金融市場）における取引関係

第2章　財務諸表監査の生成基盤

 財務諸表監査の生成基盤についての歴史的概観

　歴史的に振り返れば，たとえば中世イギリスにおける荘園経営やギルドの自治の仕組みとして導入された会計帳簿の監査，イギリスにおける合本会社（初期の株式会社形態）や株式会社の私的自治の仕組みとして自主的に導入された会計帳簿（決算書）の監査，株式会社における私的自治の仕組みを法的に確立するための手段として導入されたイギリス会社法やわが国の商法（現在の会社法）における監査役監査，従業員の不正発見を目的にして経営者によって自主的に導入された内部監査は，基本的には，委託受託関係を生成基盤としていると理解することができる。

　一方，主として20世紀初頭から1920年代のアメリカにおいて銀行が中小の融資先企業に対して要求した貸借対照表監査，あるいは新規株式公開（initial public offering：IPO）に際して株式公開会社に求められる財務諸表監査は，金融市場あるいは証券市場における純粋な市場取引を生成基盤としているといえよう。

　もっとも，上場会社において現在実施されている財務諸表監査の生成基盤は双方の側面を有している。すなわち，アメリカの連邦証券諸法やわが国の金融商品取引法（旧証券取引法）における企業内容開示制度の一環として導入された財務諸表監査は，委託受託関係と市場取引の双方をその生成基盤としている。

　財務諸表監査は，わが国を含め世界各国において制度化され，法規制の枠組みのなかで運営されている。それが主流である。しかし，学問的に興味ある問題は，法規制のなかで構想される「監査に対する社会的なニーズ論」ではなく，監査が市場のニーズを背景に自然発生的に要請された歴史的事実を踏まえて，監査がかかる法規制を受けることなく，いかに当事者のニーズに基づいて要請されるに至ったかの論理であろう。その論理を一般的に解き明かそうとする学問的な試みの嚆矢がWatts and Zimmerman［1983］であり，また生成基盤の分析に経済学的視点を投影させたWallace［1980］である。

 **Coffee Break**　　**わが国における会計監査の起源**

　わが国の歴史において監査（会計検査）がいつ頃から行われたかは，監査を勉強する人にとって興味あるテーマであろう。このテーマに取り組んだのが，日本の計理士登録第一号の中瀬勝太郎氏が各種文献・資料を基礎として執筆された『徳川幕府の会計検査制度』である。

　本書によれば，会計検査の始まりは，わが国の朝廷がその会計組織の形式をやや整え始めた西暦460年頃，雄略天皇の治世時代ではないかとされている（「第一次的会計検査制度」）。「第二次的会計検査制度」の発達は，文武天皇治世に制定された大宝令に関連して設けられた「巡察使」による租税徴収に対する不正の有無を監督するための制度（西暦703年），そして第三次的発達は光仁天皇の治世時代に設けられた「検税使」であった（西暦776年）とされる。この検税使の職務は「諸国に蓄積せる正税を其帳簿と参照して勘検し或は納租の状態を検校する」とされており，次第に会計検査の部分を多く有するものとなった。

　本書が多くの紙幅を割いているのは，徳川幕府の財政機関に関する組織についてである。幕府における常設職の筆頭は「老中」であり，その下に幕府の庶務と旗本の士を監督する「若年寄」が，そしてその下に「大目付」・「目付」・「町奉行」・「寺社奉行」・**「勘定奉行」**（general accountant）・**「勘定吟味役」**（auditor）・「地方官」が組織づけられていた。徳川幕府の財政を総管するところが「勘定所」であり，その長官が勘定奉行である。勘定奉行の地位は最も高く，実質上，現在の財務大臣・農林水産大臣・法務大臣・国家公安委員長の地位を占めていた。一方，幕府が発行する貨幣の出納保管に関する事務一切を検査監督する任務を旨とし，常に不正の未然防止と濫費の節約に努め，もって幕府財政の堅実な発達に寄与する職を「吟味方」と称し，その長官を「勘定吟味役」と称していた。

　この勘定吟味役制度は，六代将軍家宣の襲職とともに，新井白石の財政改革とその監督役設置に関する強硬な建議により実現し，幕末に至るまで維持されることとなった。日本の会計検査院制度は，大隈重信侯によって建議され明治政府の重要な機関となったが，この建議は徳川幕府の勘定吟味役制度がその範となったとされている。

第2章　財務諸表監査の生成基盤

 財務諸表監査の生成基盤についての一般的考察

　財務諸表監査が成立するには，まずもって，利害（立場）の異なる2つの経済主体を結びつける社会的関係（経済的関係）が成立していることが必要である。この2つの経済主体は，もともと，監査を誕生させるために結びついたわけではない。社会的関係の成立あるいは成立に向かってなされる当事者の営みが，結果として，監査に対する需要を喚起したのである。

　われわれの社会には，高度に専門化された業務の提供を生業にする専門職業がある。この専門職業に一般的にみられる経済的関係の構図は，患者と医師，弁護依頼人と弁護士，企業と経営コンサルタント，税務業務依頼人と税理士に代表されるような，2者関係として規定される。前者が特定の用役を求めている経済主体，後者がその用役を提供する経済主体である。いうまでもなく，当該用役の対価を負担する者は依頼人（＝用役利用者）である（図表2-1）。

　しかし，監査における経済的関係の構図は3者関係である（図表2-2）。すなわち，監査の生成基盤である経済的関係は，監査を必要とする経済主体A（用益利用者）と監査を受ける経済主体B（被監査主体）から構成され，そこに，当該関係からは距離をおいた第三者C（用益提供者：監査人）が加わる。監査に関する理論的考察がしばしば行き詰まる場合があるのは，また，監査実務が解決の難しいさまざまな問題に直面するのは，監査が3者関係という本質を有していることに深く関係している。監査人が常に「前門の虎，後門の狼」という状況に立たされるのは，監査が3者関係であるからである。

　2者関係の環境においても3者関係の環境においても，必要とする用役やその内容を決定するのは，当該用役を享受する経済主体Aである。監査の場合においても同じであり，監査用役（audit service）の利用者がその内容を直接に（明示的に），あるいは間接に（黙示的に）指示する。換言すれば，監査の主題を決定するのは利用者である。

　規制のない社会においては，監査の主題はAが決定し，それが監査人Cに

■図表2-1　専門職業と2者関係

■図表2-2　監査と3者関係

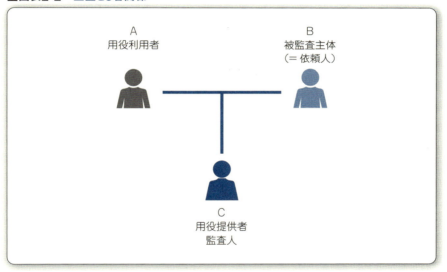

伝えられる。あるいは，監査を受ける経済主体Bが監査人に示す場合もあるが，その場合でも，監査の主題は利用者Aのニーズを踏まえて決定される。現実の例を紹介しながら説明してみよう。

　ある企業（B）が設備投資の資金を調達するために，銀行（A）と接触した。銀行（A）は当該企業に対して，融資条件として①担保の提供と②職業会計士（C）による監査証明を付した直近財務諸表の提出を求めた。このような経済関係（市場取引）において，監査は，企業（B）が作成した財務諸表を監査人（C）に提示するとともに，それに対する監査証明を依頼するという形で行わ

■図表2-3　市場取引と監査

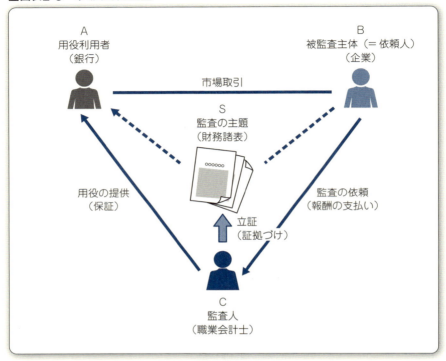

れる。この構図（図表2-3）は，具体的には以下のように説明される。

① 銀行（A）が求めているのは信頼性の保証された財務諸表であること
② 監査契約は，銀行（A）の要請を受けて，企業（B）が職業会計士（C）に対して監査を委嘱するという形で締結されること（監査の主題S［財務諸表：言明］は，銀行（A）の要請を受けて，企業（B）が職業会計士（C）に対して提示する）
③ 監査費用は監査の依頼人である企業（B）が負担すること
④ 監査用役（信頼性の保証）の利用者は銀行（A）であること

■図表2-4　委託受託関係と内部監査

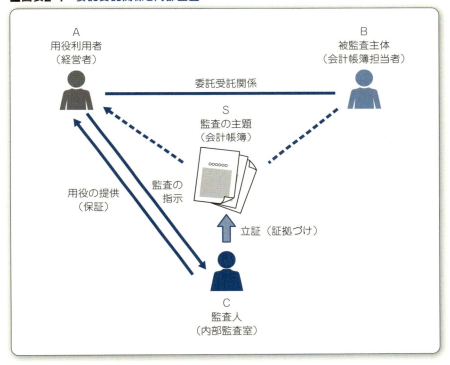

　監査の生成基盤を説明する別の例をもう1つ考えてみよう。

　ある企業の経営者が，税務調査において，税務当局から会計帳簿に誤謬・脱漏などのミスが非常に多いとの指摘を受けた。経営者は，内部監査室に対して，各業務部門において作成・管理されている会計帳簿をすべて徹底的に監査し，その結果を報告するように指示した。この場合，監査の依頼人（＝利用者）は経営者（A），監査を受ける者は各事業部門の会計帳簿担当者（B），監査人は内部監査室（C）である。監査の主題（S）は会計帳簿（言明）であり，それを決定したのは利用者である経営者（A）である。この監査は会社内部組織における経営者と従業員との間の委託受託関係に基礎をおくものであり，そこには，監査契約は存在しない（図表2-4）。しかし，経営者が，会計帳簿の信頼

第2章　財務諸表監査の生成基盤

性の保証を内部監査室ではなく，外部の職業会計士に求めた場合には，監査契約がAに相当する企業と職業会計士（C）との間で締結されることとなる。もちろん，監査の主題（S）は，企業（A）が職業会計士（C）に伝えることとなる。監査用役の利用者は企業（A）であり，監査費用は企業（A）が負担することとなる。

③ 財務諸表監査の生成基盤と財務諸表の基本的性質

　財務諸表監査の生成基盤を分析的に2つに分けて考えることは重要である。というのは，財務諸表がいかなる社会的関係のもとに利用されるに至ったかによって，同じ財務諸表と称しても，その基本的な性質は異なりうるからである。

　財務諸表は，委託受託関係を背景に，財産の経営を委託した者（たとえば株主）が，その状況と顛末を知るとともに，受託者（取締役）が委託者に対して負っている受託責任を最終的に解除するか否かの意思決定を行うために利用される。株式会社においては，このような委託者の意思決定は，通常，株主総会において行われる。この場合の財務諸表は，受託者が委託者に対して負っている受託財産の経営の状況と顛末に関する報告責任を遂行する過程で作成される**会計責任報告書**（accountability report on stewardship）という性質を本質的に有している。これは，歴史的に引き継がれてきた財務諸表の本質である。会社法のもとで取締役に作成が義務づけられている計算書類も，同様に会計責任報告書としての性質を強く有している。

　財務諸表は，また一方では，すでに行われている財産の出資を背景として作成されるだけでなく，当該出資（より一般的に投資）を行うべきかどうかを意思決定する前の段階において投資家の利用に供するためにも作成される。もとより，財務諸表の利用が投資に必ず結びつくとは限らない。投資家が投資候補企業の提供した財務諸表を分析し，その結果，投資を見送るという場合も当然ありうる。ここでは，財務諸表は，投資家が経済的意思決定を行う（投資する

かどうかを決定する）ために利用する，投資先企業の財務状況を示した**経済的情報**（economic information）という性質を強く有している。

ここで注意すべきは，とりわけ上場会社の場合には，財務諸表は会計責任報告書と経済的情報という2つの側面をあわせもっているという点である。上場会社の株主は，同社の経営者（代表取締役社長）が作成した財務諸表を利用することを通じて，当該事業年度における出資財産の保全と運用の状況およびその顛末を評価し，もって**当該事業年度にかかる同代表取締役社長の株主に対する受託責任を解除するか否かの意思決定を行う**。この場合には，財務諸表は同社の株主に対する受託責任の遂行にかかる会計責任報告書として利用されている。それと同時に，同社の財務諸表が表示する経営成績の良し悪しは同社株式に対する投資家の投資判断に影響を与えるかもしれない。財務諸表は会計責任報告書という性質を有するとともに，投資先企業の財務状況を表示し，投資家の経済的意思決定に資する経済的情報として利用されていることになる。

4 情報の質をめぐる潜在的な利害の対立——一般的考察

財務諸表監査の生成基盤をいずれに求めようと，財務諸表監査は，一般的な形で説明すると，情報利用者Aと情報提供者Bとの間に存在する情報（財務諸表）の質（信頼性）に関する情報の格差を合理的に緩和するために導入されたものである。作成者は自己の作成した情報の信頼性を基本的には知りうる立場にある。一方，利用者は情報の信頼性を自ら確かめる術を基本的には有していない。このように，AとBとの間には情報の信頼性に関する情報をめぐって格差がある。そして，この格差こそが**情報の非対称性**（asymmetry of information）と呼ばれているものであり，両者の間に存在する情報の質をめぐる**潜在的な利害の対立**（potential conflict of interests）を構成している。**情報の監査**（言明の監査：財務諸表監査）は，この潜在的な利害の対立を緩和することを目的に，われわれの経済社会において要請されたものである。

では、なぜ情報利用者Aと情報提供者Bの間に存在する財務諸表の質の程度に関する情報の格差が両者の間に潜在的な利害の対立を引き起こすのであろうか。それは、情報について、両者の間に以下のような状況が存在しているからである。

① Aの経済的意思決定は、Bが提供する情報に基づいて行われるため、利用した情報に重大な偏向（重要な虚偽表示）が含まれていた場合には、それを知らず利用したAの意思決定は誤り、その結果、Aが大きなマイナスの経済的影響を受ける可能性があること
② Bは、情報を歪めて提供するインセンティブを潜在的に有していること
③ Aが情報の質を直接確かめることは一般に許されないこと（仮にそれが可能な場合でも、Aの側においてそのための専門的な知識などが要求されるため、通常の場合、それは期待できないこと）

それゆえ、情報利用者Aと情報提供者Bとの間に存在する情報の質にかかる潜在的な利害の対立関係に第三者である監査人Cが関与し、その情報の信頼性を保証することによって、情報の質をめぐる潜在的な利害の対立を緩和するという機能が求められることとなる。この機能こそ、財務諸表監査にほかならない。なお、監査人Cが関与し、Bの作成した情報の質を保証したとしても、AとBとの間の潜在的な利害の対立は緩和（減少）するにとどまり、完全には解消されないことは理解しておく必要がある。次節では、情報の質に関する情報の格差をめぐる問題を、財務諸表監査の生成基盤にひきつけて考察することとする。

5 財務諸表の質をめぐる潜在的な利害の対立――委託受託関係と市場取引関係

財務諸表監査は、監査人が財務諸表（言明）の信頼性を保証することにより、

当該財務諸表の利用者と作成者との間に存在する潜在的な利害の対立を緩和するという機能を有している。しかし，財務諸表の信頼性を保証するといっても，会計責任報告書としての財務諸表の信頼性を保証するのか，それとも，経済的情報としての財務諸表の信頼性を保証するのかによって，そこで提供される保証の内容は異なってくる可能性がある。経済社会で利用されている財務諸表は，すでに述べたように，会計責任報告書と経済的情報という2つの性質を兼ね備えており，厳格に峻別して議論することは必ずしも現実的ではない。

　しかし，理論のレベルで，両者がどのように異なりうるのかを理解しておくことは重要である。というのは，監査人の役割をめぐって存在する監査人と社会の人々との間の認識のギャップ——一般に「**期待のギャップ**」と呼ばれている——は，多かれ少なかれ，財務諸表の基本的性質をどのように理解するかに関係しているからである。

委託受託関係と財務諸表監査

　財務諸表監査の生成基盤を委託受託関係に求め，財務諸表の基本的性質を会計責任報告書として理解する場合に最も重要なことは，委託受託関係は本質的に財産の保全と運用を伴っていることである。受託者Bが会計帳簿を作成・整備し，それに基づいて作成された財務諸表を委託者Aに提出するのは，受託者Bが委託者Aから任された財産の保全と運用の状況およびその顛末を委託者Aに報告するという本源的な目的があるからである。受託者Bが作成する財務諸表は，委託者Aに対する受託財産の保全と運用にかかる会計責任を履行することを目的としており，それを通じて受託者Bは自らの受託責任を果たそうとしているのである。会計責任報告書としての財務諸表の性質を十分に理解する必要がある。

　かくして，財務諸表監査であっても，受託した財産にかかる不正の問題を無視することはできず，何らかの方策を通じて，この財産不正問題に関与する必要がある。また，内部統制も，基本的には，受託者がその受託責任（財産の保全と運用にかかる責任および会計責任）を誠実に，そして適切に遂行するため

に企業内に構築した経営管理の仕組みという本質を有している。

　財務諸表監査をこの立場で捉える限り，財務諸表監査における監査人の役割を財務諸表の信頼性の保証だけに限定し，財産不正や内部統制をいわば副次的なものとして捉えることは許されないこととなる。財務諸表監査の歴史において，職業会計士は財産不正や内部統制を認識することに消極的であったため，結果として株主（＝委託者A）と監査人Cとの間に「期待のギャップ」が引き起こされてしまったと総括することも，けっして誤りではないのである。財産不正や内部統制は，本質的に，財務諸表監査と深く関係している。

市場取引関係と財務諸表監査

　市場取引関係を財務諸表監査の生成基盤とする考え方は，市場取引への参加は取引相手先が抱えているビジネス・リスクの内容と程度を十分に評価したうえで行うのが合理的な経済人の行動であるという理解に基づくものである。いうまでもなく，取引相手先が抱えているビジネス・リスクの内容と程度の評価は，まず，当該取引相手先である企業が公表している財務諸表を利用することを通じて行われる。財務諸表が表示する取引相手先の財務状況——財政状態・経営成績・キャッシュ・フローの状況——が悪ければ，合理的な投資家は，その投資を控えるか，取引量を減らすであろう。一方，その財務諸表が本来表示すべき財務状況が悪く，経営者にとって不利であれば，経営者の側には，その表示を歪め，偽った財務諸表を通して悪い財務状況を糊塗しようとするインセンティブが潜在的に働くはずである。経営者が作成する財務諸表には，**重要な虚偽表示**が含まれている可能性（**情報リスク**）が存在し，それゆえ，信頼性の保証された財務諸表の提供がなによりも求められることとなる。財務諸表監査に対する需要は，ビジネス・リスクの内容と程度を把握するために利用される財務諸表にかかる情報リスクを引き下げるために，企業の側から生まれたのである。監査済財務諸表が表示している取引先企業の財務状況が悪く，取引リスクが大きいと判断すれば，当該取引に参加しないことで，取引参加者の利害は十分に守られるからである。もちろん，取引先企業の財務状況が悪くても取引

することは一向に構わないが，それは取引参加者の自己責任に属する問題であり，監査人の問題ではない。

 監査の主題

　本章の最後に，監査の主題について考察していきたい。**監査の主題とは，第1章においても言及されてきたように，監査人が立証する対象のなかで，監査報告書において監査人の結論が求められている対象──換言すれば，監査報告の対象となっている立証の対象──をいう**。そして監査の主題は，「監査の対象」という用語とは明確に峻別される。この点をもう少し具体的に説明する。

　監査人の立証活動は，さまざまなレベルで行われる。たとえば財務諸表監査1つをとってみても，財務諸表全体のレベル，財務諸表項目のレベル，各財務諸表項目が含んでいるアサーションのレベル，各アサーションのなかに反映されているはずの取引のレベル，各取引を承認・執行した担当者（人間）のレベル，取引に関して定められた業務規程や業務マニュアルのレベルなどが考えられる。立証活動はこれらを等しく対象とするものであるが，そこには，監査報告書において監査人の結論として直接言及することが求められている立証の対象と，監査人の結論には関係するものの，それ自体は監査報告書において直接言及されることのない立証の対象，換言すれば，監査人が監査報告書において記載する結論（意見）を得るまでのプロセスにおいて監査人が必要と判断して立証活動を実施した対象がある。本書においては，監査報告書において監査人の結論として直接言及することが求められている立証の対象を監査の主題なる概念で捉え，監査プロセスにおける他の立証の対象と区別している。これまでの監査についての理論的思考においては，このような概念的峻別はなされず，一般に監査対象と称されてきた。また現在においても，監査対象という用語は広義に，そしてあいまいに使用されている。

　監査における立証の対象が，直ちに監査報告書に記載される結論に直結する

第**2**章　財務諸表監査の生成基盤

わけではない。たとえば，財務諸表監査において，公認会計士が売掛金明細表を調べたからといって，監査報告書で売掛金についての監査意見を表明するわけではない。また，公認会計士が被監査会社の内部統制の整備・運用状況を評価したからといって，内部統制の有効性についての監査意見を監査報告書で表明するわけではない。売掛金明細表・内部統制は，公認会計士の立証の対象（監査対象）として取り上げられてはいるが，それらについて監査意見の表明が求められてはいないからである。

　なぜ，そのような概念的な峻別を必要とするのか。それは，監査の主題という概念に焦点を当てることによって，監査対象という概念では必ずしも精緻に捉えることのできなかった監査の世界をより具体的に，そしてはっきりと理解できるようになるからである。換言すれば，監査の主題という概念を通じて監査を捉えることによって，

　①　監査の基本型は1つではないこと
　②　監査の基本型によって，監査の枠組み（監査人が従事する立証活動と監査報告のあり方）が異なること

が一段と明確になり，さまざまな名称のもとで行われている監査の同質性や異質性を理解できるようになるからである。

　監査の基本型は監査の主題によって言明の監査と非言明の監査という2つの範疇に大きく分けることができる。いかなる名称が付されていようとも，監査は基本的にはこの2つの範疇のいずれかに属するものと考えられる。

言明の監査

　第1の範疇は，当事者の言明を監査の主題とする監査であり，これを本書では言明の監査（statement audit）と呼ぶこととする。言明とは真偽（または，その確からしさの程度）を決定することのできる文である。財務諸表（accounting statements / financial statements）は必ずしも文形式では表現されていないが，経営者が企業の財務状況について会計言語を使って表現した陳述であり，会計的言明の代表である。財務諸表監査は財務諸表を監査の主題と

する言明の監査である。市場取引関係において経済的意思決定を行うために情報利用者が求める監査の主題は，まさに言明（財務諸表）が中心となっている。

　言明の監査といっても，そこにおいて用いられている言語が会計言語という特殊言語であるのか，それとも日常言語であるのかによって，さらに細分化される。事業報告（書）の監査は，非会計言語による言明の監査である。また，金融商品取引法において導入された内部統制監査は，内部統制報告書を監査の主題とする，非会計言語による言明の監査である。

非言明の監査

　第2の範疇は，当事者の行為，業務プロセスやシステムなど，言明以外のものを監査の主題とする監査であり，これを本書では非言明の監査（non-statement audit）と呼ぶこととする。非言明の監査の代表は行為の監査である。不正摘発監査や最近関心が注がれている法令・規則準拠性監査（コンプライアンス監査）は，その代表例であろう。

　資本の拠出者と経営者との間の委託受託関係において，受託者が受託財産の経営の状況と顛末に関して報告する会計責任報告書（財務諸表）は，会計監査人が求められている監査の主題であり，第1の範疇である言明の監査であるが，会社財産の運用と保全管理に関する受託責任の遂行に対する監査は，監査役が求められている非言明の監査である。会社法第362条では，「監査役は，取締役の職務の執行を監査する。」と規定されており，ここでいう「職務の執行」が非言明の監査たる行為の監査である。より具体的には，不正からの会社財産の保全，そして法令もしくは定款違反が監査役の監査の主題となっている。

　また，PCAOB監査基準第5号によって導入されている内部統制監査は，内部統制そのものの機能状況（有効性）を監査人が保証する非言明の監査——実務においてはダイレクト・リポーティングと呼ばれている——である。

第2章　財務諸表監査の生成基盤

7　本章のまとめ

　本章では，財務諸表監査の生成基盤という視点から，財務諸表監査における監査人の役割をやや一般的に取り上げた。財務諸表監査は，歴史的には，財産の移転を伴う委託受託関係を背景に，財産の保全と運用にかかる会計責任が誠実に履行されていることを確かめることを基本的な目的として誕生した。これが財務諸表監査（決算書監査）の源流であり，また財務諸表監査を思考するうえで念頭におかなければならない本質的視点である。

　現在では，財務諸表監査の主流は職業会計士による財務諸表監査である。会計先進国であるイギリスやアメリカはもとより，世界各国で行われている職業会計士による財務諸表監査は，経営者が作成した財務諸表の信頼性を保証することを目的としている。

　しかし，財務諸表の信頼性を保証するといっても，そこにどのような意味を社会的にもたせるか，あるいはそこにいかなる機能を追加するかは，当該財務諸表がいかなる社会的関係のもとで作成（利用）されているか，そもそも監査の主題である財務諸表の基本的性質をどのように捉えるかによって異なる。わが国においては，会社法と金融商品取引法という性格を異にする法律が別個に（二元的に）財務諸表監査を規制しているので，財務諸表監査の本質を考察するための2つの視点がそのまま保存されてきたといえるかもしれない。

　一方，アメリカにおいては，職業会計士による財務諸表監査は連邦証券諸法によって規制されているが，そこにおける歴史を踏まえると，市場取引関係を生成基盤としつつも，株主と経営者との間の委託受託関係という視点が常に証券市場規制に投影されてきたといえるであろう。このことは，証券取引委員会（the Securities and Exchange Commission：SEC）が内部統制に対する関与を職業会計士に求め続けてきたという歴史が示している★2-1。

　財務諸表監査の制度的な現れ方の違いはさておき，財務諸表監査を理解するうえで重要なことは，財務諸表監査の生成基盤とそこにおいて作成される財務

諸表の基本的性質は、財務諸表監査の枠組みや構造についての同一方向での議論や結論に帰着するとは必ずしも限らないということである。本章での議論は、財務諸表監査のあり方を理論的に論じるうえで重要であるだけでなく、財務諸表監査の現実の運用のあり方の議論にも関係しているので、是非、読者の頭のなかで反芻(はんすう)していただきたい。

2-1　イギリスやドイツにおける財務諸表監査の生成基盤

わが国では「株主と取締役との間の委託受託関係」を生成基盤として会社法（旧商法）の計算書類監査が、また「投資家と証券発行企業との間の市場取引関係」を生成基盤として金融商品取引法（旧証券取引法）の財務諸表監査が構想されている。一方、アメリカでは連邦証券諸法のもとでの財務諸表監査に双方の立場（生成基盤）が反映されている。では、イギリスやドイツでは、上記の生成基盤は財務諸表監査においてどのように扱われているのであろうか。

参・考・文・献

Wallace, W. 1980. *The Economic Role of the Audit in Free and Regulated Markets*（千代田邦夫・盛田良久・百合野正博・朴大栄・伊豫田隆俊訳. 1991. 『ウォーレスの監査論』. 同文舘出版.）

Watts, R. L., and J. L. Zimmerman. 1983. Agency Problems, Auditing, and the Theory of the Firm: Some Evidence. *Journal of Law and Economics*. 26 (3) : 613-633.

中瀬勝太郎. 1990. 『徳川幕府の会計検査制度』. 築地書館.

第3章

財務諸表監査の担い手

　現在実施されている財務諸表監査の中心は，法の枠組みのもとで制度として実施されている法定監査である。企業社会の人々の財務諸表監査に対する信頼が，制度としての財務諸表監査の存在価値を決めることとなる。制度としての財務諸表監査を確立するためには，それを支えるさまざまな装置が必要である。経営者が作成した財務諸表の適否を判断するための基準（一般に公正妥当と認められる企業会計の基準：会計基準）が用意されていること，また，当該財務諸表を監査する監査人の行為を規制する基準（一般に公正妥当と認められる監査の基準：監査基準）が用意されていることは，財務諸表監査制度そのものの有効性を支える最も基本的なインフラである。

　もう1つの装置は，財務諸表監査の担い手（会計プロフェッショナル）である。わが国では，戦前の計理士制度が十分に機能しなかったことへの反省から，戦後，アメリカから公認会計士制度を導入した。公認会計士法上，財務諸表監査は公認会計士の独占業務となっている。関連する条文を挙げると以下のとおりである。

公認会計士法

第2条　公認会計士は，他人の求めに応じ報酬を得て，財務書類の監査又は証明をすることを業とする。

2　公認会計士は，前項に規定する業務のほか，公認会計士の名称を用いて，他人の求めに応じ報酬を得て，財務書類の調製をし，財務に関する調査若しくは立案をし，又は財務に関する相談に応ずることを業とすることができる。ただし，

他の法律においてその業務を行うことが制限されている事項については，この限りでない。
3（省略）

公認会計士法
第47条の2　公認会計士又は監査法人でない者は，法律に定のある場合を除くほか，他人の求めに応じ報酬を得て第2条第1項に規定する業務を営んではならない。

　本章では，公認会計士制度と会計プロフェッションの自己規制について考察する。

財務諸表監査の担い手としての公認会計士

公認会計士法の制定

　公認会計士制度は，戦後の「証券の民主化」という基本方針のもとに制定された証券取引法の企業内容開示制度における財務諸表監査の担い手として，昭和23（1948）年7月6日の公認会計士法（法律第103号）制定によって導入された制度である。この公認会計士法の制定によって，監査と会計の職業的専門家としての公認会計士の資格が制度的に位置づけられることとなった。

　現在の財務諸表監査の中心的担い手は，わが国においては職業的専門家としての公認会計士（certified public accountants：CPA）である。「公認会計士」という用語は，会計専門職業に従事する個人のレベルで使われる場合と，「会計専門職業」という職業全体のレベルで使われる場合がある。たとえば名刺に「公認会計士　国元○郎」と記載する場合は個人レベルの職業資格を意味し，

また「公認会計士制度の改革」のように使われる場合には，会計専門職業（会計プロフェッション）を意味している。また，「**会計プロフェッション**」は会計専門職業自体を，また文脈によっては，会員の行為，権利・義務などを管理・監督する自治団体である日本公認会計士協会を意味する。日本公認会計士協会は，会計プロフェッショナル——日本公認会計士協会の会員名簿に登録している公認会計士および監査法人——を構成員とする専門職業団体である。本書では，公認会計士と監査法人双方を総称する場合に「**会計プロフェッショナル**」という用語をあてることとする。なお，監査法人については，第16章第2節において詳しく説明する。

公認会計士法に定める業務と財務書類の監査証明業務

公認会計士法は，第2条において，公認会計士が営むことのできる業務として，

① 財務書類の監査又は証明
② 財務書類の調製
③ 財務に関する調査若しくは立案
④ 財務に関する相談

を列挙している。しかし，ここに列挙された業務のすべてが公認会計士だけに許された固有の業務ではない。②から④の3つの業務は，他の職業的専門家でも，知識と技能・経験があれば営むことができる。ここで重要なのは，最初に掲げた業務「財務書類の監査又は証明」であり，これは公認会計士の独占業務と位置づけられている。

ここで問題となるのは，「監査又は証明」の中身である。公認会計士法が制定された当時，現在の公認会計士業務を説明する際のキーワードの1つである「保証業務」なる考え方はなかった。また，「監査」と「証明」がそもそもどのような視点から捉えられたものであるかも明らかではなかった。公認会計士法は「監査又は証明」というように両者を使い分けているが，金融商品取引法には「監査証明」なる表現も使用されている。それゆえ，時代とともに拡大

しつつある公認会計士の保証業務をどのような枠組みで体系的に説明したらよいかという問題が解決される必要がある。

　もっとも，上記の取り扱いは，法律の文言にあわせた便宜的なものにすぎない。会計プロフェッショナルの業務は拡大し，現在では，「**保証業務**」（assurance services）という概念で包括的に捉えようとする傾向が強くなっている。しかし，その一方で，「審査報告書」・「検証報告書」といった用語が，会計プロフェッショナルによって使われ，しかも，たとえばわが国では，「検証報告書」のように，監査報告書の文言を前提にして言い回しだけを変えたものも登場している。監査と他の保証業務との違いが報告書の文言から明確にわかるような手立てを含め，保証業務の概念的枠組みを再度構築する必要があるように思われる。

公認会計士制度の骨格

　公認会計士制度は，基本的には，公認会計士法および公認会計士法施行令などの関係法令に基づいて運用されている。公認会計士法は，公認会計士に「財務書類の監査又は証明」なる業務について独占権を認めているが，このことは，公認会計士法が「財務書類の監査又は証明」なる業務に従事している公認会計士だけに適用されることを意味するものではない。公認会計士・監査法人が「財務書類の監査又は証明」業務に従事する場合はもちろん，「公認会計士」という資格を表明し，あるいは「監査法人」という名称を使って，コンサルティングなどの業務を行う場合にも等しく適用される。この点は，日本公認会計士協会の設定した『倫理規則』が公認会計士全員に等しく適用されるのと同じである。

　わが国の公認会計士制度の骨格は，6つの仕組み（図表3-1）から構成されている。ここでは，日本公認会計士協会の自己規制の仕組みを中心に，公認会計士制度の概要を説明する。

■図表3-1　わが国の公認会計士制度の骨格

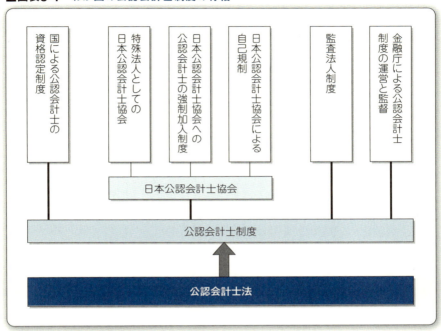

2　国による公認会計士の資格認定制度

　わが国では，公認会計士の資格認定は，公認会計士試験（金融庁の「公認会計士・監査審査会」所轄）を通じて行われている。西欧的なプロフェッションの生い立ちからすると，専門職業資格認定は，専門的能力（professional competence）の自治を標榜する職業会計士団体によって行われるべきであるが，わが国では国（行政機関）によって行われることとなった。わが国の戦前の事情や文化などからすると，この方向は基本的には誤っていなかったと思われる。

　公認会計士試験は短答式試験と論文式試験の2つをもって構成され，短答

式試験合格者（短答式試験免除者を含む）が論文式試験科目（必須科目4科目と選択科目1科目）の試験に合格し，日本公認会計士協会において行われる「実務補習」と「業務補助等」（期間は2年以上，ただし試験合格の前後は問わない）を修了することによって，公認会計士となる資格を有する。公認会計士となるには，日本公認会計士協会が備える公認会計士名簿に，氏名，生年月日，事務所その他内閣府令で定める事項の登録を受けなければならない（公認会計士法第17条・第18条）。反対に，会計実務や監査実務に業務として従事していなくとも，会員であれば会計プロフェッショナルであり，会計専門職業の構成員となる。それゆえ，民間企業の従業員や大学教員であっても，会員登録をしている限り会計プロフェッショナルということになり，当然のこととして，会計プロフェッション内部の規制を受けることとなる。

特殊法人としての日本公認会計士協会

　日本公認会計士協会は，昭和24（1949）年10月に発足した任意団体を前身とし，昭和28（1953）年4月1日に民法第34条の規定に基づく社団法人として設立された。しかし，当時，日本公認会計士協会への加入率は約80％にとどまっており，公認会計士法のもとで業務を実施していながら，未加入の公認会計士に対しては協会の規律が及ばないという問題を抱えていた。また，同協会の経済的基盤も脆弱であった。

　昭和41（1966）年6月に改正された公認会計士法は，第6章の2において「日本公認会計士協会」と題する章を設け，日本公認会計士協会の特殊法人化と，公認会計士の同協会への強制加入を導入した。

　さらに，日本公認会計士協会は，その目的を達するため必要があるときは，支部を組織化することが認められ（公認会計士法第45条），専門職業団体としての組織規律と自己規制のための組織的基盤を整えることとなった。会務の執行は，会長を中心として，理事会（常務理事会）と事務局，さらに本則で規定

された組織（委員会・審査会・協議会・検討会・調査会など）と「委員会運営細則」第2条によって定められた各種常置委員会によって行われている。このような組織が必要であるのは，まさに，会計プロフェッションが，業務面での自己規律，専門的能力向上のための自己研修，公認会計士制度・会計制度・監査制度を改善・強化するための調査・研究，会員の入退会や会員の処分，そして協会の活動についての広報などについて社会的責任を負っているからにほかならない。

　わが国の会計プロフェッションは発展・拡大の軌道を歩み続けている。しかし，日本公認会計士協会がこれまで歩んできた道はいばらの道であった。とりわけ，平成元（1989）年のバブル経済の崩壊後に次々と明るみにでた企業経営の破綻に伴う粉飾決算と監査の失敗は，会計プロフェッショナルに，被監査会社からの圧力に屈せず監査判断の独立性を保持することの重要性をようやく真剣に認識させることとなった。監査リスクや訴訟リスクが大きくなったこと，金融庁からの規制が強化されたこともその一因である。

　監査環境の激変を受けて，日本公認会計士協会は自己規制の強化に取り組んでいる。公認会計士や監査法人，そして協会自身が自己規制に取り組むことは，彼らが会計プロフェッションを標榜するのであれば当然のことであるが，自己規制の強化にはさらに重要な意味がある。というのは，外部規制（行政からの規制）が強化されつつあるなかで，会計プロフェッションは「専門職業としての独立をいかに達成するか」という難しい課題をこれまで以上に抱え込むことになったからである。

4　日本公認会計士協会への公認会計士の強制加入制度

　昭和41（1966）年改正公認会計士法は，第46条の2において，公認会計士および監査法人の日本公認会計士協会への強制加入制度を導入した。同条の「公認会計士及び監査法人は，当然，協会の会員となり」の部分がそれを示し

45

ている。「公認会計士」という職業資格を有することを希望する者は，その者が「公認会計士」を使って実際に業務をするか否かにかかわらず，日本公認会計士協会の会員名簿に登録することを強制する制度である。したがって，「会員登録をすれば開業登録したものとみなす」立場（**一体主義**と呼ぶことにする）を採用している。

　一方，アメリカでは，公認会計士試験合格者が公認会計士業務を行うためには，各州の州職業会計審査会（a state board of [public] accountancy）への開業登録をしなければならないが，アメリカ公認会計士協会の会員となるかどうかは本人の自由に委ねることを認める立場（**分離主義**と呼ぶことにする）が採用されている。開業登録は本人にとっては生活の問題であるが，協会の会員になるかどうかは，協会の会員になることによって負担することになるコスト——会費だけではなく，協会による自己規制（とりわけ職業倫理による規制）を受けることに伴うコストを含む——に十分見合う便益を協会から享受できるかどうかについての判断によって影響を受ける。したがって，協会の立場からすれば，会員獲得のために，

① どのような協会運営をすべきか

② 良質なサービスを会員に提供できるか

③ 協会に対する社会的評価をどのように高めたらよいか

といった観点から，協会の活動を活発化し，運営の透明性を高め，自己規律を推進し，社会に対する説明責任（情報発信）を強化していかなければならない。それゆえ，法律によって協会会員の確保が保障され，その意味において協会の経済的基盤が保障されているわが国のプロフェッションの仕組みと，協会自身の活動により会員を増やすことによって，その経済的基盤を強化しなければならないアメリカのプロフェッションの仕組みとでは，会員の「専門職業精神」（professionalism）や協会運営のあり方だけでなく，会計プロフェッションが行政から受ける規制にも大きな違いが出てきているように思われる。

　日本公認会計士協会を中核とする会計プロフェッションの今日の隆盛は，一体主義がもたらした結果の1つであったといえよう。一体主義は公認会計士

試験制度が国家試験であることとも深く関係している。わが国では，公認会計士試験合格者の能力水準を厳しく設定することによって合格率を政策的に低めに抑え，公認会計士の専門的能力に対する社会的信頼を確保するという考え方（**厳選主義**）が採用されている。

　国家試験による厳選主義を基礎においた一体主義こそ，これまでのわが国の公認会計士制度を支えてきた原則である。しかし，この構図には重大なマイナスの側面がある。その最大のものは，行政の規制を受けやすい体質が助長され，会計プロフェッションとして最も重要なプロフェッショナリズムが十分に育成されない可能性が高くなることであろう。

5　日本公認会計士協会による自己規制

　会計プロフェッションとは，所属している組織を問わず，会計分野における職に就いている人々全体にとっての職業の枠組みをいうのではない。大学で会計教育や会計研究に従事しているからといって，直ちに大学教員が会計専門職業を構成する人，すなわち，会計プロフェッショナルということにはならない。日本公認会計士協会の会員名簿に登録している人がここでいう会計プロフェッショナルであり，彼ら全員が会計専門職業を構成することになる。わが国における会計プロフェッションの発展を考えた場合に，日本公認会計士協会に所属する会員が公共会計（public accounting）の分野だけではなく，それ以外のさまざまな分野（教育・行政・民間企業・規制機関など）で活躍することが望ましい。

自己規制の仕組みを支える基本的規則――会則と倫理規則

　公認会計士の会計プロフェッショナルたる所以の1つは，会計プロフェッショナルが所属する日本公認会計士協会の自己規制の仕組みにある。公認会計士法第44条「協会は，会則を定め，これに次に掲げる事項を記載しなければ

47

ならない。」を受けて，日本公認会計士協会は『日本公認会計士協会会則』（以下，『会則』）を定めている。協会の行う自己規制は，親規程としての『会則』と，主要な会務に関する子規程（さらに孫規程）に基づいて行われる。

いかなる団体であれ，団体自治を図るための規則は必要である。規則なしに，団体の設立の目的を効率的に達成すること，団体に帰属する資金を適切に管理し報告すること，団体構成員の権利・義務を公正に処理することはできない。日本公認会計士協会も，この点に関して他の団体と異なるところはないが，プロフェッションの視点から特に強調しなければならない規則が『**倫理規則**』である。

自己規制の仕組みの中心は，会員の業務上の行為のあり方を規制し，会員として不適切な行為があった場合には，それを『会則』や『倫理規則』に照らして協会として審査・認定し，当該行為に従事した会員に懲罰を課す仕組みにある。これこそ，自己規制の仕組みの根幹をなすものである。会員の行為に不適切なところがあるかどうかは，具体的な基準に照らして個々に判断される。その基礎を与えるのが『倫理規則』である。

人の行為のあり方を律するものには，宗教（神の教え），慣習，倫理，家訓，社訓，親の教え，法，規則，約束，マナー（エチケット）など，さまざまな形態がある。規範性の強いもの・弱いもの，一般性（普遍性）の強いもの・個別性の強いもの，自律性の強いもの・他律性の強いものなど，その内容も種類もさまざまなものが存在する。会計プロフェッショナルも，人として，社会の構成員として，このような行動規範の支配を程度の差こそあれ受けている。しかし，ここでもっぱら取り上げるものは，「一般人としての行為」ではなく，会計専門職業に従事する「専門職業人としての行為」を規制する規範である。

そのような規範として，会計プロフェッション・会計プロフェッショナルを規制する公認会計士法のほか，会計プロフェッショナルが提供する業務に関連する法（会社法・金融商品取引法など）がある。さらに，個々の会計プロフェッショナルに求められるべき行為（職業倫理）を積極的に促すとともに，「あってはならない行為」を会計プロフェッショナル自身が律することを目的として

会計プロフェッション自らが設定した行為の規範がある。これが倫理規則である。倫理規則は、他律規範である法との対比で、自律規範（職業規範）と特徴づけることができる。

　職業倫理とは、会計プロフェッションに託された重要な社会的使命と社会の信頼に応えて、会計プロフェッショナル個々人の自覚に基づき自らの行為を律する、職業に向かい合う基本的精神である。そして、会計プロフェッショナルが自らの行為を律する場合の根拠（指針）となるものが職業倫理規則（倫理規則）である。倫理規則において求められている行為は、ミニマム・スタンダードとしての法の水準よりも高い水準に設定される。これは、法が規定していなくとも、それよりも厳しい水準の行為を定め、自分たちの努力を通じてその水準を達成していこうとする会計プロフェッショナルのプロフェッショナリズムに根ざしている。

『倫理規則』の概要

　『倫理規則』は、会計プロフェッションが行う自己規制の中核に位置する。基本的には、会計プロフェッショナルが自分たちの行為を律する際の具体的指針であり、また逸脱があった場合に、その会計プロフェッショナルを懲戒する場合の根拠となる。このように、『倫理規則』は会計プロフェッション（日本公認会計士協会）の自治規範であり職業規範である。日本公認会計士協会は、『倫理規則』（2022 年 7 月 25 日）において、倫理規則の目的を以下のように謳っている。

『倫理規則』

1. 会員及び準会員（以下「会員」という。）は、その使命を自覚し、達成に努めることにより、社会から期待された責任を果たし、もって公共の利益に資することが求められるのであり、個々の依頼人や雇用主の要請を満たすだけでなく、自らを律しその職責を果たすために厳格な職業倫理に従って行動しなければならない。日本公認会計士協会（以下「本会」という。）は、会員が職業的専門家と

しての社会的役割を自覚し，自らを律し，かつ，社会の期待に応え，公共の利益に資することができるよう，その職責を果たすために遵守すべき倫理の規範として，ここに倫理規則（以下「本規則」という。）を定める。

　会員は，本規則の定めるところやその趣旨に注意を払い，これを遵守して行動しなければならず，本規則に定められていない事項についても，本規則の制定の趣旨を正しく理解して行動しなければならない。

　日本公認会計士協会は，国際会計士連盟（International Federation of Accountatnts）のメンバー団体であることから，国際会計士倫理基準審議会（International Ethics Standards Board for Accountants）が策定する『倫理規程』と同等か，それよりも厳しい倫理規則を定めることを求められている。2022 年の改正により，わが国の『倫理規則』は，いくつかの独自規定はあるものの，基本的に国際基準と同じ体系および内容となっている。

　財務諸表監査において作成される今日の標準監査報告書には，「当監査法人は，我が国における職業倫理に関する規定に従って，会社及び連結子会社から独立しており，また，監査人としてのその他の倫理上の責任を果たしている。」との一文が記載されている（資料 1-1 を参照）。ここにいう「我が国における職業倫理に関する規定」とは『倫理規則』を指している。それでは，『倫理規則』に従うこととは具体的に何を意味しているのであろうか。このことを明らかにするため，『倫理規則』の基本的な内容を以下で概説する。

　『倫理規則』はすべての公認会計士に，以下の 5 つの**基本原則**を遵守することを求めている。

・誠実性……全ての職業的専門家としての関係及びビジネス上の関係において率直かつ正直であること。
・客観性……次のいずれにも影響されることなく，職業的専門家としての判断又は業務上の判断を行うこと。
　①　バイアス

② 利益相反

③ 個人，組織，テクノロジー若しくはその他の要因からの過度の影響又はこれらへの過度の依存

・職業的専門家としての能力及び正当な注意

① 現在の技術的及び職業的専門家としての基準並びに関連する法令等に基づき，依頼人又は所属する組織が適切な専門業務を確実に受けられるようにするために職業的専門家として必要な水準の知識及び技能を修得し，維持すること。

② 適用される技術的及び職業的専門家としての基準に従って，勤勉に行動すること。

・守秘義務……業務上知り得た秘密を守ること。

・職業的専門家としての行動

① 関連する法令等を遵守すること。

② 全ての専門業務及びビジネス上の関係において，公共の利益のために行動するという職業的専門家の責任を全うするように行動すること。

③ 職業的専門家に対する社会的信用を傷付ける可能性があることを会員が知っている，又は当然に知っているべき行動をしないこと。

　財務諸表監査に従事する監査人には，これら5つの基本原則の遵守に加えて，**独立性**の保持が求められている。『倫理規則』においては，独立性は精神的独立性と外観的独立性から構成されるとされており，それぞれ以下のように定義されている。

・精神的独立性……職業的専門家としての判断を危うくする影響を受けることなく，結論を表明できる精神状態を保ち，誠実に行動し，客観性と職業的懐疑心を堅持できること。

・外観的独立性……事情に精通し，合理的な判断を行うことができる第三者が，会計事務所等又は監査業務チームや保証業務チームの構成員の精神的

独立性が堅持されていないと判断する状況にはないこと。

5つの基本原則の遵守および独立性の保持にあたってのアプローチとして，『倫理規則』は**概念的枠組み**の適用を求めている。そこでは，まず，基本原則の遵守あるいは独立性の保持を危うくする阻害要因（threats）を識別することが必要となる。**阻害要因**には以下の5つが挙げられる。

・自己利益（self-interest threat）……金銭的その他の利害を有していることにより，公認会計士の判断又は行動に不当な影響を与える可能性があること。

・自己レビュー（self-review threat）……公認会計士が現在実施している活動の一環として判断を行うにあたって，当該公認会計士自身または当該公認会計士が所属する会計事務所等もしくは所属する組織の他の者が過去に行った判断又は実施した活動の結果に依拠し，それらを適切に評価しない可能性が生じること。

・擁護（advocacy threat）……公認会計士が，その客観性が損なわれるほど，依頼人または所属する組織の立場を支持する姿勢を示すこと。

・馴れ合い（familiality threat）……公認会計士が，依頼人または所属する組織と長期又は密接な関係を持ち，公認会計士がそれらの者の利害に過度に捉われること，又はそれらの者の作業を安易に受け入れること。

・不当なプレッシャー（intimidation threat）……現実に生じているプレッシャーまたは予見されるプレッシャーにより，公認会計士が不当な影響を受け，客観的に行動できなくなること。

次に，識別された阻害要因が許容可能な水準であるかを評価することが求められる。そして，阻害要因が許容可能な水準にないと判断する場合には，その阻害要因を除去するか，それを許容可能な水準にまで軽減することによって対処する必要がある。具体的には，以下のいずれかを行うこととなる。

・利害または関係を含め，阻害要因を生じさせている状況の除去
・利用可能であり，かつ適用可能な場合，阻害要因を許容可能な水準にまで軽減することを目的としたセーフガードの適用
・特定の専門業務の辞退又は終了

『倫理規則』は，この概念的枠組みの適用を通じて，5つの基本原則を遵守するとともに独立性を保持することを求めている。『倫理規則』は，財務諸表監査を含め，公認会計士が従事する業務のあらゆる側面にわたって事細かな規定を定めているが，それらの根拠は，すべて基本原則の遵守および独立性の保持と概念的枠組みの適用にあることを理解することが重要である。例えば，ある関係の存在や業務の提供を禁止する規定がある場合，その関係や業務が生じさせる阻害要因が許容可能な水準にはなり得ないことを意味しているのである。

自己規制の仕組みを支える制度

日本公認会計士協会が現在運用している自己規制の仕組みのうち，基本的なものとして次の3つがある。

① 継続的専門研修制度
② 品質管理レビュー制度
③ 監査業務審査会と綱紀審査会

継続的専門研修制度　日本公認会計士協会は，平成14（2002）年4月から，会員に対して研修を義務づける「継続的専門研修制度」（continuing professional education：CPE）を導入した。この制度は，時代の変化とともに新たに出現する技術やますます複雑化していく会計実務・監査実務についての知識の蓄積を継続的に図ることが公認会計士に対する社会的信頼を高めることになるとの考え方に基づき導入されたものである[★3-1]。具体的には，会員（個人）が履修できる（履修しなければならない）科目と個人の研修努力を単位化し，1年間に所定単位数を取得したことを自己申告させることを基本において

53

いる。これは会計プロフェッショナルの専門的能力に対する会計プロフェッションとしての自己規制の仕組みである。

品質管理レビュー制度　会計プロフェッショナルが提供する業務の品質は，本来，個々の会計プロフェッショナルの側において厳しく管理すべきものである。会計プロフェッショナルが提供する業務のなかには，非保証業務（コンサルティング業務）や会計業務のようにその品質を業務利用者が直接評価することのできる業務と，監査業務のようにその品質を評価できない業務とがある。とりわけ財務諸表と内部統制報告書の監査は公認会計士の独占的業務であることから，日本公認会計士協会は，会計プロフェッショナルによる監査業務の品質に対する社会の信頼に応えるべく，会員が実施した監査業務についてレビューを実施し，その結果の概要を公表している。これが**品質管理レビュー**であり，会計プロフェッショナルの提供する業務（とりわけ監査又は証明）の品質に対する会計プロフェッションとしての自己規制の仕組みにほかならない。

監査業務審査会と綱紀審査会　監査業務に関連した自己規制の仕組みのなかには，不適切な監査業務や失敗の可能性の高い監査業務を審査し会員に適切な対応を求める教育的な監督の仕組みと，質の低い監査業務を行った公認会計士・監査法人に対する懲戒処分を中心とした監督の仕組みがある。前者の仕組みに従事する組織が**監査業務審査会**であり，後者の仕組みに従事する組織が**綱紀審査会**である。

　双方の組織は関係している。まず，監査業務審査会が不適切な監査業務や失敗の可能性の高い監査業務を識別するとともに，当該監査業務関係者（公認会計士・監査法人）に対して関係資料の提出や説明を求めるという形で開始される。慎重な（十分な）調査を要する事案や会員の倫理に関係する事案については，監査業務審査会が調査を実施し，その結果は調査資料とともに綱紀審査会に報告され，そこで会員に対する懲戒処分が検討される。綱紀審査会での検討結果は答申という形で会長に伝えられ，会長はそれを受けて協会としての決定

を当該会員に通知する。

　以上のように，日本公認会計士協会が導入した自己規制の仕組みは，会員の従事する業務および会員の行為全般を対象とする職業倫理を中核として，会員の専門的能力の向上を目的とした自己規制の仕組み，監査業務の品質管理を対象とした自己規制の仕組み，そして会員の綱紀に関する自己規制の仕組みの3つによって支えられている。これらは協会の自己規制システムを形成するものとして相互補完的な関係にある。

⑥　本章のまとめ

　財務諸表監査の担い手は公認会計士である。しかし，そのことは，財務諸表監査が公認会計士の本来的な役割であることを意味しているのではない。それは，公認会計士の専門的技能を信頼し，かつ，会計プロフェッション全体としての自己規制を期待して，社会が行った選択にすぎない。したがって，会計プロフェッションを構成する日本公認会計士協会，監査法人，個々の公認会計士にとって，いかに有効に機能する自己規制を確立するかは本質的な課題である。そして，それにいかに真剣に取り組むかは会計専門職業そのものを守る防波堤でもある。

　自己規制を疎かにしたことによる"つけ"は，やがては行政による規制の強化——場合によっては，過度の規制——となって会計プロフェッションに降りかかる。自己の業務の質やあり方を自身で律し，また，仲間内で起こった不適切な職業行為を会計プロフェッションが厳しく，公正に，そして社会の目にみえる形で迅速に律するという仕組みの構築は簡単ではない。「築城3年，落城1日」という言葉がある。会計プロフェッションもしかりである。

　会計専門職業の自律性を確立すること，これがわが国の会計プロフェッションと会計プロフェッショナルが目指さなければならない方向であろう。わが国

55

の会計プロフェッションは，その誕生の時期から今日に至るまであまりにも官製であった。規制が多いのは，そのためである。これは，ある意味で，わが国の会計プロフェッションと会計プロフェッショナルが背負った歴史的な定めでもある。会計専門職業の自律性を確立することこそが，わが国の会計プロフェッションや会計プロフェッショナルが追求すべき目標なのではなかろうか。プロフェッショナリズムを会計専門職業の礎石と位置づけ，企業社会において名誉ある地位を築き維持するよう努力する必要がある。外部規制が強くなるのは，自己規制が弱く，足りないからである。どのようにしたら，自己規制を強化し，しかも，その内容を透明化できるのか，知恵を出さなければならない。自己規制のあり方を含め，思考そのものが官僚主義的になることは排さなければならない。

3-1 継続的専門研修制度

　専門職業の代表とされる「医」や「法曹」の領域において，日本公認会計士協会が現在運用している継続的専門研修制度に相当する制度が実施されているということを聞いたことがない。なぜこの制度が公認会計士制度に必要なのであろうか。同協会が実施している品質管理レビュー制度についても，同じような疑問がある。なぜなのであろうか。

第4章

不正・誤謬・違法行為と財務諸表の重要な虚偽表示

　監査という言葉を耳にして直ちに思い浮かぶ関連用語は**不正**であろう。監査は，不正という概念をしばしば引き合いに出しながら説明されてきた。「監査の目的は取締役や従業員の犯した不正を検出することである。」という説明は，両者の関係を最も強く結びつけた立場であり，「財務諸表監査の目的は財務諸表の信頼性を保証することにあり，不正の検出は副次的な目的である。」という昔の監査書においてしばしば目にした説明は，両者の関係を弱く位置づける財務諸表監査観である。ともあれ，監査と不正は密接に関係した概念として，これまで監査文献のなかで論じられてきた。

　財務諸表の信頼性に影響を及ぼす要因は不正だけではない。会計処理方法の選択・適用に関する会計判断上のミス，会計見積り上のミス，会計業務プロセスにおける記帳のミスなども，財務諸表の信頼性に重要な影響を及ぼす場合がある。これらのミスは，監査上，**誤謬**として扱われてきた。誤謬は，内部統制システムを整備し，その有効性を高めることによって，相当程度抑え込むことができる。また，IT技術を各業務プロセスに組み込むことによって，人間的要因に起因する誤謬の発生を可能な限り未然に防止することができる。しかし，それでも誤謬は発生する。財務諸表監査においてとりわけ問題になるのは，財務諸表の重要な虚偽表示をもたらす誤謬である。

　財務諸表監査において，もう１つ厄介な問題は，監査人が監査立証プロセスにおいて被監査会社側の**違法行為**を検出した場合に生じる。『監査基準』に規定されている「監査の目的」に従えば，被監査会社側における違法行為の検出は財務諸表監査の目的ではない。しかし，財務諸表監査は言明の監査である

ことを理由に，違法行為の検出は財務諸表監査の目的とは無関係であると即断することはできない。「不正」や「誤謬」の場合と同様に，財務諸表の信頼性は会社の違法行為によっても影響を受ける。もちろん，すべての違法行為が会計との接点をもっているわけではないが，違法行為を隠ぺいするために，会計帳簿が偽造・改ざんされ，その結果として，財務諸表の信頼性が影響を受ける場合も起こりうる。したがって，財務諸表監査においても，監査人は会社の違法行為に対して無関心であってはならないが，不正や誤謬に比べて，会計との接点は限定的である。

　財務諸表の信頼性を保証することを目的とする財務諸表監査においても，財務諸表の重要な虚偽表示をもたらす，あるいはもたらす可能性のある不正，誤謬，そして違法行為については，そのいずれを問わず，監査人は監査手続を通じて検出しなければならない。これが原則的な考え方である。監査人は職業的専門家としての正当な注意を行使し，かつ，十分な職業的懐疑心を保持して監査手続を実施し，財務諸表の重要な虚偽表示をもたらす不正，誤謬，そして違法行為の検出に努める必要がある。

　財務諸表の信頼性とは，見方を変えれば，「財務諸表が重要な虚偽表示からどの程度解放されているか」という問題である。たとえば，『監査基準』（令和2［2020］年11月6日）は，「第一　監査の目的」において，次のように述べている（強調著者）。

> 『監査基準』「第一　監査の目的」
>
> 1　財務諸表の監査の目的は，経営者の作成した財務諸表が，一般に公正妥当と認められる企業会計の基準に準拠して，企業の財政状態，経営成績及びキャッシュ・フローの状況をすべての重要な点において適正に表示しているかどうかについて，監査人が自ら入手した監査証拠に基づいて判断した結果を意見として表明することにある。
>
> 　財務諸表の表示が適正である旨の監査人の意見は，財務諸表には，**全体として重要な虚偽の表示がない**ということについて，合理的な保証を得たとの監査人の

判断を含んでいる。

　不正・誤謬・違法行為なる概念を，まずどのように理解したらよいのであろうか。また，それらは財務諸表の虚偽表示とどのように関係するのであろうか。さらに，財務諸表監査において特に監査人が注意すべき不正・誤謬・違法行為を，どのように限定したらよいのであろうか。財務諸表監査における不正・誤謬の位置づけと違法行為の位置づけは同じなのであろうか。本章はこれらの問いに答えるための概念整理を目的としている。

1　不正概念の枠組み

　監査が不正（fraud）という用語に深く関係していたにもかかわらず，不正概念に対する学問的な探求は希薄であった。また，公認会計士も，この概念に深く関わることを意図的に避け，それに代えて「異常事項」（irregularities）という用語を使用してきた。不正という概念への取り組みをためらったのは，この概念の意味するところが広いだけでなく，法的な性格も有している概念であるためである。

　不正という用語は，われわれの日常生活においては，あまりにも多様な意味で使われている。『広辞苑』（第7版）によれば，不正は「正義でないこと」と説明されている。この定義はおそらく最広義のものであろうが，監査の分野で監査人が関与することになる不正は，「特定の職務・業務に権限と責任を有する人間によって**意図的に**遂行されたルール（法令・規則）違反行為」ということになるであろう。図表4-1は，企業社会においてしばしば問題となっている社会通念上の不正の態様を示したものである。現実には不正一般が言及されるわけではなく，不正の行為実行者や不正の具体的な内容・現れ方によって，独特の名称が付されている。いうまでもなく，企業における職務や業務とまっ

第4章

59

第**4**章　不正・誤謬・違法行為と財務諸表の重要な虚偽表示

■**図表4-1　不正の態様**

- 詐欺（fraud）
- 故意による不実記載（虚偽記載：misrepresentations）
- 横領（私消：misappropriation fraud）
- 流用（misuse）・地位利用
- 脱税（tax fraud）
- 違法行為（illegal acts）
- 賄賂（bribe）

たく無関係に遂行された個人レベルでの犯罪行為は，ここでの議論とは無関係である。

不正の範疇と会計上の不正

図表4-1に示した社会通念上の広義の不正は，その内容により，基本的に次の3つの範疇に分けることができる。

① 言明不正……粉飾決算，各種虚偽報告など，故意に歪められた言明の作成・報告（提出）
② 財産不正……会社財産の横領・流用，地位利用による不当な財産の使用
③ 違法行為……故意による法令に違反する職務・業務の遂行

本書では，不正と会計との接点が明確になるように，言明不正と財産不正に分けて説明する。故意による会計的言明の虚偽表示（粉飾決算）はもとより，会社財産の横領や流用など，財産不正もその態様によっては，財務諸表を作成する場合の基礎となる会計帳簿や会計記録などを歪め，財務諸表に間接的な影響を与える。かくして，会計上の不正とは，

・財務諸表の表示そのものを意図的に歪めることを目的にした不正（言明不正）
・財務諸表の表示そのものを意図的に歪めることを目的にしたものではない

■図表4-2 社会通念上の不正概念と会計上の不正概念

が，会計帳簿や会計記録の偽造・改ざんなどを通して，間接的に財務諸表の虚偽表示をもたらす会社財産の横領や流用を内容とする不正（財産不正）から構成される。図表4-2は，「社会通念上の不正」と「会計上の不正」の関係を示したものである。

　言明不正や財産不正の企業社会における具体的な現れ方は多種多様である。すべての言明不正や財産不正が直ちに違法行為となるわけではないが，特定の法令に違反することが明らかである場合，それは違法行為とみなされる。しかし，違法行為とされる不正のなかには，言明不正や財産不正という形式をとらない不正もある。インサイダー取引や談合はそのような範疇に入る取引であろう。ただ，いわゆる総会屋に対する無償の利益供与の場合には微妙である。会社がそのための資金（裏金）を捻出するために，会計帳簿や会計記録などを偽造・改ざんした場合には，言明不正にも関わることとなる。財務諸表監査は違法行為そのものの検出を目的とはしておらず，また監査人は違法行為であるかどうかを判定できる法律の専門家ではないため，財務諸表監査における違法行為の問題は財産不正に比べると限定的である。違法行為については，節を改めて説明することとする。

第**4**章　不正・誤謬・違法行為と財務諸表の重要な虚偽表示

言明不正

　言明不正とは，故意に言明を歪めて作成し提出することである。会計的言明不正の代表は虚偽表示された財務諸表の提出（粉飾決算：カネボウ［2005］，ライブドア［2006］，日興コーディアルグループ［2006］，オリンパス［2011］，東芝［2015］）である。この他に，言明不正としては特異であるが，株主構成について虚偽記載がなされた有価証券報告書の提出（西武鉄道［2004］，小田急電鉄［2005］）もある。これは非会計的言明の不正である。

　もちろん，これらの虚偽報告は，関連する法律（金融商品取引法や会社法）に違反しているという意味では違法行為であるが，ここでは，これを言明不正という概念で括ることにしたい。税法違反（脱税）も虚偽の申告書の作成を内容とする限り，ここにいう言明不正である。

　言明不正の行為実行者は，多くの場合，経営者（代表取締役社長・代表執行役社長）である。しかし状況によっては，社長ではなく業務執行取締役の場合もある。粉飾決算を社長が知らなかったということは通常想定できないが，業務担当取締役が財産不正に関与し，それを隠ぺいするために粉飾決算に走ったケース（かろりーな［1997］）も現実に起こっている。その場合には，当該不正の行為実行者は当該取締役であって社長ではない。しかし，財務諸表自体は経営者（社長）の言明であるので，虚偽表示された財務諸表に対する責任を社長は免れられない。証券取引所が上場会社の経営者に提出を求める確認書や宣誓書も，監査人が被監査会社の経営者に対して求める経営者確認書も，財務諸表に対する基本的責任はその作成者である経営者自身にあることを，経営者自身に改めて認識させることを目的としている。

　言明の監査は経営者による言明不正に関係している。すでに述べたように，会計プロフェッショナルによる財務諸表監査は，財務諸表の重要な虚偽表示の検出を目的にしている。それゆえ，財務諸表監査の失敗は，監査人が財務諸表の重要な虚偽表示の検出に失敗したことを意味しており，ほとんどの場合，両者は同義と考えてよい。重要な虚偽表示は経営者の会計判断上のミスや会計手

62

続上のミスによっても起こり，ここにいう言明不正（故意による不実記載）だけに起因するものではない。しかし，財務諸表監査は，突き詰めれば，経営者による「故意による重要な虚偽表示」という意味での不正（言明不正）の検出を主たる目的としているといって何ら差し支えない。不正の検出を主たる監査目的とするかどうかの議論は，社会通念上の不正概念を用いて漠然と行うのではなく，このように内容の特定された不正概念を用いて厳密に行う必要がある。

財産不正

　財産不正とは，会社の財産を個人的な目的で私消・流用し，または違法に会社の財産を社外に流出させることである。この種の不正の代表は会社財産の横領（私消）・流用，地位利用，そして違法配当であろう。さらに企業機密の漏洩は，設計図や顧客情報など経済的価値を有するものの外部への不正な持ち出しであり，ここにいう財産不正の範疇に含まれる。財産不正の行為実行者は正規の一般従業員とは限らず，派遣社員（東京三菱銀行［2005］），管理職（ヤシカ［1970］，サンユウ［2005］），そして経営者自身（日本通運［1967］，KDD［1979］）など，会社関係者のすべてに及んでいる。監査役が財産不正に関与した場合（平和相互銀行［1986］）もあれば，取締役会会長が関与した場合（中部電力［2004］，大王製紙［2011］）もある。この種の不正の対象となった会社財産は金銭・手形・売掛金・有価証券にとどまらず，設計図（新潟鉄工［1983］）や顧客情報（三菱UFJ証券［2009］）も対象となっている。違法配当は，多くの場合，言明不正と財産不正とが結びついている。ちなみに，会社法第963条は会社財産を危うくする罪（会社財産危殆罪）を定めている。

② 不正の態様と財務諸表監査

　社会通念上の不正の態様（図表4-2）を，その行為実行者と不正の目的との関係で，さらに細分化したものが図表4-3である。この図を通じて，財務諸

第**4**章　不正・誤謬・違法行為と財務諸表の重要な虚偽表示

■**図表4-3　不正の型**

		不正の目的	
		会社利益の追求	個人利益の追求
行為実行者	経営者	Ⅰ	Ⅲ
	従業員	Ⅱ	Ⅳ

｝共謀

重なり合う部分

表監査に関係する不正がどのように位置づけられるかを理解していただきたい。

範疇Ⅰ　範疇Ⅰの不正は，経営者が会社（組織）の利益を図るために遂行した不正（survival fraud for the good of the company）である。「会社（組織）の利益を図る」ことのなかには，会社の信用や存続を図るために業績を偽装することのほかに，たとえば会社が被る損失を小さくみせることや不名誉などを回避することも含まれる。もちろん，かかる不正の遂行に経営者個人の利益を図るという側面がまったくないわけではないし，通常の場合，それは否定できない。実際の問題として，「会社の利益」と「個人の利益」とを完全に区別することは難しいので，程度の問題と考えておいたほうがより現実的である。

　範疇Ⅰの不正の代表例は，市場からの信用の維持を図ることなどを目的に行われる，財務諸表における業績の偽装表示を内容とする言明不正である。この種の言明不正は一般に**粉飾決算**と呼ばれている。言明不正の帰責問題は最初から明確である。当該言明に法的に責任を負っているのは作成者である経営者である。したがって，財務諸表監査においては，監査人は言明不正の帰責を解明する必要はなく，責任は経営者にあるとの前提で監査に臨めばよいこととなる。

64

粉飾決算は，経営者不正のなかでも最も重大な不正（言明不正）であり，社会に甚大な影響を及ぼす重大犯罪である。会社の存続を目的とする粉飾決算の具体的な状況はさまざまで，経営トップ数人が極秘のうちに行った粉飾決算（山一證券［1997］）もあれば，数多くの従業員を巻き込み会計帳簿の偽造・捏造に走った組織ぐるみの壮絶な粉飾決算（リッカーミシン［1984］）もある。

　また，財務諸表上の特定の数項目に粉飾が限定された場合（ヤシカ［1970］）もあれば，財務諸表上の主要項目のほとんどに粉飾が及んだ場合もある（カネボウ［2005］）。企業単体での粉飾決算（山陽特殊製鋼［1965］）もあれば，子会社を利用した粉飾決算（日本熱学工業［1974］）もあり，また連結レベルでの粉飾決算（カネボウ［2005］，日興コーディアルグループ［2006］）もある。また，先に言及した事例（西武鉄道［2004］，小田急電鉄［2005］）も，見方によっては，範疇Ⅰさらには範疇Ⅰ・Ⅲ（西武鉄道［2004］）に属すると考えられる。

　範疇Ⅰの不正は粉飾決算だけではない。経営者による監督官庁担当者に対する贈賄工作（NEC［1998］），談合工作の指揮，あるいは総会屋に対する無償の利益供与（神戸製鋼所［1999］）など，さまざまである。これらの不正は，以下，違法行為の問題として扱い，不正概念からは切り離すこととする。

範疇Ⅱ　範疇Ⅱの不正は，従業員が業務を遂行する過程で犯しやすいものである。たとえば，従業員による贈賄や総会屋に対する無償の利益供与などの法令違反を内容とする。経営者から指示を受けた粉飾決算への関与も，範疇Ⅱの不正に含まれる。従業員（上級管理者）がこの種の不正に関与することが多い傾向があり，その場合，経営者の指示（社命）によるものと考えるのが一般的かもしれない。

　そのような組織不正の場合には，範疇Ⅰと範疇Ⅱを区別する意味は小さくなる。現実には，企業不祥事の多くは範疇Ⅰと範疇Ⅱが重なったところで起こっており，そのほとんどは，脆弱なコーポレート・ガバナンスとそれに起因した内部統制の機能不全が原因である。

　この種の不正のなかには，業務遂行の過程で生じてしまった損失を取り戻そ

うとして，社内規程に違反して同種の業務を行ったものの（会社の利益），かえって損失の額を大きくし，その結果，発覚を恐れてそれを糊塗するための大掛かりな不正工作（個人の利益）に発展した事例（大和銀行［1995］）もある。このような段階に至ってしまうと，「個人の利益」（範疇Ⅳ）の側面が強くなる。財務諸表監査において，仮に会計プロフェッショナルがこの種の不正の検出に失敗したとしても，そのことをもって直ちに責任問題が生ずるわけではない。これらの問題は基本的には会社側の内部統制の問題である。ただ監査人側にとって重要な点は，この範疇の不正が財務諸表の重要な虚偽表示をもたらしている可能性があることである。監査人が範疇Ⅱの不正に無関心であってはならないのはそのためである。

範疇Ⅲ　範疇Ⅲの不正は，経営者の資産横領・地位利用による会社財産の私消（greed）である。この種の不正を隠ぺいするための手段として会計記録などの偽造・改ざんが行われ，その結果，財務諸表の重要な虚偽表示が行われた場合もあるので，財務諸表監査においても，この領域に対して絶えず目を光らせていなければならない。ただし，財務諸表の重要な虚偽表示に発展しない限り，この範疇の不正が会計プロフェッショナルの責任に発展することはないであろう。日本通運［1967］，平和相互銀行［1986］，KDD［1979］，三越［1982］，中部電力［2004］，大王製紙［2011］など，この範疇に含まれる不正は，多くの場合，財務諸表監査上の問題にまでは発展しなかったが，わが国の企業不祥事史において何度となく繰り返されている。

範疇Ⅳ　範疇Ⅳの不正は，いわゆる従業員による会社財産の横領・流用である。この種の不正に手を染めるに至った事情はさまざまである（投機失敗・ローンの返済・遊興費・異性関係など）。一般論として，この範疇の不正が財務諸表の重要な虚偽表示に結びつくことは稀であるが，皆無ではない。ヤシカ［1970］，日本コッパース［1981］，サンユウ［2005］はその例である。従業員による不正でも，横領金額の大きさそのものに社会が驚愕した事件（東京三

菱銀行［2005］）も現実に起こっている。範疇Ⅳの不正は，基本的には，内部統制の問題（経営者の問題）であるが，内部統制報告書監査が導入されたこともあり，会計プロフェッショナルもまったく無関心ではいられなくなった。というのは，会社財産の保全・管理にかかる内部統制に重大な欠陥があったため，従業員による巨額な財産不正を許し，かつ，その発覚を恐れて会計記録などの偽造・改ざんがなされ，結果として財務諸表の重要な虚偽表示につながった場合には，財産不正が内部統制を通じて内部統制報告書監査につながり，同時に重要な虚偽表示を通じて財務諸表監査ともつながるからである。

　財務諸表監査のもとで監査人が検出すべき不正は，いうまでもなく，財務諸表の重要な虚偽表示である。財務諸表の重要な虚偽表示は，それが誰によって引き起こされたものであれ，また，いかなる目的でなされたものであれ，監査人がそれを看過し，その結果，虚偽証明に至った場合には，監査人は責任を問われることとなる。もっとも，財務諸表の虚偽表示は不正だけではなく，誤謬によっても引き起こされる。次に，誤謬の問題を取り上げることとする。

③　誤謬概念の枠組み

　誤謬（error）とは，最広義には，不注意による誤った業務の遂行を意味している。ただし，財務諸表監査においては，誤謬を犯したという行為自体ではなく，誤謬によって歪められた記載（表示）を問題とする。この点は，財務諸表監査における不正の位置づけと同じである。

　誤謬は，不注意，誤解，知識の欠如，早とちり，手抜きといったまさに人間的要因によって引き起こされる。これを完全に除去することはほとんど不可能であるが，業務の相当部分を IT に委ね，人間の判断を要する業務領域を少なくすること，あるいは有効に機能する内部統制システムを整備・運用することにより，大幅にその発生を抑え込むことができる。

第4章

第**4**章　不正・誤謬・違法行為と財務諸表の重要な虚偽表示

■**図表4-4　会計上の誤謬の範疇**

		会計上の誤謬	
		会計判断	会計業務
行為実行者	経営者	Ⅰ	Ⅲ
	従業員	Ⅱ	

「意図的ではないこと」（故意によるものではないこと）が誤謬の属性である。誤謬は，経営者によっても従業員によっても引き起こされる。また，誤謬のなかには，財務諸表の虚偽表示の原因となるもの（会計上の誤謬）とそれ以外の誤謬（業務一般の誤謬）がある。さらに，財務諸表の虚偽表示をもたらす誤謬であっても，その内容は異なる。図表4-4は会計上の誤謬の一般的な枠組みを示したものである。この図表において特に注意すべきところは，経営者の会計判断上のミスも「会計上の誤謬」という概念のもとに捉えられている点である。

範疇Ⅰ　範疇Ⅰは経営者（財務担当取締役を含む）による会計判断上のミスであり，具体的には，会計基準の選択・適用にかかる判断ミスである。特定の会計基準の解釈を誤った場合，当該状況のもとではふさわしくない会計基準を選択した場合，会計基準の選択は正しく行われたが，その適用を誤った場合，会計上の見積りに際して重要な要因（仮定）を見落としていた場合など，さまざまな形で現れる。

　経営者による会計判断上のミスは，関連財務諸表項目の金額に大きな影響を与える場合が多いので，財務諸表監査において監査人が最も注意しなければな

らない領域である。会計基準の規定があいまいである場合には，不適切な解釈がなされる可能性もある。「法的形式よりも経済的実質」（substance over form）・「原則に基づく会計」（principles-based accounting）なる考え方は，会計基準のあいまいさや規定の不備などに起因して不適切な会計判断がなされる可能性を踏まえ，財務諸表全体としての適正表示の判断を求める会計思考を表現したものである。範疇Ⅰの領域における監査人の責任は極めて大きく，そこでの監査判断を誤れば，多くの場合，監査の失敗につながることになる。

範疇Ⅱ 範疇Ⅱにおける誤謬の中心は，会計処理に関する誤謬であろう。現場サイドの実質的責任者は会計分野に精通した上級経営管理者（経理部長）であろう。したがって，このレベルでの会計判断に重大なミスがあると，財務諸表の信頼性は直接的な影響を受けることとなる。その意味で，経理部長を筆頭とする会計担当者の責任は重大である。もっともこのレベルで重大なミスがあり，結果として不適切な財務諸表が公表されたとしても，経営者は責任を免れられない。財務諸表は経営者の言明であり，その第一義的責任は経営者にあるからである。また，会計処理自体に関する誤謬ではないが，分配可能額の計算方法についての不十分な法令知識などにより，分配可能額を超える配当を実施していた事例（福島銀行［2009］，タカチホ［2010］，ニデック［2023］）もある。

範疇Ⅲ 範疇Ⅲは会計業務上の技術的な誤謬である。期間帰属の判断ミス，計算ミス，請求ミス，入出金処理ミスなど，さまざまな形をとる。この範疇の誤謬に経営者が直接関与することは通常の場合はないであろうから，監査人はあまりその発生を想定しなくてもよいかもしれない。この範疇の誤謬のほとんどは現場の業務担当者（従業員）によって引き起こされる。一般論として，範疇Ⅲレベルでの誤謬は，有効な内部統制を整備・運用することにより相当程度その発生を防止し，あるいはその検出を早めることができる。多重的なチェックの仕組みを業務処理のプロセスに組み込む，上司による業務の監督を強化する，IT技術を利用し中途半端な判断を認めない業務プロセスを構築するな

第4章

69

ど，この分野はまさに内部牽制の問題に属する。また，会計規程や業務規程，資産取扱規程，業務マニュアルを整備するとともに，こうした業務の手続的な部分をIT化された業務システム（会計情報システム）に組み込むことにより，誤謬の発生を抑え込むことができる。内部統制システムの構築が求められる所以である。

表面的には手続上（事務処理上）のミスのようにみえても，大きな不正工作の一部（氷山の一角）である場合もある。異常事項に行き当たった場合には，会計プロフェッショナルは職業的専門家としての正当な注意と健全な懐疑心を十分に発揮し，
① 財務諸表に影響を及ぼす誤謬であるかどうか
② 財務諸表の虚偽表示をもたらしているかどうか
③ 当該誤謬が単発的なものであるかどうか（同種の誤謬が他にも発生していないかどうか）

を判断し，検出された誤謬が財務諸表の重要な虚偽表示につながる可能性があるかどうかを判断しなければならない。もしそのような可能性が高い場合には，監査計画の修正を含め，監査手続の種類，時期，そして範囲を見直す必要がある。不正を秘めた異常事項と単なる誤謬による異常事項の違いを見分けることは必ずしも容易ではないが，監査人が監査手続において最も注意を要するところである。

4　違法行為概念の枠組み

違法行為（法令・定款違反行為）も広義の不正である。詐欺・不実記載・賄賂・横領・流用・脱税・談合・インサイダー取引など，多くの不正の態様は民法・会社法・刑法のみならず，各種関連法令によっても取り上げられている。その意味では，不正は故意による違法行為の具体的な現れ方にほかならない。

それゆえ，不正という概念を捨てて，たとえば上に列挙した行為をすべて違法行為として一律に理解することも，理屈のうえでは可能である。しかし本書を含め監査関連書では，多くの場合，違法行為のうち会計上の不正概念を別個に取り上げている。

また，このような理解の仕方は，たとえば会社法第 382 条においてもみられる。同条は，監査役に対して，「取締役が不正の行為をし，若しくは当該行為をするおそれがあると認めるとき，又は法令若しくは定款に違反する事実若しくは著しく不当な事実があると認めるときは」，その旨を取締役（または取締役会）に報告すべきことを求めている。「不正」と「法令もしくは定款に違反する」行為とは，法律の分野においても峻別されている。ここにいう「不正の行為」とは「取締役が自己または第三者の利益をはかって会社を害する行為」（森本［1995］p. 309）と説明されている。不正のなかには，自己の利益や第三者の利益を図るためではなく，むしろ行為実行者が所属する組織全体の利益を図るために行われる不正もある。賄賂や談合はその代表的な例である。これらは「不正」としてではなく，むしろ「違法行為」として捉えるのが一般的である。業界関連法（金融商品取引法・独占禁止法・食品衛生法など）違反の多くもこの範疇に含まれる。なお金融商品取引法違反でも，有価証券報告書の虚偽表示は先に説明した言明不正の範疇に属するが，インサイダー取引は闇カルテルや談合などの場合と同様，違法行為の範疇に属する。

財務諸表監査の枠組みにおける違法行為の位置づけ

ここで留意すべきことは，これらの違法行為は少なくとも経済的事象（取引）としては成立していることである。たとえば談合で成立した売上取引であったとしても，それは会社財産の増加をもたらす純粋な経済的事象である。それゆえ，談合であったとしても，経済的事象として認識し，会計的に正しい処理・表示をしなければならない。談合の違法性を根拠にして，当該取引の経済的結果を財務諸表上の表示から排除することはできない。もちろん会計的言明の処理・表示段階で問題があれば，言明不正として財務諸表監査において取り上げ

第4章　不正・誤謬・違法行為と財務諸表の重要な虚偽表示

られることになるが，会計的に問題がなければ，違法行為自体の検出・報告が財務諸表監査において正面から取り上げられることは通常の場合ありえない。

　違法行為とは，故意，過失を問わず，会社（経営者・従業員）が行った法令違反である。違法行為は故意によって引き起こされる場合もあれば，過失によって引き起こされる場合もある。しかし，ある行為が違法かどうかの判断は，勝れて法律上の判断に属するため，通常，監査人の能力を超えていると考えられる。また，財務諸表監査は違法行為の検出・報告を目的とするものではないので，基本的には，監査人が財務諸表監査において違法行為に関与する範囲と程度は限られている。

違法行為の監査手続

　とはいえ，財務諸表に影響を及ぼし，かつ，財務諸表の重要な虚偽表示につながる恐れのある違法行為については，監査計画の策定の段階で十分に留意する必要がある。これは，違法行為自体の検出を目的とした監査手続を特別に計画することを意味しない。財務諸表監査の目的（性格）や監査人の専門性を考えると，違法行為に関連する一連の監査手続において重要なのは，監査計画段階ではなく，むしろ監査実施中に違法行為の可能性に気づいた時点であろう。その際に監査人に求められる主要な監査手続としては，以下のものがある。

①　監査人は，違法行為に該当すると思われる不適切な行為を検出した場合には，その行為を代表取締役と監査役会（監査委員会）に伝え，その後の会社側の判断・対応と調査結果（当該行為の全社的な広がりについての調査・報告）を待つこと。

②　監査人は，①と同時に，当該行為が財務諸表に影響を及ぼす可能性があるかどうかを判断し，とりわけ財務諸表の重要な虚偽表示となる可能性が高いと判断する場合には，違法行為の有無とその内容を確かめるため，

　　・経営者への質問

　　・関連書類・契約書などの文書の閲覧

・顧問弁護士への確認や意見の聴取

など，必要な監査手続を追加すること。

③　違法行為の結果として罰金や課徴金が課せられ，あるいは損害賠償訴訟が生じた場合には，それに伴う会計上の処理や開示の適否を判断すること。さらには，資産の没収や事業活動の休止（停止）に追い込まれた場合には，それに伴う損失の開示の必要性などを検討すること。また，財務諸表の表示には直接影響を与えない法令違反であっても，その後の展開により会社の存続に影響を与えた場合には，それについての開示を検討すること。

これらの場合には，違法行為は「財務諸表の重要な虚偽表示をもたらす」事項に，その本質を変えているかもしれない。なお，「財務諸表の重要な虚偽表示をもたらす」といっても，次期以降の場合もあるため，監査人は「当期」・「次期」を区別することなく，当該違法行為の会計上の意味を適切に判断する必要がある。

さらに，金融商品取引法第193条の3は，上場会社等の提出する財務計算に関する書類の適正性の確保に重大な影響を及ぼす「法令違反等事実」を検出した場合には，公認会計士または監査法人に対して，次の対応をとることを求めている。

①　法令違反のおそれのある事項の内容，および法令違反を防止するための適切な措置（内部統制の強化）を図る必要があることを会社側に書面で通知すること。

②　①の通知を行った日から2週間経過したにもかかわらず，財務計算に関する書類の適正性の確保に重大な影響を及ぼすおそれのある法令違反などの事実について適切な措置がとられないため，「重大な影響」を防止するために必要と認める場合には，あらかじめ当該会社に書面で通知したうえで，2週間を経過した日，または財務書類の提出期限の6週間前のいず

第4章　不正・誤謬・違法行為と財務諸表の重要な虚偽表示

れか遅い日まで（ただし，提出期限の前日まで）に，当該事項に関する意見を内閣総理大臣に申し出ること（金融商品取引法施行令第36条）。

　監査人が最も関心を寄せるべき問題は，違法行為を隠ぺいするための会計工作（会計帳簿や会計記録などの偽造・改ざん）である。違法行為がどのようなスキームのもとで行われているかは，監査人が監査手続を通じて嗅ぎ取るしかない。それゆえ，職業的懐疑心を一層高める必要がある。

5　虚偽表示

　監査の過程において異常事項（財務諸表の虚偽表示）を検出したときには，それが意図的なものであるかどうかを検討する必要がある。意図の有無は，不正の定義が示すように，不正と誤謬とを切り分ける要因であり，したがって意図の存在を示唆する状況が認められる場合には，それを「不正の兆候」として，経営者の誠実性を含め監査証拠の真正性について評価し直し，状況によっては監査契約の解除の要否を検討する必要も出てくる（監査基準報告書240）。同240は，監査証拠の評価に関連して，異常事項（財務諸表の虚偽表示）が不正によるものであるかどうかの判断を適切に行うことを求めている。

　虚偽表示（misstatements）は，財務諸表監査において，監査人が最も関心を払わなければならないものである。財務諸表監査のもとでは，虚偽表示は，当該言明の作成者および関係者の不正によるものであろうと，誤謬によるものであろうと，さらには違法行為の結果引き起こされたものであろうと，その違いを問わない。また，財務諸表の虚偽表示が企業業績の偽装を目的としたものであろうと，横領不正の隠ぺいを目的としたものであろうと，その違いを問わない。財務諸表監査の目的は，まさに，財務諸表の重要な虚偽表示を検出することにあるからである。

　したがって，不正による虚偽表示であれ，誤謬や違法行為に起因した虚偽表

74

示であれ，当該虚偽表示が重要性をもっているにもかかわらず，それを検出することができず，結果として虚偽表示を許してしまった場合には，監査人は当該虚偽表示を看過したことに対して責任を負わなければならない。これが財務諸表監査の大原則である。

　現代の財務諸表監査は不正・誤謬の検出を第一義的な目的とするものではないと説明されることが多い。しかし，財務諸表の重要な虚偽表示をもたらす不正や誤謬の検出は，財務諸表監査の成否・存在意義にかかっており，財務諸表監査の目的そのものであると理解しなければならない。

　たとえば会社関係者が財産不正に走り，それを隠ぺいするために複雑かつ多様な会計工作をした結果，当該財産不正に起因した特定の財務諸表項目上の虚偽表示が重要性をもった場合には，その時点で，監査人の責任はすでに発生していると理解しなければならない。もちろん，この場合の監査責任は，「当該財産不正を検出できなかったこと」に対するものではなく，「当該財産不正に起因した重要な虚偽表示を検出できなかったこと」に対するものである。それゆえ，後日，経営者が財産不正の全貌を明らかにし，過年度にさかのぼって財務諸表の訂正を行ったとしても，虚偽表示が重要性をもつに至った時点（およびそれ以降）での監査人の監査報告上の責任は発生しているのである。経営者が訂正有価証券報告書を提出したことによって，監査人の責任が"治癒"されたことにはならない。この点は誤解してはならない。

　財務諸表を故意に歪める方法には，たとえば架空取引や架空資産の計上，一般に公正妥当と認められる企業会計の基準に違反した会計方法の採用，実体のない会社を通じての取引の偽装，簿外負債，取引の期間帰属の操作など，さまざまな方法がある。しかも，これらの会計不正は複雑なスキームを用いて，組織的に行われる場合が多く，さらに，会社経営者や外部の取引先，取引銀行が関与した場合には，監査人がこれを検出することはますます困難になってくる。

　財務諸表監査において，監査人は財務諸表に関するすべての虚偽表示の検出に責任を負っているわけではない。虚偽表示であっても，それが財務諸表利用者の経済的意思決定に影響を与えるには至らない程度の——すなわち重要では

第4章

75

第4章　不正・誤謬・違法行為と財務諸表の重要な虚偽表示

ない——情報の歪みについては，監査人がこれを看過したとしても，責任を負うものではない。それゆえ，監査人が責任を問われることとなる情報の歪みは「重要な虚偽表示」に限定されていると理解してよいであろう。監査理論あるいは監査実務において，重要性（materiality）なる概念が重要であるのは，これが監査人の責任問題に直結しているからである。

6　本章のまとめ

　現代の財務諸表監査においては，第10章において取り上げる監査リスク・アプローチを前提にして，「重要な虚偽表示」を検出できるような監査手続を選択・適用し，もって財務諸表に重要な虚偽表示のないことについての意見の表明を支える「合理的な基礎」を確かめるという方向が強く打ち出されている。すでに説明したように，重要な虚偽表示は不正や誤謬によって引き起こされるだけでなく，違法行為によって引き起こされる場合もある。したがって，理念的には，「重要な虚偽表示はない」という立言は，「不正，誤謬または違法行為による重要な虚偽表示はない」ということを意味するものとして理解しなければならない★4-1。

　財務諸表監査において会計プロフェッショナルが表明する意見——「財務諸表が，会社の財政状態，経営成績，およびキャッシュ・フローの状況を，全ての重要な点において適正に表示している。」というメッセージ（資料1-1参照）——の意味は，基本的には，

① 「当該財務諸表は一般に公正妥当と認められる企業会計の基準が要求している会計表示の水準を満たしている。」……監査報告書（監査意見区分）において言及されている第1の明示的な意味

② 「当該財務諸表には，不正または誤謬による重要な虚偽表示はない。」……監査報告書（監査人の責任区分）において言及されている第2の明示的な意味★4-2

の2つを含んでいる。前者は伝統的に識別されてきた監査意見の意味であるが，アメリカ公認会計士協会の監査基準書は，財務諸表の適正表示の意味として②を識別するとともに，どのような監査手続アプローチが監査人にとって「不正または誤謬による重要な虚偽表示はない」との合理的な保証を得るために有効なのかを検討してきた。そして，その答えが現在の監査手続の枠組みを規定している監査リスク・アプローチにほかならない。監査リスク・アプローチについては，第10章において十分に説明することにしたい。

リサーチの種

4-1　財務諸表の重要な虚偽表示と違法行為

　重大な違法行為を隠ぺいするために財務諸表の表示が著しく歪められるという事態は，頻繁に想定されるものではない。しかし，国内外の監査基準は「違法行為による財務諸表の重要な虚偽表示」の検出に言及している。このことは，財務諸表監査における監査意見は，「違法行為による財務諸表の重要な虚偽表示はない。」という監査人の信念を反映したものと理解されるべきなのであろうか。

4-2　重要な虚偽表示をもたらす不正または誤謬

　「財務諸表には，不正または誤謬による重要な虚偽表示はない。」という意味に代えて，「財務諸表には，重要な虚偽表示をもたらす不正または誤謬はない。」という意味を，実証研究における仮説として識別する立場がアメリカにおける監査研究で示されている。これは適切な考え方として認められるか。

参・考・文・献

森本滋. 1995. 『会社法［第 2 版］』. 有信堂高文社.

第5章

証券市場と金融商品取引法監査

　金融商品取引法は，証券市場の監視を目的として昭和23（1948）年に制定された証券取引法を改正し，その名称を変更して，平成18（2006）年6月7日に成立（同年6月14日公布）した。証券取引法の抜本的な改組という外科手術をしたのは，平成12（2000）年に制定された金融商品販売法を含め，縦割り型の規制体系の網をかいくぐる商品・サービスが後を絶たなかったためである。金融商品取引法は，証券取引法が規制対象としていた有価証券，抵当証券法や信託法などが個別に規制対象としていた証券，金融先物取引法が規制対象としていた金融商品（金融先物取引や外国為替証拠金取引）に加え，これらの法律の規制対象から漏れていた金融商品も取り込み，同法が対象とする金融商品全体を有価証券とデリバティブ（金融派生商品）という2つの範疇に分けた。会計プロフェッショナルが関与する市場は，証券市場——有価証券および有価証券関連先物・オプション（デリバティブ）の取引（発行や売買）が行われる市場——である。この点は従来と変わっていない。

　結論から先にいえば，金融商品取引法第2条が規定する有価証券のうち，会計プロフェッショナルが関与することとなる有価証券は，同法第2章に規定される企業内容開示制度と深く関係しているものに限られる。企業内容開示制度とは，いかなる制度であるのか。この制度のもとで会計プロフェッショナルはいかなる役割を果たしているのであろうか。本章では，証券市場という舞台において会計プロフェッショナルが果たす役割を企業内容開示制度との関係において説明することにする。

第5章 証券市場と金融商品取引法監査

 証券市場の参加条件と投資者の保護

有価証券投資(証券投資)にリスクはつきものである。リスクがあればこそ，証券投資により利得を享受することができ，また反対に，リスクを伴うものであるからこそ，時には大きな損失を被る。しかし，証券投資に伴うリスクは，証券投資を行う人（投資者）自らが負担するものであり，それを，他の者――とりわけ当該証券取引を仲介した証券会社――に転嫁することは許されない。これを**自己責任の原則**という。証券投資リスクを負う投資者が自己の判断と責任のもとで証券投資を行い，その結果生じた利得または損失も当該証券投資を行った投資者自身が享受または負担するという考え方で証券市場は成り立っている。その意味で，自己責任の原則は証券市場への参加原則である。

証券市場を規制する法律は金融商品取引法（所轄官庁：内閣府金融庁）である。金融商品取引法第1条は，同法の目的を以下のように規定している。重要な規定であるので，以下にそのまま紹介しておくことにする（強調著者）。

> **金融商品取引法**
> 第1条　この法律は，**企業内容等の開示の制度**を整備するとともに，金融商品取引業を行う者に関し必要な事項を定め，金融商品取引所の適切な運営を確保すること等により，有価証券の発行及び金融商品等の取引等を公正にし，有価証券の流通を円滑にするほか，資本市場の機能の十全な発揮による金融商品等の公正な価格形成等を図り，もつて国民経済の健全な発展及び**投資者の保護**に資することを目的とする。

金融商品取引法は，市場法としての基本的性格を有している。その目的は，金融商品市場参加者の行為を規制することを通じて投資環境を整備し，証券市場を含む金融商品市場の機能を維持することにある。その経済的な狙いは金融商品市場の機能維持を通じた国民経済レベルでの経済的資源（資本）の効率的

な配分であり，その制度的な狙いは，投資者が自己責任の原則のもとで合理的な投資判断を行うことのできる投資環境を整備・保障することによって，投資者による合理的な投資意思決定を支援し，もって公正な証券価格形成を図ることにある。

　証券市場が有効に機能するためには，投資者の証券市場に対する信頼を確保し，投資者の保護を図るための仕組みが不可欠である。すでに述べたように，投資者の保護は投資者側の自己責任を前提にした概念である。投資者保護は，金融機関に預金した預金者を金融機関の破綻から守り，ある一定額の預金の支払いを国が補償するという意味での「預金者保護」とは異なる。また，欠陥のある商品から消費者を保護するという意味での「消費者保護」とも異なる。金融商品取引法は投資者が受けた投資損失を補填したり金融商品の価値（品質）を保証したりするものではない。しかし，投資者に証券投資に対する自己責任を負わせるには，それに足る投資環境が証券市場に整備されていなければならない。その意味で，金融商品取引法は投資環境の整備法としての性格を有している。

　金融商品取引法の制度上の理念である投資者の保護には，いくつかの意味があり，その意味に応じて規制の仕組みが設けられている。その仕組みのなかで基本的なものが**企業内容開示制度（ディスクロージャー制度）**である。金融商品市場が有効に機能するためには，金融商品市場を支える投資情報の量と質を全体として規制する仕組みが必要となる。

　投資者保護の第1の意味は，投資先企業の経営状況について不正確な（歪められた）情報あるいは著しく紛らわしい情報が提供されたことに起因する経済的損害から投資者を未然に保護するということである。不正や誤謬によって著しく歪められた情報あるいは投資者の投資意思決定を著しく誤導するような紛らわしい情報は，結果として投資先企業の経営状況に対する投資者の判断を誤らせ，投資者に不測の損害を与える可能性がある。投資者が利用する投資情報の質を保証する仕組みを用意しているのは，信頼性の明らかにされていない投資情報から投資者を保護する必要があるためである。

第2は，投資者が投資先企業の経営状況についての情報を適時に利用できないことによって被る損害から保護するという意味である。投資情報——とりわけ会計情報——の価値はその適時性にある。いかに正確な情報であったとしても，投資者がそれを必要とする時に利用できなければ，その情報は投資情報としてはほとんど無価値である。理想的には，投資情報は，投資者が必要なときに即座に，という意味でのリアル・タイムで提供されるべきであろう。しかし，現実的にはそれは無理である。金融商品取引法は，投資情報の開示のあり方を情報の種類によって，**定期開示**と**適時開示**に分けて規制している。

第3は，投資情報が平等に提供されないことによる損害から投資者を保護するという意味である。理想的には，投資意思決定に役立つ情報はすべての投資者に平等に提供されるべきである。しかしながら，会社関係者のうち，経営上の重要な意思決定に携わる証券発行会社の役員はもとより，使用人，帳簿閲覧権を行使した株主，当該証券発行会社と業務関係にある証券会社，当該証券発行会社に対して行政上の監督権限を行使する立場にある官僚，そして経営者の経営判断を業務上いち早く知りうる立場にある者（公認会計士や弁護士）は，他の投資者と比べて投資判断に重要な影響を及ぼす情報（重要事実）をいち早く知ることができる有利な立場にある。もしこれらの内部者（インサイダー）が有利な重要事実をその公表前に知り証券取引を行った場合には，この取引（インサイダー取引）は，当該事実を事前に知りえない立場にある投資者にとって極めて不公正なものとなる。インサイダー取引を防ぐには，重要な内部情報が企業内部に滞留する期間をできるだけ短縮し，それを市場情報（外部情報）に転換させることである。その意味で，企業情報の開示のあり方とインサイダー取引とは相互に深く関係している。

第4は，不公正な取引，不明瞭な取引，不適切な取引などによる損害から投資者を保護するという意味である。たとえば，上述したインサイダー取引のほか，損失補償や損失補填は不公正な取引として，また一任勘定や飛ばしは不明瞭な取引として禁止されている。

第5は，風説の流布，偽計取引，および相場の操縦（仮装売買など）のように，

■図表5-1　金融商品取引法の規制の枠組み

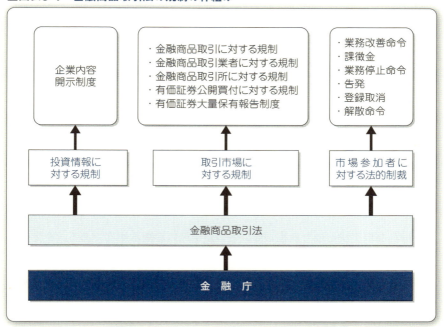

意図的な市場攪乱による損害から投資者を保護するという意味である。このような法で禁止された取引や取引のスキームが時として法定開示書類の虚偽記載（とりわけ財務諸表の虚偽表示）につながる場合（ライブドア［2006］）もある。

　金融商品取引法は，投資者の保護をさまざまなレベルで達成するための市場条件（投資環境）を整備し，かつ，それが十分に機能しているかどうかを監視・監督するため，内容の異なる3つの規制の仕組みを提供している。会計プロフェッショナルはこのうち①に深く関与している（図表5-1）。

①　投資者の合理的な投資判断を支援するため，投資者が利用する投資情報の量，投資情報の質，および投資情報が公表される頻度を規制する仕組み（企業内容開示制度）

② 証券市場の機能を維持するため，個々の不公正，不明瞭，不適切な証券取引を禁止するとともに，証券市場参加者の業務や機能を監視するための仕組み
③ 上記（①・②）の規制の仕組みの逸脱者に対して，行政機関が行政処分・告発などの法的な制裁を与えるための仕組み

 企業内容開示制度の理念と制度の枠組み

企業内容開示制度

　金融商品取引法が最も重視しているのが企業内容開示制度である。企業内容開示制度は，以下の5つの基本的な柱から構成されている（図表5-2）。以下，企業内容開示制度の目的を踏まえながら，それを構成する基本的な柱を説明する。

① 証券発行会社・上場会社等による開示書類の作成
② 証券会社による開示書類の審査
③ 公認会計士（監査法人）による財務諸表等の監査証明
④ 証券発行会社・上場会社等，証券会社，および公認会計士・監査法人に対する金融庁の審査・検査・監督
⑤ 開示関係者に対する法的制裁（行政処分，刑事告発等）

　企業内容開示制度とは，有価証券の発行市場と流通市場において，投資者が十分に合理的な投資判断ができるよう，有価証券の発行会社が，その沿革，資本の状況，事業内容，財務内容などに関する情報，およびそれらに重要な影響を及ぼす可能性のある事象に関する情報——以下，総称して**投資情報**と呼ぶ——を，有価証券届出書・目論見書・有価証券報告書・半期報告書・臨時報告

■図表5-2　金融商品取引法における企業内容開示制度の枠組み

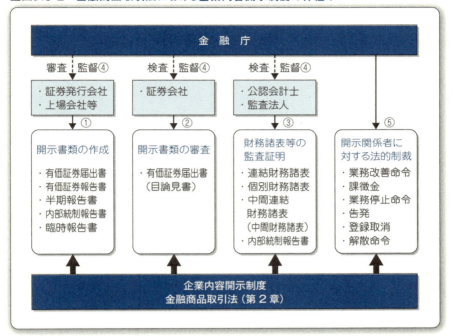

書・自己株券買付状況報告書・親会社等状況報告書など──以下，**開示書類**と総称する──を通じて，

① 正確に……公表される投資情報の質
② 適時に……投資情報の提供される頻度
③ 公平に……投資情報を投資者が等しく利用できる機会

開示する仕組みである。以下，企業内容開示制度における「正確性」・「適時性」・「公平性」について簡単に説明する。

公表される投資情報の質

「正確に」は，開示投資情報の正確性（信頼性）という情報の質をいかに担保するかに関係し，企業内容開示制度の中核をなしている。上で列挙したいず

第5章　証券市場と金融商品取引法監査

れの開示書類も経営者の言明である。したがって，開示書類の正確性は，それに第一義的に責任を負っている経営者自身が第三者に対して保証すべきことである。金融商品取引法は，開示書類のなかの有価証券報告書について，その記載内容が法令に基づき適正であることを確認した旨の経営者の言明を内閣総理大臣に提出することを義務づけている（第24条の4の2第1項）。この言明は**確認書**と呼ばれている。

投資情報の正確性は，経営者が整備・運用する「財務報告に係る内部統制システム」（以下，内部統制システム）によって担保される。換言すれば，経営者が有効に機能する内部統制システムを確立し，質の確かめられた投資情報を投資者に提供することは，経営者の固有の責任である。現在，金融商品取引法は，有価証券報告書提出会社（上場会社に限定）の経営者に対して，適正な財務報告を確保するための内部統制システムを構築し，そのシステムが有効に機能していることを自ら評価した言明を内閣総理大臣に提出することを求めている（第24条の4の4）。この言明は**内部統制報告書**と称される。

企業内容開示制度のもとで，一部の開示書類については，会計プロフェッショナルの関与によって，その信頼性が保証されている。注意すべきは，会計プロフェッショナルが関与する経営者の言明は，財務諸表と内部統制報告書に限られているということである。具体的には，有価証券届出書と有価証券報告書にそれぞれ記載される財務諸表（連結財務諸表と個別財務諸表）と内部統制報告書については監査による保証が，半期報告書に記載される中間連結財務諸表についてはレビュー（特定事業会社を除く上場会社の場合）による保証が行われている。しかし，監査とレビューそれぞれの保証の水準は異なる。

投資情報の提供される頻度

「適時に」は，投資情報が投資者に開示される頻度に関係している。理想的には，投資者が必要とする時にリアル・タイムで投資情報が提供されることが望ましい。ITの発展により，投資者は昔に比べて格段に早く投資情報にアクセスすることが可能となった。しかし，投資情報は早く利用できればよいとい

86

うものではない。

　投資情報の性格によっては——たとえば確定した期間利益が表示される年次財務諸表のように——，たとえ時間がかかっても，会計プロフェッショナルによる信頼性の保証を得たうえで提供されなければならない投資情報もある。現行の企業内容開示制度のもと，半期報告書と有価証券報告書には，会計プロフェッショナルが財務諸表の信頼性を保証する形で関与が求められている所以である。

　他方，開示される投資情報の信頼性のみを重視するあまり，投資情報の目的や内容を無視し，最も高い水準の保証（監査）を常に義務づけてしまうと，結果として適時性が失われ，提供されても投資者にとってはほとんど価値のない情報となる可能性もある。この点，企業内容開示制度は，会計プロフェッショナルが関与する保証に，監査とレビューという異なる水準の保証形態を取り入れることにより対応している。具体的には，有価証券報告書に含まれる財務諸表には監査，半期報告書に含まれる中間連結財務諸表にはレビューが行われる。実施される手続の違いから，監査はレビューと比べてより高い保証水準を提供する。

　さらに，投資情報のなかには，第三者による信頼性の保証なしに，投資者が可能な限り早く利用できることを最優先しなければならない情報があることに鑑み，このような情報は，制度上，臨時報告書を通じて提供されることとなる。臨時報告書は，投資者に知らされるべき特定の事象が発生した場合には速やかに提出されることになるが，適時性を最大限確保するため，臨時報告書に記載される情報の信頼性について会計プロフェッショナルによる保証は提供されていない。

投資情報を投資者が等しく利用できる機会

　「公平に」は，公表される投資情報を投資者が等しく利用できる機会を保障することに関係している。投資情報に対するアクセス（利用）は公平でなければならない。証券市場に特定の投資情報が知らされる前に，一部の関係者がい

第5章　証券市場と金融商品取引法監査

ち早くその情報にアクセスできることは，その者にとっては有利な状況で投資判断ができることを意味する。金融商品取引法は，当該投資情報が公表されたとする状況——一般投資家がアクセスして知りうる状況——を限定している。その一方で，特定の投資情報がそのような状況におかれていない場合，その情報を「内部情報」（インサイダー情報）と位置づけ，それを知りうる立場にある者がその証券の売買等の取引を行うことを禁止している。これが**インサイダー取引の禁止**（第166条）である。その意味で，投資情報の利用の公平性はインサイダー取引の禁止と密接に関係している。

　金融商品取引法における企業内容開示制度は，有価証券届出書・有価証券報告書などの開示書類の提出，財務局による受理・縦覧という一連の手続きで構成されている。従来，この手続きは紙媒体で行われていたが，平成16（2004）年6月から通信回線を利用した「開示用電子情報処理組織」（EDINET：Electronic Disclosure for Investors' NETwork）によって運用されている（第27条の30の2）。なお，投資者にとって重要性の高い開示書類——有価証券届出書・その添付書類，有価証券報告書・その添付書類（会社の定款や会社法上の監査を受けた計算書類および事業報告等を含む），半期報告書，確認書，臨時報告書，自己株券買付状況報告書，関連の訂正届出書と訂正報告書，訂正確認書など——は，すべてEDINETを通じた提出が義務づけられている（第27条の30の3第1項）。EDINETによって投資情報の利用面での公平性が飛躍的に増したといえる。

③ 企業内容開示制度と開示書類

　企業内容開示制度の具体的な運用は，有価証券の発行市場と流通市場によって異なる（図表5-3）。提出が求められる開示書類が異なるだけでなく，会計プロフェッショナルの関与も必ずしも同じではない。以下，発行市場と流通市場に分けて説明する。

■図表5-3　金融商品取引法上の企業内容開示制度と会計プロフェッショナルの関与

市場	提出書類	提出会社	提出期限	保証の形態
発行市場	有価証券届出書	不特定の第三者に，発行価額または売出価額１億円以上の有価証券の募集または売出しを行う発行会社（第５条，企業内容等の開示に関する内閣府令第２条）	有価証券の発行時	監　査††
流通市場	有価証券報告書	①上場会社 ②過去において発行市場を利用した非上場の有価証券届出書（発行登録追補書類）提出会社† ③当事業年度または前４事業年度のいずれかの末日における有価証券の「所有主の数」が1000以上で，かつ，資本金が５億円以上の会社（第24条第１項，金融商品取引法施行令第３条の６）	期末後３カ月以内	監　査††
	内部統制報告書	上場会社等（第24条の４の４第１項，金融商品取引法施行令第４条の２の７）	有価証券報告書の提出と併せて	監　査†††
	半期報告書	上場会社等（第24条の５第１項，金融商品取引法施行令第４条の２の10）	半期終了後45日以内	期中レビュー
	確認書	上場会社等（第24条の４の２，金融商品取引法施行令第４条の２の５）	有価証券報告書の提出と併せて	な　し
	臨時報告書	有価証券報告書提出会社	速やかに	な　し

† ②は，有価証券届出書が受理されて，証券市場で所要の資金を調達したものの，募集または売出した証券を市場で流通させることを望まない会社を意味している。発行市場を利用したことは変わらないため，たとえ市場で流通しなくとも，開示は求められているのである。

†† 会計プロフェッショナルによる財務諸表に係る監査証明が義務づけられている会社については，金融商品取引法施行令第35条に示されている。

††† 会計プロフェッショナルによる内部統制報告書に係る監査証明が義務づけられている会社については，金融商品取引法施行令第35条の２に示されている。

発行市場における企業内容開示制度

　発行市場は新規発行する証券を投資者に取得してもらうための市場である。はじめて株式公開（IPO）を行う会社はもちろんのこと，すでに上場している会社であっても，特定の条件を満たす有価証券を追加的に発行する場合（増資など）には，発行市場における企業内容開示制度の適用を受ける。

　発行市場におけるディスクロージャーは，大量の証券が新規に発行される場

合に，その証券への投資に関心をもっている投資者（取得勧誘対象者・売付け勧誘対象者）に対して，投資判断のための情報を提供することを目的としている。大量の証券の発行による資本の調達を目的とするため，発行会社には特別の開示（有価証券届出書と目論見書）が要求される。株式会社が募集によって資本調達を行う場合には，金融商品取引業者（証券会社）は引受人として有価証券届出書や目論見書の内容などを審査する義務を負っている（第21条第1項）。目論見書は証券発行会社が投資者に直接提供する投資情報であるが，その内容は有価証券届出書に基づいているので，ここでは有価証券届出書を説明することとする。

有価証券届出書　発行市場におけるディスクロージャーは，基本的には，有価証券届出書（第2条第7項および第5条）を通じて行われる。有価証券届出書を投資者が利用することはもちろん可能であるが，この書類の本来の目的は，有価証券の発行申請を行った発行体の財務内容についての金融庁による審査に供することにあり，投資者は審査済有価証券届出書を間接的に利用できるにとどまる。そのため，有価証券届出書は間接開示書類と称されている。

　発行価額（または売出価額）が1億円以上の金融商品取引法上の有価証券（適用除外証券を除く）を不特定多数（50名以上）の一般投資者を対象として募集するまたは売出す会社は，金融商品取引法第2章（第4条および第5条）の規定により，内閣総理大臣に対して有価証券届出書を提出しなければならない。有価証券届出書の記載内容（図表5-4）と記載方式は「企業内容等の開示に関する内閣府令」によって具体的に規定されている。この記載内容のなかでとりわけ重要なものが「経理の状況」である。投資者が最も関心を寄せる有価証券の発行会社の財務状況（財政状態，経営成績，およびキャッシュ・フローの状況）は，直近2事業年度の比較形式で表示される連結財務諸表（基本財務諸表）と個別財務諸表（添付書類）によって明らかにされる。会計プロフェッショナルは，有価証券届出書に含まれる連結財務諸表と個別財務諸表に対する監査証明（財務諸表監査）を通じて発行市場と関わりをもつこととなる。

■図表5-4 有価証券届出書(第2号様式:通常方式)の記載内容

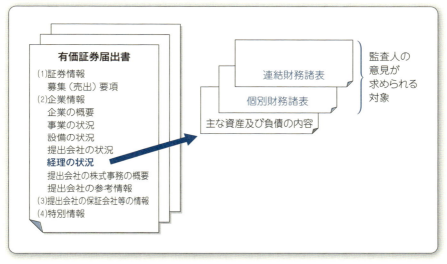

流通市場における企業内容開示制度

　流通市場とは,発行された証券の持ち主の交替を促進するための市場であり,投資者からみれば,過去においてなした証券投資の資金を回収するための市場である。流通市場における企業内容の開示は,金融商品取引法によって義務づけられ,金融庁の監督下で行われる場合と,自主規制機関である金融商品取引所(証券取引所)が会社情報の適時な開示(タイムリー・ディスクロージャー)を促進させるための開示制度(**決算短信**など)として行われる場合がある。投資者が適時に企業情報を入手する手段として決算短信は極めて重要であるが,ここでは主に,法律によって義務づけられている開示制度について説明する。

　流通市場における開示は,流通市場において売買される証券の発行会社の業績などの情報を提供することにより,投資者の投資判断に資することを目的としている。発行会社が存続している限り有価証券は流通するのであるから,まず定期・継続的開示が必要となる。流通市場における企業内容開示制度は,上

場会社を含む公開会社が内閣総理大臣に提出する定期開示書類としての有価証券報告書・内部統制報告書・半期報告書・確認書・親会社等状況報告書，不定期開示書類としての臨時報告書や自己株券買付状況報告書を通じて運用されている。不定期開示は定期開示の時間的限界を補うためのものである。以下では，会計プロフェッショナルによる監査との関係で特に重要な（注意を要する）開示書類について説明する。

有価証券報告書　流通市場における企業内容開示制度の中心は有価証券報告書である。「証券情報」を除いて，有価証券報告書の記載事項と有価証券届出書のそれとの間に基本的に違いはない。有価証券報告書は，事業年度ごとに，有価証券の発行会社の事業内容，財務内容などを開示することによって，有価証券の投資判断に資することを目的とする定期開示書類である。有価証券報告書について注意を要することは，流通市場を利用している株式会社だけにその提出が義務づけられているのではなく，発行した有価証券が取引所で売買されることを望まない有価証券届出書提出会社，および過去において発行市場を利用したことがなくても，「所有主の数」が 1000 以上の株式会社には，その提出が義務づけられていることである（図表 5-3）。有価証券報告書提出会社と上場会社とは必ずしも同じではなく，それらと会社法にいう「公開会社」とも同じではないので，企業内容開示制度の内容を理解する際には注意されたい。

　有価証券報告書は毎事業年度終了日より 3 カ月以内に内閣総理大臣に提出されなければならない。すでに述べたように，会計プロフェッショナルによる監査証明は，有価証券報告書の「経理の状況」に記載される直近 2 事業年度にかかる連結財務諸表と個別財務諸表について要求される。なお，同じ「経理の状況」に記載される「主な資産・負債の内容」も会計情報の 1 つではあるが，これについての監査証明は求められていない。

内部統制報告書　上場会社の経営者が毎事業年度末時点における自社の内部統制（正確には「財務報告に係る内部統制」）の機能状況（整備・運用状況）を

評価し，その評価結果を自己の言明（内部統制報告書）として作成し，開示書類として内閣総理大臣に提出する。内部統制報告書は有価証券報告書とは別個の経営者の言明であり，有価証券報告書に含まれるものではない。内部統制報告書については，会計プロフェッショナルによる監査証明が義務づけられている。

半期報告書　半期報告書は，四半期報告書の廃止に伴い提出が求められるようになった書類である。刻々と変化する企業の経営状況を投資者に適切に伝えるには，適時開示だけではなく，定期開示の回数を増やすことも必要である。情報開示の頻度は，開示情報の有用性を構成する重要な要素であるが，定期開示の回数をめぐっては制度上，紆余曲折した経緯がある。

　平成18（2006）年に成立した金融商品取引法は，ディスクロージャーの適時性・迅速性を確保するため，証券取引法のもとで制度化されてきた半期報告書に代わる制度として四半期報告書制度を導入した。同制度のもと，1年間は3カ月ごとの4つの期間（四半期という）に分けられ，四半期ごとに四半期報告書の作成が義務づけられた。たとえば4月1日を期首とする事業年度の場合，最初の四半期（6月末）には1四半期分（4月から6月末までの3カ月）について第1四半期報告書を，次の四半期（9月末）には2四半期分（4月から9月末までの6カ月）について第2四半期報告書を，次の四半期（12月末）には3四半期分（4月から12月末までの9カ月）について第3四半期報告書を，そして最後には，1年間を対象とする有価証券報告書を作成する。

　しかし，令和5（2023）年11月20日に成立した「金融商品取引法等の一部を改正する法律」は四半期報告書制度を廃止し，令和6（2024）年4月1日以後開始する事業年度から半期報告書の提出を上場会社等に対して義務づけることとなった（第24条の5第1項）。半期報告書はかつての第2四半期報告書に相当するものである。法改正は実質的には，第1四半期報告書および第3四半期報告書を廃止し，定期開示の回数を年4回から年2回へと減少させた。

　とはいえ，回数の減少が情報開示の後退を意味するわけではない。金融商品

■図表5-5　半期報告制度の仕組み（3月末決算の場合）

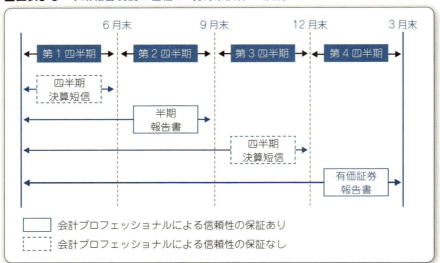

取引法に基づく四半期報告書はかねてより，証券取引所の取引所規則に基づく四半期決算短信と内容面での重複や開示タイミングの近接性が指摘されていた。四半期報告書制度の廃止は，四半期報告書（第1および第3）と四半期決算短信とを一本化することにより情報開示の効率化を図る意味合いが大きく，市場全体として情報開示の頻度は四半期のまま維持されている。

　半期報告書には，当該会社および連結子会社の経理の状況などが記載される。半期報告書に記載される情報のうち，中間連結財務諸表（または中間個別財務諸表）については，会計プロフェッショナルによる期中レビューを通じてその信頼性が保証されている。一方，適時性（速報性）を重視する四半期決算短信には，会計プロフェッショナルによる信頼性の保証が求められていない点は注意を要する。図表5-5は，半期報告書制度の仕組みを示したものである。

確認書　有価証券報告書提出会社のうち，上場会社その他政令で定める会社の代表者および最高財務責任者は，有価証券報告書・半期報告書の内容が金融商

品取引法に基づき適正であることを自ら確認した旨を記載した文書を，有価証券報告書・半期報告書と併せて内閣総理大臣に提出することが義務づけられている（金融商品取引法第24条の4の2第1項，第24条の5の2，金融商品取引法施行令第4条の2の5第1項，企業内容等の開示に関する内閣府令第17条の10）。この制度は，平成16（2004）年3月期からすでに任意に実施されていたが，平成20（2008）年4月1日以後に開始する事業年度から適用されている。

臨時報告書　臨時報告書は有価証券報告書提出会社に義務づけられており，名前の示すように，不定期財務書類である（第24条の5第4項，企業内容等の開示に関する内閣府令第19条）。流通市場における企業内容の開示は，有価証券報告書と半期報告書によって定期的に行われているが，突然発生した重要な事項で有価証券の価格形成に影響するところが大きいと判断されるもの（図表5-6）については，その発生後速やかに，その内容を開示することが投資者保護の見地から必要とされる。そのような場合に提出される書類が臨時報告書である。

　臨時報告書に記載される事項のなかには，次期以降の会社の財政状態，経営成績およびキャッシュ・フローの状況に著しい影響を与える後発事象も含まれる。しかし，臨時報告書は会計プロフェッショナルによる監査の主題ではない。いかに企業業績に直接影響を及ぼす重要なものであっても，会計プロフェッショナルによる信頼性の保証（監査）がなされているわけではない。情報提供の「適時性」を最大限尊重したため，情報の「信頼性」はその分犠牲になっている。もっとも，臨時報告書に記載された会計情報の多くは最終的に財務諸表に反映されることとなるので，その後に行われる財務諸表監査のなかで検証されることになる。

第5章　証券市場と金融商品取引法監査

■figure5-6　臨時報告書の主な提出事由

単体レベル
① 1億円以上の有価証券の募集または売出しが外国において行われた場合
② 親会社または特定子会社あるいは主要株主の異動があった場合
③ 重要な災害が発生し，それが止んだ場合
④ 訴訟が提起された場合あるいは解決した場合
⑤ 合併または消滅合併の計画が承認された場合あるいは契約が締結された場合
⑥ 営業譲渡・事業譲渡または譲り受けに関する契約が締結された場合
⑦ 監査証明を行う会計プロフェッショナルの異動があった場合
⑧ 代表取締役の異動があった場合
⑨ 破産手続開始の申し立てなどがあった場合
⑩ 財政状態，経営成績およびキャッシュ・フローの状況に著しい影響を与える事象†が発生した場合

連結グループレベル
① 連結子会社に重要な災害が発生し，それが止んだ場合
② 連結子会社について，訴訟が提起された場合あるいは解決した場合
③ 連結子会社について，合併の計画が承認された場合あるいは契約が締結された場合
④ 連結子会社について，破産手続開始の申し立てなどがあった場合
⑤ 当該連結子会社の財政状態，経営成績およびキャッシュ・フローの状況に著しい影響を与える事象†が発生した場合

† 「財政状態，経営成績およびキャッシュ・フローの状況に著しい影響を与える事象」に該当する場合とは，以下の2つの要件を満たしている場合とされている（企業内容等の開示に関する内閣府令第19条第2項⑫号）。
　① 『財務諸表等規則』第8条の4に規定する「重要な後発事象」（貸借対照表日後，その会社の翌事業年度以降の財政状態，経営成績およびキャッシュ・フローの状況に重要な影響を及ぼす事象）に該当すること。
　② 当該事象の損益に与える影響額が，提出会社の最近事業年度末日における純資産額の3%以上で，かつ，最近5事業年度における当期純利益の平均額の20%以上に相当すること（単体の場合）。

4　金融商品取引法のもとでの開示書類の信頼性の保証

金融商品取引法のもとで作成される開示書類は投資者の縦覧に供される。い

かなる開示書類であれ，理想的にいえば，その信頼性は保証されるべきであるが，費用対効果や適時性との兼ね合いなどの理由から，会計プロフェッショナルによる保証の主題とされているのは，財務諸表と内部統制報告書に限定されている。さらに，会計プロフェッショナルが提供する保証の水準は同じではなく，年次財務諸表（連結財務諸表と個別財務諸表）と内部統制報告書については監査による保証が，中間連結財務諸表についてはレビューによる保証がなされている。

監査による保証系列──財務諸表の監査

　金融商品取引法のもとで導入されている会計プロフェッショナルによる監査の第1は，上場会社等が作成する連結財務諸表と個別財務諸表──いずれも年次レベル──を監査の主題とする財務諸表監査である。財務諸表監査は財務諸表全体の信頼性の保証を目的とする伝統的な監査であり，その監査の基本型は言明の監査の範疇に属する。

　金融商品取引法第193条の2第1項は，「金融商品取引所に上場されている有価証券の発行会社その他の者で政令で定めるもの……が，この法律の規定により提出する貸借対照表，損益計算書その他の財務計算に関する書類で内閣府令で定めるもの……には，その者と特別の利害関係のない公認会計士又は監査法人の監査証明を受けなければならない。」と定めている。

　金融商品取引法における財務諸表監査の目的は，連結財務諸表（基本財務諸表）と個別財務諸表（添付書類）の信頼性を会計プロフェッショナルが確かめ，その結果を監査意見として財務諸表利用者である投資者に伝えることによって投資者を保護することにおかれている。会計プロフェッショナルが提供する監査用役は財務諸表の信頼性についての保証であり，財務諸表の背後にある，企業内で生じた経済的事象に関与した人（経営者・従業員）の行為の誠実性や意思決定の妥当性といった側面は完全に捨象されている。

　金融商品取引法監査が想定している監査用役の利用者は，証券市場に参加する証券取引者としての投資者であり，株主地位にある投資者だけではない。金

第5章

97

第5章　証券市場と金融商品取引法監査

融商品取引法監査は，株主地位に現在ある投資者，株主地位の取得に関心をもつ投資者，株主地位から離れようとしている投資者，株主地位そのものに関心のない短期資金運用者（デイ・トレイダー）のいずれであれ，証券売買目的にかかわらず，証券市場に参加する者にとって不可欠な投資環境を整備すること——財務諸表の信頼性の保証——に関係している。第2章において言及したように，証券市場を舞台とする金融商品取引法監査は，株主と取締役の間の委託受託関係を舞台とする会社法の会計監査人監査の枠組みとは，現実の運用面での実質的一元化が図られているとはいうものの，完全に符合するものではない。

監査による保証系列——内部統制報告書の監査

　金融商品取引法のもとで導入されている第2の監査の形態は，内部統制報告書を監査の主題とする内部統制報告書監査である。財務諸表全体の信頼性は，財務諸表の作成プロセスに対する内部統制——財務報告に係る内部統制——が整備され有効に機能していることによってはじめて保証されるものである。内部統制は，その意味で適正な財務諸表の作成を支えるインフラである。かつての職業会計士監査の枠組みでは，もっぱら財務諸表の信頼性のみが重視され，内部統制に関する経営者の言明（内部統制報告書）の信頼性の保証に第三者が関与する制度の提案自体，アメリカにおいて拒否され続けた。しかし，2001年12月に発覚したEnronの経営破綻などを受けて成立した米国企業改革法（Sarbanes-Oxley Act of 2002：SOX法）はこれまでの会計プロフェッションの消極的な姿勢に一気に風穴を開け，最も高い保証水準での内部統制への関与（監査）を職業会計士に義務づけることとなった。わが国の内部統制報告書の監査実務は，アメリカにおけるこのような激しい監査実務の改革を受けて行われたものである。これも，財務諸表監査と同様，言明の監査に属する。

レビューによる保証系列——中間連結財務諸表のレビュー

　四半期報告書制度の廃止に伴い，令和6（2024）年4月1日以降に開始さ

れる事業年度から開始された半期報告書制度において，会計プロフェッショナルは半期報告書に記載される中間連結財務諸表の信頼性について，期中レビューによる保証に関わる。ただし，監査が提供する保証の水準（合理的な保証と呼ばれる）に比して，期中レビュー（限定的保証と呼ばれる）が提供する保証の水準は低い。

5 本章のまとめ

　金融商品取引法において，会計プロフェッショナルは，経営者の言明——財務諸表，内部統制報告書，および中間財務諸表——の信頼性を保証することにより，企業内容開示制度の枠組みを支え，それを通じて「投資者の保護」に資するという役割を果たしている。財務諸表と内部統制報告書の信頼性の保証は監査を通じて，また，中間財務諸表の信頼性の保証は期中レビューを通じて行われている。保証の主題はいずれも言明である。会計プロフェッショナルによる監査（とりわけ財務諸表監査）は，証券市場が有効に機能するうえで重要な役割を果たしている。

　世界の主要な証券市場は，投資者からの大量資金の獲得をめぐって，激しい競争に晒されている。金融商品取引法の財務報告制度および同制度のもとで実施されている会計プロフェッショナルによる財務諸表監査の質も，同様に，世界の主要各国の財務報告制度およびそこで実施されている職業会計士の監査の質と競争しなければならない。その競争に勝ち抜くには，経営者が財務諸表の作成に際して適用する会計基準の質はもとより，その財務諸表を監査する際に会計プロフェッショナルが適用する監査基準の質も，国際水準に達していなければならない。会計と監査は，国際的な基準の枠組みと無関係に議論することはできない。国際財務報告基準（International Financial Reporting Standards：IFRS）の採用の問題に加えて，監査の領域においても国際監査基準（International Standards of Auditing：ISA）にわが国の監査基準を整合さ

せるための作業が進められてきた。会社法のもとで行われている会計監査人監査における監査基準をどう考えるか★5-1 という国内問題とともに，その現実的意味は一段と増してきている。

このように，企業内容開示制度の問題は常に国際的な視点を踏まえて考える必要がある。

5-1　金融商品取引法監査と会社法（会計監査人）監査

　金融商品取引法監査も会社法における会計監査人監査も，財務諸表（計算書類）の信頼性の保証を目的とした言明の監査であり，その限りでは違いはない。両制度の運用は実質的に一元化されており，かつ，上場会社の場合には金融商品取引法監査と会計監査人監査は同一の会計プロフェッショナルによって実施されているため，法の運用面で齟齬を来すことはない。

　しかし，このことは，金融商品取引法のもとでの財務諸表監査の枠組みと会社法のもとでの会計監査人による計算書類監査の枠組みとが完全に一致していることを意味するものではない。財務諸表監査の生成基盤を証券市場に求めるのか，それとも委託受託関係に求めるのかは，仮に実務的な調整がなされていたとしても，財務諸表監査の枠組みのあり方に大きな影響を及ぼすはずであり，まさに理論問題である。たとえば，金融庁行政のもとで作成される企業会計審議会の『監査基準』は，会社法における会計監査人監査の監査基準と完全に符合するのであろうか。「投資者による市場における証券取引」という視点以上に，後者では「株主の所有」という視点が強いことを考えると，そうとはいえないであろう。

第6章

監査基準の形成と意義

　現代における財務諸表監査の特徴の1つは，監査が一般に認められた監査基準（Generally Accepted Auditing Standards：GAAS）に準拠して行われることである。公認会計士の従事する財務諸表監査の枠組みは，この一般に認められた監査基準によって規定される。現在では，監査基準は，財務諸表の作成者であり監査を受ける企業，監査を行う職業会計士，および財務諸表利用者（監査報告書利用者）である利害関係者の間での，財務諸表監査全体の質の水準に関する社会的合意という性格を強く有している。また，監査基準は職業会計士が財務諸表監査を実施する際に準拠しなければならない行為の規範でもある。

　監査基準とはいったい何であろうか。なぜ，監査基準が必要なのであろうか。まず，このテーマを手掛かりにして，監査基準の本質に迫ってみることにしたい。本章では，監査基準なるものが要請されるようになった背景，監査基準そのものの意義，財務諸表監査において監査基準が果たす機能について概観した後で，わが国において会計プロフェッショナルによって作成される監査報告書に記載されている「**一般に公正妥当と認められる監査（の）基準**」の意義・体系などについて説明することにする。

　なお，監査基準に関連する用語の使い方に注意していただきたい。本質的に同じテーマを扱っていながら，本書では，監査基準，「一般に認められた監査基準」，「一般に公正妥当と認められる監査の基準」，および『監査基準』を以下のように使い分けている。

　①　監査基準と「一般に認められた監査基準」は同義に使用している。この

テーマを一般的に説明する場合には，監査基準なる表現を使用している。
②「一般に公正妥当と認められる監査の基準」はわが国の監査報告書において使用されている実務表現であり，わが国の制度上の概念である。
③『監査基準』は企業会計審議会および前身の組織が設定した監査基準およびその前文を指し，限定的に使用している。

このように用語を使い分けているのは，第1に，日米で用意された表現に若干の違いがあったこと，第2に，わが国の場合には監査基準の設定主体にわが国独特の事情があり，それが制度に反映されているためである。

監査基準の形成

「監査基準とは何か」という問いに答えるのは，必ずしも容易なことではない。監査基準の本質は監査人の行為を規制する基準というところにあるが，それだけでは完全な答えにはなっていない。また，「監査基準とは何か」という問いに対する答えは，それを「どこ（誰）」が設定したかによっても変わりうる。少なくともわが国における監査基準観は，英米の監査基準観とは完全には符合しない。監査基準の設定主体と設定のプロセスが違うからである。以下，監査基準誕生までの状況を概観してみよう。

監査基準の形成──アメリカの場合

監査基準（auditing standards）なる用語の生みの親は SEC である。それは，SEC が公開会社に対する法規制を強めようとするなかで唐突に登場した。しかし，その伏線は1938年にアメリカの企業社会を震撼させた McKesson & Robbins 事件（監査人：Price Waterhouse & Co.）とその後のアメリカ会計士協会[1]（現在のアメリカ公認会計士協会の前身）の対応にあった。連邦証券諸法の執行に従事する SEC は，この事件の原因を監査手続に求めるアメリカ公認

会計士協会の事件総括を不十分と考えた。SEC は，この事件の原因は財務諸表監査全体の質にある，と捉えていたからである。また，SEC は，職業会計士の間で広く採用されていた監査報告書の文言は財務諸表監査全体の質の水準を明らかにするものではないとして，監査報告書の文言の変更をアメリカ公認会計士協会に強く要請していた。基本的には，SEC はアメリカ公認会計士協会の事件の総括とその後の遅々とした対応に不満をもち，痺れをきらせていたと思われる。SEC は，1941 年 2 月 5 日付けの「財務諸表規則」（Regulation S-X）の改正のなかで規則 202 条（Rule 202）を定め，職業会計士が SEC に提出する監査報告書のなかで「監査が当該状況のもとで適用しうる監査基準に準拠して行われていたかどうか」について言及することを求めた。監査基準（auditing standards）という用語が誕生した瞬間である。

　しかし，SEC が監査基準なる用語の意味をまったく明らかにしなかったために，「監査基準とは何か」，「監査基準なるものは本当に必要なのか」といった疑問が職業会計士の間で次々と提起され，とりわけ監査基準の必要性をめぐって職業会計士を二分する激しい論争に発展した。これが有名な**監査基準論争**である。監査基準は職業会計士にとって「拘束服」にすぎず，職業的専門家としての自由で独立的な判断を阻害するものであるとの立場から，監査基準否定論を主張した当時の職業会計士の重鎮モンゴメリー（Robert H. Montgomery）と，制度として行われている財務諸表監査全体に対する社会的信頼を高めるには，いかなる財務諸表監査においても，監査人が必ず実施しなければならないもの（musts）があるはずであるとの立場から，監査基準肯定論を主張したブロード（Samuel J. Broad）が鋭く対立した。両氏とも当時を

1）アメリカ会計士協会（American Institute of Accountants）は，1957 年にアメリカ公認会計士協会（American Institute of Certified Public Accountants: AICPA）へと名称変更した。さらに，2017 年には，AICPA とイギリスの勅許管理会計士協会（Chartered Institute of Management Accountants）が統合し，新組織として Association of International Certified Professional Accountants（AICPA）が発足した。本章では以降，これらをすべてアメリカ公認会計士協会なる名称で統一して表現することとする。

第6章　監査基準の形成と意義

■図表6-1　アメリカにおける監査基準の体系

監査基準
- 一般基準…………監査人を規制する基準
- 実施基準…………監査手続を規制する基準
- 報告基準…………監査メッセージを規制する基準

代表する会計事務所に関係していた職業会計士であったため，監査基準の必要性をめぐる問題の対立はアメリカ全土に広がり，事態は深刻となった。

　しかし，この論争には思わぬ形で終止符が打たれた。というのは，当時のSECの委員長がアメリカ公認会計士協会の定期総会で行った演説のなかで，アメリカ公認会計士協会が監査基準の設定に向かわなかった場合には，SECが代わって設定することになるであろう，との事実上の最後通告を行ったからである。監査基準についての発言権を将来にわたって失うことを危惧する会員の意識が次第に支配的になり，爾後，監査基準をめぐる議論は「何が監査基準か」，「監査基準とはいかなる体系からなるのか」を中心に展開されることとなった。

　図表6-1はアメリカ公認会計士協会の設定した当時（そして現在）の監査基準の体系を示したものである。監査基準が監査手続を規制する基準としてだけではなく，監査人を規制する基準および監査メッセージを規制する基準から構成され，**財務諸表監査全体の質を規制する基準**として体系づけられているところに注意が必要である。SECによって点火された監査基準の議論は，監査基準論争を経て1947年の年次大会においてようやく公表にまでたどり着いた『監査基準試案——一般に認められた意義と範囲』(*Tentative Statement of Auditing Standards: Their Generally Accepted Significance and Scope*) として結実した。その後，アメリカ公認会計士協会は継続して監査基準に関する意見書 (Statements on Auditing Standards: SAS; 以下，監査基準書) の公表・整理・体系化に努め，当初の監査基準をはるかにしのぐ膨大な分量の監査基準書の完

104

成に成功した。監査基準の生みの親は SEC であるが，育ての親はアメリカ公認会計士協会である。しかし，その状況は 2001 年 12 月に起こった Enron 事件で一変した。この問題は後述する。

アメリカ公認会計士協会が最初の監査基準書『一般に認められた監査基準——その意義と範囲』（1954 年）を協会年次総会で承認するに至るまで，約 13 年という時間を要した。このことは，監査基準なるものを協会会員が理解し受容することがいかに困難であったかを如実に示している。協会が提示した監査基準は，SEC が当初考えていたところを反映して，財務諸表監査全体の質を規制する基準としての性質を色濃く示しているが，同時に，会計プロフェッションが作成したことを反映して，専門職業基準としての監査基準，また免責基準としての監査基準という色彩を強く有している。監査基準の性格については後述する。

監査基準の形成——わが国の場合

わが国における監査基準の設定の経緯は，アメリカの場合とはまったく状況を異にする。わが国における監査基準をめぐる議論は，戦後，アメリカから移入した連邦証券二法のもとでの職業会計士による財務諸表監査を，そのような監査実践を過去にはほとんど経験したことのないわが国の企業社会に軟着陸させるための方策を重視したものであった。出発点は，アメリカの場合と同様，官の公表した意見書——正式には，経済安定本部企業会計基準審議会が昭和 25（1950）年 7 月に設定した「監査基準」・「監査実施準則」（以下，総称して『監査基準』という）——であった。と同時に，その育ての親も「官」であった。監査基準の設定主体は，基本的には，現時点でも変わっていない。

財務諸表の作成者である経営者，その監査人である職業会計士，そして財務諸表利用者の間で財務諸表監査がほとんど理解されていない特殊な状況のもとで，わが国の監査基準は，証券取引法監査としての財務諸表監査を順調に立ち上げるための啓蒙手段として作成された。財務諸表監査に対する誤解や過度の期待を防ぐことを意図した，財務諸表監査についての啓蒙的な説明が監査基準

105

第6章 監査基準の形成と意義

の至るところでなされていたのはそのためである。当時の日本公認会計士協会は，監査基準の主たる設定者としての実務的・専門的な実力を備えておらず，それゆえ，監査基準の設定主体としての社会的な認知も受けていなかった。そして，彼らに代わって実質的な役割を果たしたのが学者であった。

わが国におけるその後の議論に大きな影響を与える『監査基準』の改訂が昭和31（1956）年に行われた。監査基準の設定主体が官であったこと，監査基準草稿の実質的な作成者が学者であったこと，および，財務諸表監査に対する関係者の理解が十分ではなかったことなどを受けて公表された『監査基準』は，専門職業基準や免責基準としての監査基準という性格だけでなく，**利害調整の基準**としての監査基準という性格も色濃く有していた。監査基準を利害調整の基準として捉える考え方は，昭和31（1956）年改訂の『監査基準』の前文において象徴的に示されている。

『監査基準』「前文」監査基準の設定について

　これを要するに，監査基準の設定は，徒らに監査人を制約するものではなくして，むしろ監査人，依頼人及び一般関係人の利害を合理的に調整して，監査制度に確固たる基準を与え，その円滑な運営を図ろうとするものである。

わが国の『監査基準』は，証券取引法のもとでの財務諸表監査の基準として直ちに全面適用されたわけではない。当時の監査受け入れ先である企業の側と監査人である職業会計士の側において，財務諸表監査を円滑に実施するための準備期間が必要であった。そのような準備期間を経て，当初の『監査基準』は昭和31（1956）年に全面的な財務諸表監査への移行に伴い改訂されることとなった。爾来，わが国の監査基準は，企業不祥事が大きな社会問題となるたびに，大蔵大臣の諮問を受けて見直されてきたが，その頻度も次第に少なくなり，大きな改訂がなされることなく，1980年代のバブル経済時代に引き継がれていった。『監査基準』の大きな改訂は，バブル経済の後遺症として，わが国において不正な（不適切な）財務報告や企業倒産が頻発した1990年代を

106

待たなければならなかった。

監査基準の設定主体に関連する『監査基準』の改訂が平成 14（2002）年になされた。改訂の中心は、監査報告書上の文言として、「一般に公正妥当と認められる監査の基準」なる表現が正式に採用されたことである。日本公認会計士協会が作成した監査実務に関する監査基準委員会報告書（現在の監査基準報告書）やその他の指針は現実の監査実務においては適用されていたが、それまでの監査報告書において言及されていた「一般に公正妥当と認められる監査（の）基準」には含まれておらず、監査規範としての制度上の地位は与えられていなかった。しかし「一般に公正妥当と認められる監査の基準」という表現が使われることによって、従来の『監査基準』のほかに、日本公認会計士協会の公表する監査基準委員会報告書などが含まれることとなった。「監査」と「基準」の間にたった一字「の」を入れただけの改正ではあるが、会計プロフェッションにとっては非常に意味のある文言の変更であった。また、それは、日本公認会計士協会が監査規範の策定に大きな実質的役割を担うことを意味していた。

今後の問題は特定の監査訴訟——とりわけ金融商品取引法監査に関する訴訟——において、日本公認会計士協会の監査実務指針が司法によってどのように受けとめられていくかであろう。ちなみに、ナナボシの監査訴訟［2008］において、被告の採用した監査リスク・アプローチに関して監査基準委員会報告書への言及がなされたことは、協会の監査基準委員会報告書を中心とした監査実務指針が法的認知を受けたことを示すものであり、大きな一歩と認識すべきではないだろうか（鳥羽［2010］）。

② 監査基準の基本的性格

監査基準とは、ある時点において実施される財務諸表監査全体の質を規制する監査人の行為の基準であると同時に、職業会計士が財務諸表監査を実施する

第6章 監査基準の形成と意義

■図表6-2　監査基準の多面的性格

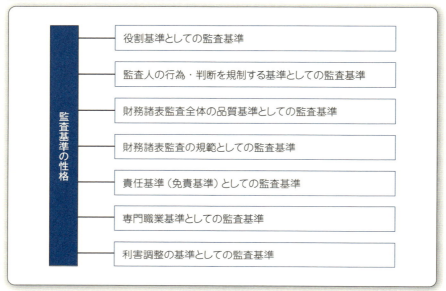

に際して必ず遵守しなければならない監査の規範である。この監査基準の定義のなかに，監査基準の有するさまざまな側面（性格）がみてとれる。以下，監査基準の有している多面的性格（図表6-2）を説明しながら，監査基準の本質に迫ることとしたい。

役割基準としての監査基準

　監査基準の第1の意義は，財務諸表監査における監査人の役割を規定する基準である，というところにある。もちろん財務諸表監査において監査人に求められる注意の水準，財務諸表監査における不正（財産不正）の位置づけ，監査人が意見形成のために確かめなければならない証拠の水準，そして監査報告のあり方は，すべて財務諸表監査の役割と連動するものであるので，監査基準の体系のなかに監査人の役割を明示することは必要である。財務諸表監査は不正（財産不正）の発見そのものを目的とした監査ではないことは明らかである

が，不正（財産不正）問題は，監査人の役割に対する社会の人々の期待に関連する監査の本質に根ざす問題であるので，監査人の役割として財務諸表監査の枠組みのなかで正しく説明する必要がある。なお，役割基準としての監査基準の性格は，アメリカにおける財務諸表監査の歩みのなかで指摘されたこともあったが，アメリカの監査基準の体系（図表6-1）に反映されることはなかった。

監査人の行為・判断を規制する基準としての監査基準

監査基準の第2の意義は，財務諸表監査に従事する監査人の行為を規制する基準である，という点にある。財務諸表監査の基準としての監査基準は，その規制内容に違いはあるものの，一般的にいうと，「監査人自身を規制する一般基準」，「監査人が従事する証拠活動のあり方と質を規制する実施基準」，そして「監査人が作成する監査報告書のメッセージを規制する報告基準」から構成されている。いいかえれば，監査基準は，財務諸表監査における監査人の行為のあり方を以上3つの観点から規制しているのである。この体系は，アメリカの監査基準と合致しており（図表6-1），監査基準の体系の原型である。

財務諸表監査全体の品質基準としての監査基準

監査基準の第3の意義は，監査基準は財務諸表監査全体の品質基準である，という点にある。上述のとおり，監査基準は財務諸表監査における監査人の行為のあり方を一般基準，実施基準，報告基準の3つの観点から規制することを通じて，財務諸表監査全体の質を規制している。したがって，監査報告書の監査意見の根拠区分に記載されている監査人の言明――「当監査法人は，我が国において一般に公正妥当と認められる監査の基準に準拠して監査を行った。」――は，当監査法人が実施した財務諸表監査全体の質は監査基準が要求している水準を満たしている，ということを意味している。

監査基準は職業会計士が財務諸表監査において準拠しなければならない規範であるため，一国の財務諸表監査全体の質は監査基準の内容によって規制され，かつ，その改訂を通じて厳しくなり，高められることになる。現行のわが

国の監査報告書様式では,「我が国において一般に公正妥当と認められる」という修飾句を付して,当該財務諸表監査に適用された監査基準はわが国の監査基準であることを明確にしている。

職業会計士が従事する財務諸表監査の質は,国境を越えても同じ水準で規制されるのが理想であろう。しかし,現実には,監査基準の規制内容には違いがあるため,財務諸表監査全体の質は同じではない。そのため,国際的なレベルでの取り組みとして,各国間で違いのある監査基準の規制内容を統一する試みがなされている。これが国際会計士連盟の公表する「国際監査基準」(ISA)である。今日,「我が国において一般に公正妥当と認められる監査の基準」の一部を構成する監査基準報告書は国際監査基準を取り込むことによって,国際的な水準との整合性が維持されている。

財務諸表監査の規範としての監査基準

監査基準の第4の意義は,職業会計士が財務諸表監査に従事する際に必ず準拠しなければならない監査規範(audit norms)としての本質を有している,という点である。このことは,職業会計士が財務諸表監査に従事する限り,監査基準に準拠して監査を実施することは職業上の義務であることを意味している。その意味で,監査基準は,職業会計士にとって遵守しなければならないものであり,規範である。

問題は,監査基準の規範性は何によって担保されているか,という点である。アメリカにおいて監査基準の設定にアメリカ公認会計士協会が関与していた時代には,監査基準は何よりも自律規範としての性格を強く有していた。そして,監査基準の規範性は,同協会の職業行為規則(Rule 202)が協会会員にその遵守を義務づけていることによって担保されていた。基本的には,この構図は変わっていないが,SEC監査に関する監査基準の設定権限が,平成17(2005)年に設立された公開会社会計監視委員会(Public Company Accounting Oversight Board:PCAOB)に移行して以来,監査基準は他律規範としての性格を強めた。また,SEC監査に関する監査基準の規範性はSOX法や

PCAOB 規則によって担保されている。

　これに対して，わが国では事情が異なる。専門職業団体ではなく，行政の諮問機関である企業会計審議会が中心的に基準設定に関わってきたからである。そのために，たとえば金融庁所管の金融商品取引法監査においては監査の規範としての問題はない。企業会計審議会の『監査基準』の規範性は，具体的には金融商品取引法第193条の2第5項の規定「第1項……の監査証明は，内閣府令で定める基準及び手続によって，これを行わなければならない。」および『財務諸表等の監査証明に関する内閣府令』（監査証明府令）第3条第2項・第3項によって担保されている。詳細は第8章で説明する。

責任基準（免責基準）としての監査基準

　監査基準の第5の意義は，監査人にとって責任基準（免責基準）である，という点である。監査基準は，職業会計士が財務諸表監査において必ず遵守しなければならない職業規範として機能する。監査基準に準拠して監査を遂行する責任は，何よりも先に，監査依頼人との間で締結される財務諸表監査に関する監査契約において明示され，また，財務諸表利用者が利用する監査報告書には「当監査法人は，我が国において一般に公正妥当と認められる監査の基準に準拠して監査を行った。」旨が「事実の記載」として示される（図表6-3）。

　監査契約において監査基準に言及されていることは，被監査会社の経営者が監査基準に準拠した監査の実施に協力する義務を負い，また，監査基準に準拠していない監査が実施されたことにより損害を被った場合には，その回復を監査人に求める権利を有することを意味している。監査報告書において監査基準に言及されていることは，①職業会計士の実施した財務諸表監査全体の質は監査関係者の間で合意された監査の質の水準を満たしていることを保証することに加えて，②職業会計士が監査基準の範囲内で財務諸表利用者に対して責任を負うことを自ら宣言していることを意味している。

　以上のことは，契約当事者である被監査会社に対する監査契約違反だけでなく，監査報告書利用者（財務諸表利用者）に対する虚偽証明についても，訴訟

第6章 監査基準の形成と意義

■図表6-3 監査関係者にとっての監査基準の意味

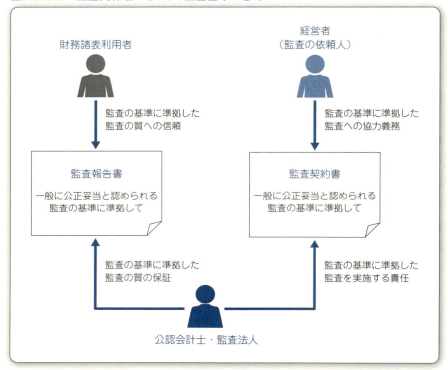

になった場合の会計プロフェッショナルの法的責任の有無は，当該監査が「一般に公正妥当と認められる監査の基準」に準拠して行われていたかどうかによって実質的に決定されることを意味している。ここに，責任基準（免責基準）としての監査基準の性格を指摘することができる。

したがって，実施した監査に関連して何か問題が起これば，直ちに，監査基準に準拠して監査が実施されていたかどうかが問題となり，訴訟となれば，それが最大の争点となる。監査プロセスのなかで，監査補助者が監査基準に準拠した監査の実施を強く指示され，また監査補助者によって実施された監査が監査基準に準拠していたかどうかについて，監査責任者が常に目を配らなくては

ならないのは、さらには、財務諸表監査の全プロセスにおいて監査基準に準拠して監査が実施されていることを監査法人自身が常に確かめ、また、そのことを担保する仕組み——監査の品質管理システム——を構築する必要があるのは、監査基準が責任基準としての性格を有しているからにほかならない。

監査訴訟が少ないわが国では、監査基準がどのような法的認知を受けるか、さらには、監査基準への準拠は監査人にとって完全な法的防御になるかは、極めて興味ある重要な問題である。しかし、財務諸表監査における『監査基準』の位置づけの問題を含め、その答えを出すにはもう少し時間が必要であるように思われる。その意味において、2008年4月にわが国の大手監査法人の1つであるトーマツの財務諸表監査に対して下された司法判断（第一審：被告敗訴）は注目に値する。マスコミは「敗訴」という側面を大きく報道するが、学問的に重要なことは、裁判所が

① 「我が国における一般に公正妥当と認められる監査の基準」の実体をどのように判断したか

② 金融商品取引法（厳密には証券取引法）に基づく財務諸表監査において、日本公認会計士協会の監査基準委員会報告書をはじめとする監査ルールをどのように判断したか

③ ①と②を前提にして、監査の失敗をどのように事実認定したか

である（鳥羽［2010］）。

監査基準は、訴訟の場においてだけでなく、監督官庁が質の悪い監査を実施した会計プロフェッショナルに対して行政処分を行う際の判断の規準でもある。事実、SECが職業会計士に対して行政処分を下す際にも、当該職業会計士の実施した監査が一般に認められた監査基準に準拠していなかったことをその根拠にあげている。わが国における金融庁検査（公認会計士・監査審査会の検査）においても、おそらく同様であろう。その際に適用される監査基準がどのように取り上げられるかが、責任基準としての監査基準の位置づけを決めることになるであろう★6-1。

専門職業基準としての監査基準

監査基準の第6の意義は，専門職業基準（professional standards）としての性格を有している，という点である。監査基準がこの性格を強めるか，反対に後述する「利害調整の基準」としての性格を強めるかは，監査基準の設定主体がどこ（誰）であるかによって大きく影響を受ける。監査基準の設定主体が会計プロフェッションであれば，アメリカ公認会計士協会（監査基準審議会）が公表してきた監査基準書のように，「職業的専門家が自らの専門的な判断を下す場合によりどころとするルール」という専門職業基準としての性格を強め，同時に，具体的で詳細な監査判断のための指針やルールを定めた専門技術的基準という性格も強まることとなる。

反対にわが国のように，行政組織の諮問機関（企業会計審議会）が各界の代表者の参加を得て『監査基準』を審議し公表するという方式を採用している場合には，専門職業基準としての性格は弱まり，反対に，財務諸表監査関係者の間での財務諸表監査全体の質に関する取り決め・合意書という性格を強める。なお，日本公認会計士協会の監査基準報告書などは，『監査基準』の内容を会計プロフェッションの立場から具体的かつ専門技術的に敷衍したものであり，専門職業基準・専門技術的基準としての性格をまさに有している。

利害調整の基準としての監査基準

最後に，監査基準は監査関係者間の利害調整の基準としての性格を有している。監査関係者の利害とは，監査人が負う責任の範囲，被監査会社が負担する監査コスト，そして財務諸表監査全体の質の水準に関する利害である。財務諸表利用者は監査コストを負担することなく監査用役（保証）を享受することのできる "free-rider" であるから，財務諸表利用者の立場からすれば，監査人が負うべき責任の範囲はできるだけ広く，かつ，財務諸表監査全体の質の水準はできるだけ高く，ということになろう。一方，監査人が負うべき責任の範囲を拡げることには職業会計士が反発するであろうし，財務諸表監査の質を引き

上げることにはそのコストを負担する被監査会社が抵抗するであろう。かくして，これらの問題を3者のいずれもが納得できる形で解決しなければならない。これが，監査関係者間の利害調整である。監査基準は，本質的に，それを解決する手段でもある。

重ねていうが，監査基準がこの性格をどの程度強く有しているかは，監査基準の設定主体がどこ（誰）であるかによって影響を強く受ける。わが国における『監査基準』は，その設定主体は各界各層の監査関係者の代表者から構成される企業会計審議会であるところから，利害調整の基準としての監査基準の性格を色濃く有している。

アメリカにおける監査基準の設定主体はSOX法制定まではアメリカ公認会計士協会であった。このような設定主体の性格を受けて，歴史的にアメリカにおける監査基準に関する一連の議論のなかでは，利害調整の基準としての性格が強調されたことはなかったように思われる。

しかし，SEC監査に関する監査基準に限定されてはいるものの，SOX法制定によって監査基準の設定主体がアメリカ公認会計士協会からPCAOBに移行した。この変化は，もっぱら会計プロフェッションによって行われてきた監査基準の設定は投資家の保護に必ずしもつながっていなかったとの社会の人々の知覚を反映したものであった。アメリカの監査基準は利害調整の基準としての性格を従来と比較して強めたといえるであろう。

3 わが国における「一般に公正妥当と認められる監査の基準」の体系

アメリカにおける監査規範の問題はすべて「一般に認められた監査基準」という概念のもとで取り上げられてきた。SOX法制定以後，連邦証券諸法のもとで行われる財務諸表監査は，PCAOBが作成する監査基準（Auditing Standards）が，従来アメリカ公認会計士協会が公表してきた監査基準書を取り込む形で実施されている。しかし，わが国においては，若干状況が異なる。

第6章　監査基準の形成と意義

　わが国において，金融商品取引法監査や会社法（会計監査人）監査を含め，会計プロフェッショナルによる財務諸表監査は，監査報告書において明示されているとおり，「我が国において一般に公正妥当と認められる監査の基準」に準拠して行われる。「我が国において一般に公正妥当と認められる監査の基準」とは，いかなる体系の内容を有する概念なのであろうか。

企業会計審議会『監査基準』

　「我が国において一般に公正妥当と認められる監査の基準」の中心は『監査基準』である。『監査基準』の体系は，平成14（2002）年の改訂前まではアメリカの監査基準の体系（図表6-1）に従っていたが，平成14（2002）年改訂において，役割基準としての監査基準の性格を踏まえて「監査の目的」を新設し，さらに監査人を規制する基準としての「一般基準」のなかに，

　①　財務諸表監査と財産不正・違法行為との関係
　②　監査調書の作成・保存
　③　監査業務の品質管理
　④　組織的監査と監査補助者に対する指導・監督

を追加した。①は監査人の役割，②・④は監査手続の質（証拠の質）の規制に関係しており，その意味では，①は「監査の目的」，②・④は「実施基準」に関係している。

　図表6-4は，令和2（2020）年11月6日改訂の『監査基準』における体系を示したものである。図表6-4について特に言及することがあるとすれば，企業会計審議会が平成17（2005）年10月28日に公表した『監査に関する品質管理基準』（令和3年11月16日改訂）が上記の③と④を敷衍する形で，また，平成25（2013）年3月26日に公表された『監査基準の改訂及び監査における不正リスク対応基準の設定に関する意見書』（以下，『監査における不正リスク対応基準』）が従来の職業的専門家としての正当な注意と懐疑心を規制する一般基準3と上記の①を敷衍する形で，『監査基準』を"親基準"とすれば，その"子基準"として位置づけられていることである。

116

■図表6-4　企業会計審議会『監査基準』の体系

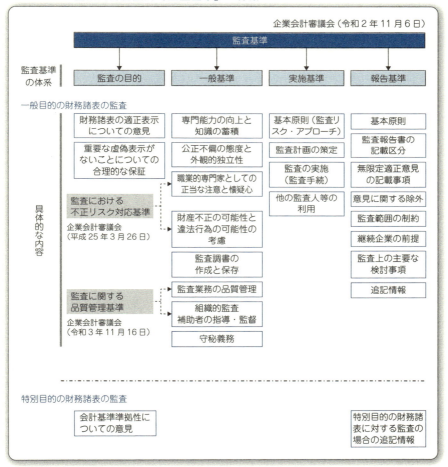

　問題は平成26（2014）年2月18日の改訂で「監査の目的」基準に追加された「特定目的の財務諸表の会計基準準拠性についての意見表明」である。この監査実務が会計プロフェッショナルによって実施されていることは確かであるが，その監査実務は，現在，金融商品取引法の規制対象ではない。すなわち，金融商品取引法の対象となっていない財務諸表を監査の主題とする"財務諸表

監査" が奇しくも含められている。『監査基準』に何が起こっているのであろうか。

日本公認会計士協会「監査実務指針」

　金融商品取引法のもとでの監査証明に関しては，企業会計審議会が公表した監査に関する基準（『監査基準』）が，監査報告書の監査意見の根拠区分および監査人の責任区分において言及される「我が国において一般に公正妥当と認められる監査の基準」の中核をなしている。しかし，金融商品取引法のもとで実施される財務諸表監査は『監査基準』だけに基づいて行われているわけではなく，実質的には日本公認会計士協会が公表している監査実務指針によって運用されている。これは，平成22（2010）年3月26日改訂の『監査基準』「前文二　1」に基づく。

> **『監査基準』「前文二　1」**
> 　我が国の監査の基準の体系としては，平成3年の監査基準の改訂において，監査基準では原則的な規定を定め，監査基準を具体化した実務的・詳細な規定は日本公認会計士協会の指針（監査実務指針）に委ね，両者により我が国における一般に公正妥当と認められる監査の基準とすることが適切とされたところである。

　監査実務指針には，監査および監査に関する品質管理に関して，日本公認会計士協会に設置されている各委員会が「報告書」または「実務指針」の名称で公表したものが含まれる（監査基準報告書（序）「監査基準報告書及び関連する公表物の体系及び用語」，令和5［2023］年1月12日）。うち，監査実務指針の中心をなすのは，監査基準報告書と品質管理基準報告書である。監査基準報告書は『監査基準』（法令により準拠が求められる場合には，『監査における不正リスク対応基準』を含む）を，品質管理基準報告書は『監査に関する品質管理基準』を，実務に適用するために具体的・詳細に規定したものである。監査実務指針としての監査基準報告書と品質管理基準報告書は，日本公認会計士協会が

企業会計審議会から委任を受けて策定しているものであり，また，日本公認会計士協会が実施している品質管理レビューにおいても利用されているはずであることから，重要な監査規範である。

　この他，監査実務指針を実務に適用するにあたっては，日本公認会計士協会が公表する監査に関する実務ガイダンス，周知文書，研究文書及び一般的に認められている監査実務慣行が参考になることがあるとされる（監査基準報告書（序）「監査基準報告書及び関連する公表物の体系及び用語」，令和5［2023］年1月12日）。日本公認会計士協会は，対会員との関係において，『日本公認会計士協会会則』第41条を通じて，これらに自立規範としての規範性を与え，会員にその遵守を求めている。しかしながら，これらは，監査実務指針の適用上の留意点や具体的な適用の方法を例示し，実務上の参考として示すものであることから，監査実務指針には該当せず，一般に公正妥当と認められる監査の基準を構成しない。このため，これらがどの程度，監査規範たりうるのかは明確ではなく，現実に監査訴訟が起こった時に，会計プロフェッショナルの負うべき法的責任の範囲を決定するうえで，どのように認定されるかは判然としない。この問題は裁判を通じて個々に解決していく以外に方途はないようにも思われる。

　図表6-5は，わが国における会計プロフェッショナルが財務諸表監査において適用する監査基準とその規範性との関係を示したものである。

4　本章のまとめ

　監査基準の設定主体をめぐるアメリカにおける展開は実に激しいものであった。1938年12月に起こったMcKesson & Robbins事件が契機となって監査基準の設定権限を有するようになり，爾来，監査基準書の編纂において，その名声と影響力を欲しいままにしてきたアメリカ公認会計士協会は，2001年12月に起こったEnron事件・WorldCom事件（監査人：Arthur Andersen

第6章　監査基準の形成と意義

■図表6-5　一般に公正妥当と認められる監査の基準の体系と規範性

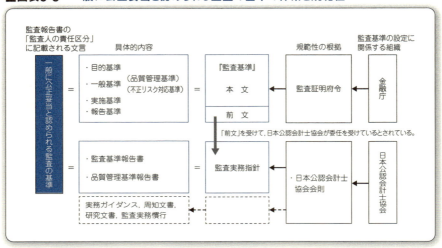

LLP）などが引き金となって，SEC監査にかかる監査基準の設定権限を失った。そのことは，監査基準の設定を会計プロフェッションに委ねていたのが社会選択であったことを意味している。現在，アメリカの連邦証券諸法のもとで実施されている職業会計士による財務諸表監査に適用される監査基準は，PCAOBが設定する監査基準に，それまでアメリカ公認会計士協会が策定してきた監査基準書を取り込む形で成り立っている。

　一方，わが国においては，公認会計士による財務諸表監査が全面的に開始された当初から，企業会計審議会が『監査基準』を設定してきた。この『監査基準』が（監査証明府令を通じて）監査規範の中心であるという構図は変わっていない。ただ，現在では，日本公認会計士協会が策定した監査基準報告書と品質管理基準報告書は『監査基準』を敷衍した権威ある監査実務指針として，「我が国において一般に公正妥当と認められる監査の基準」を構成するという位置づけになっている。

　監査基準をめぐってわが国が直面している問題は，監査基準の国際的整合性（コンバージェンス）である。監査基準報告書と品質管理基準報告書なしに，

わが国における会計プロフェッショナルによる財務諸表監査は動かない。しかし，同時に，とりわけ監査基準報告書の内容が国際監査基準の移入という側面が強いことが，反対に，その地位を不安定にしているようにさえ思える。会計プロフェッショナルによる財務諸表監査は金融商品取引法監査だけではないからである。わが国の監査基準と国際監査基準との整合性を確保することは重要である一方，監査基準が責任基準であることを踏まえると，監査基準の国際化が，わが国固有の法制度のもと実施される監査に与える影響についても留意しておく必要があろう。

6-1　監査の失敗と監査基準の失敗

　監査の失敗に関して最も難しい問題は，監査基準に準拠して監査を実施していたと認められるにもかかわらず，結果的には財務諸表の重要な虚偽表示を検出できなかった，という場合である。本書では，かかる状況も監査の失敗に含められることとなるが，厳密には「監査の失敗」ではなく「監査基準の失敗」というべきかもしれない。さらに，このような場合においてさえ，会計プロフェッショナルの法的責任が問われることがあるのか，という疑問は残る（リサーチの種 8-1 も参照されたい）。このように，財務諸表監査には，監査基準・監査の失敗・監査人の法的責任の間で，非常に難しい領域が存在する。

参・考・文・献

鳥羽至英．2010．「ナナボシ粉飾決算事件訴訟判決の監査上の意義」『月刊監査役』．565：38-61．

第7章

監査人の独立性と正当な注意

　財務諸表監査の目的が達成されるには，監査プロセスの全体にわたり，監査人の側において独立性が保持されること，および職業的専門家としての正当な注意（professional due care）が十分に行使されることが必要である。

　会計プロフェッショナルによる財務諸表監査が有効に機能し，社会の人々の信頼を得るには，監査人の独立性について，次の2つの側面が十分に達成されていなければならない。

① 会計プロフェッショナルの側において，公正不偏の態度が保持されていること（精神的独立性）

② 会計プロフェッショナルが公正不偏の態度を貫いて監査を全うできるような環境が保障されていること（外観的独立性）

である。前者は監査に従事する会計プロフェッショナル自身の問題であり，後者は，日本公認会計士協会を含む監査関係者がどのような監査環境を会計プロフェッショナルに用意するか，という監査制度や仕組みの問題である。『監査基準』の「第二　一般基準」は，監査人の独立性について，次のように規定している。

『監査基準』「第二　一般基準」

2　監査人は，監査を行うに当たって，常に**公正不偏の態度**を保持し，独立の立場を損なう利害や独立の立場に疑いを招く外観を有してはならない。

第7章　監査人の独立性と正当な注意

　監査用役の利用者（財務諸表利用者）は監査人の心の状態を窺い知ることはできない。それゆえ，会計プロフェッショナルによる財務諸表監査が全体として有効に機能しているかどうかの社会的な判断は，後者の側面についての社会の人々の知覚ないしイメージを通じて形成されているといってよい。監査人がとりわけ被監査会社との関係において，どのような環境に身をおきながら監査に従事しているかという点についての知覚が，結局のところ，社会の人々の財務諸表監査に対する信頼の実質を形成するはずである。

　会計プロフェッショナルが精神的独立性を保持して監査を遂行していたかどうかは，監査の失敗が起こったときに監査人の責任問題として浮上する。監査人が精神的独立性を失っていたということは，監査人が自覚して（承知のうえで）自己の独立的判断を曲げたということを意味している。したがって，監査人の責任が法的に問われる状況に至った場合には，監査人の独立性の欠如（精神的独立性の欠如）は「故意」の問題と結びついて取り上げられる可能性が高くなる★7-1。

　これに対して，監査人が正当な注意を十分に行使しなかった場合には，過失の問題として取り扱われる。アメリカにおいてもわが国においても，監査の失敗を引き起こす原因は独立性の欠如よりも監査判断の誤りであることが多い。監査人の独立性の維持にマイナスの影響を及ぼしていると思われる状況を制度的に取り除く試みがなされている一方，企業の巨大化，取引環境の複雑化，ITの発展，見積り要素の比重が大きくなった会計処理の導入，会計基準の複雑化など，適切な監査判断の行使を難しくしている状況は反対に顕著になっている。

　財務諸表監査において職業的専門家としての監査人に当然に求められる注意深さの水準を，『監査基準』は，職業的専門家としての正当な注意という概念で示してきた。この概念は監査人に求められる注意の標準として現在まで引き継がれているが，『監査基準』（平成14［2002］年改訂）においては，これに職業的懐疑心が追加された。『監査基準』の「第二　一般基準」は，職業的専門家としての正当な注意と懐疑心なる概念を，以下のような形で導入している。

124

> **『監査基準』「第二　一般基準」**
>
> 3　監査人は，職業専門家としての正当な注意を払い，懐疑心を保持して監査を行わなければならない。

　主要会計先進諸国の会計プロフェッションにおいては，職業的懐疑心（professional skepticism）のあり方（水準）に大きな関心が寄せられている。監査人が懐疑心を十分に発揮しなかったことが監査の失敗の大きな原因となっているからである。また，いかなる水準の職業的懐疑心を発揮すべきであるかは監査の質（audit quality）にも深く関係しているため，職業的懐疑心の問題は，監査の質を高めるという要請に呼応する形で，世界の会計プロフェッションによって大きな関心をもって取り組まれている喫緊の課題でもある。

　職業的懐疑心は，監査人が注意を働かせる場合の心のもち方——疑いを投げかける心の状態——であり，その意味では「職業的専門家としての正当な注意」に含めて理解されてよい。たとえば，職業的懐疑心を著しく欠いた監査計画を策定したことによって，財務諸表の重要な虚偽表示を検出することができず，結果として虚偽証明に至ってしまった場合には，監査の概念的枠組みのもとでは，職業的専門家としての正当な注意を欠いていたものとして捉えられてきた。この点は，現在でも同じである。

　本章では，監査人の独立性について，精神的独立性と外観的独立性の2つの視点から接近する。精神的独立性が重要であることはいうまでもないが，精神的独立性に加えて外観的独立性という視点が必要である理由および外観的独立性の本質を考察する。また、監査人の正当な理由について、監査プロセスにおいて「職業的専門家としての正当な注意」と「職業的懐疑心」それぞれがもつ意味を考察したうえで，財務諸表監査において会計プロフェッショナルに求められる注意の標準と会計プロフェッショナルの法的責任との関係を説明する。

第7章

125

第7章 監査人の独立性と正当な注意

■図表7-1 監査人の独立性概念の構造と内容

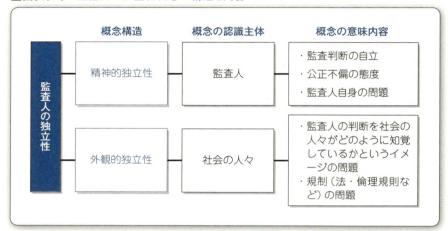

1 監査人の独立性概念――精神的独立性

　監査人の独立性概念は，精神的独立性と外観的独立性から構成される監査理論上の基礎概念である（図表7-1）[7-2]。外観的独立性が監査判断の独立性に対して社会の人々が抱く知覚ないしイメージという側面をもっているのに対し，精神的独立性は監査人自身の心の状態であり，本質的には，その監査人しか知りえないという側面を有している。ただ，監査の失敗に関連して監査人側の「故意」を訴因とする監査訴訟が起こされた場合には，裁判所は監査人の独立的判断が「**事実として**」維持されていたかどうかを証拠に基づいて認定する，という作業に関わることとなる。

　精神的独立性（independence in mental attitude）とは，監査上の判断を，監査人自身の責任のもとで行い，他人に自己の判断を委ねないこと，また，他人からの干渉や影響を許さず，常に公正不偏の立場から判断することを意味している。独立的な監査判断を行使することこそが精神的独立性の本質である。

アメリカ公認会計士協会理事会が行った1947年の宣言「歴史的にも，また理論のうえでも，独立性は会計プロフェッションの基礎であり，それが維持できるかどうかにこの職業の力と発展がかかっている」は有名である。

精神的独立性は，監査契約の締結から監査報告書の作成（実質的には監査意見の形成）に至る監査プロセス——監査契約を締結する段階，監査計画を策定する段階，監査手続を実施する段階，監査証拠を評価する段階，そして監査意見を形成する段階——において，後述する職業的専門家としての正当な注意とともに，十分に保持されなければならない。『監査基準』の「第二　一般基準」は，この精神的独立性を「公正不偏の態度」として表現している。

会計プロフェッショナルを取り巻く状況がどうであれ，監査人が精神的独立性を欠いて監査を実施したということは，典型的には，重要な虚偽表示のある財務諸表について，そのことを知りながら（故意に），そのような表示のない財務諸表であるものとして無限定適正意見を表明したことを意味する。監査人が，経営者の圧力や懇請に負けて（あるいは同情して）自己の独立的な判断を曲げる場合が「故意による虚偽証明」のほとんどであるが，状況によっては，経営者の意向を汲んで不正な会計のスキームを会計専門家として立案するといったケースも起こりうる。監査契約の更新や経営指導業務（management services：MS業務・コンサルティング業務）の継続・新規受託がそのインセンティブである。精神的独立性の欠如に起因した虚偽証明に対する監査人の法的責任については，第8章を参照されたい。

精神的独立性の本質は監査人の心の状態であるため，それが本当に維持されたかどうかは，当の監査人にしかわからない。監査法人内部で定めたさまざまな判断基準を依頼人の意向を汲んで弱めて解釈すること，会計方針の変更の理由づけを監査人のほうから提案すること，不正な財務報告のスキームの立案に関与すること，「費用収益対応」と「保守主義」を巧みに使い分けて会計方針の変更をほとんどそのまま認めてしまうことなどは，独立の監査判断が保持できなかったとみなされても致し方ない例であろう。財務諸表の適正表示に重要な影響を与える会計上の問題を検出していても，監査責任者がそれを無視し，

監査法人の審査機能に付さないようにした場合にも，精神的独立性は著しく損なわれているといわなければならない。それゆえ，監査判断の独立性を担保するためには，特定の監査業務を当該監査責任者の絶対的支配下におくことを避ける以外にはなく，それゆえ，監査責任者の定期的交替（ローテーション）を図るべきとの提案がかつて幾度となくなされてきた。監査責任者の定期的交替については後述する。

　監査人が精神的独立性を発揮して監査に従事できるかどうかは，究極的には，監査人自身が有している個人的属性（会計専門職業に対する自身の認識やコミットメント，正義感，勇気など）によって影響を受けるものであるかもしれない。しかしこのことは，精神的独立性は個々の会計プロフェッショナルにすべて任されるべき問題であることを意味するものではない。むしろ，監査人が精神的独立性を十分に発揮できるように，社会的な（制度的な）環境を整備すること，あるいは，監査人が被監査会社との間で特定の関係を有することを法律的に禁止することは，精神的独立性を十分に行使して監査に臨むことを可能にする，換言すれば，監査人の精神的独立性を側面から支援することとなる。その意味で，次節で取り上げる監査人の外観的独立性に関連して，それを強化するためにさまざまな規制（外部規制や自己規制）を講ずることは，会計プロフェッショナルによる財務諸表監査に対する社会的信頼を高めるだけでなく，財務諸表監査の主役である会計プロフェッショナルの精神的独立性（公正不偏の態度）を支援するという意味も有している。

監査人の独立性——外観的独立性

　監査人の独立性概念を構成するもう1つの概念が外観的独立性である。外観的独立性とは，監査人が独立的な判断を下していないのではないかとの疑いや印象を社会の人々に与える要因（マイナスのイメージ形成要因）から監査人がどの程度解放されているかを示す概念である（鳥羽・川北［2001］p. 82）。

外観的独立性の本質は，監査判断の独立性に対する社会の人々の知覚ないしイメージにある。理屈のうえからすれば，マイナスのイメージの形成につながる要因から会計プロフェッショナルが遠ざかっていればいるほど外観的独立性は高まり，反対に，かかる要因との関係が深ければ外観的独立性は低くなるという関係にある。しかし，外観的独立性は，所詮，社会の人々が抱くイメージであるがゆえに，それに対する疑念を完全に払拭することは不可能であり，それゆえ現実的には，社会が会計プロフェッショナルにどの程度の外観的独立性の維持を求めるかという視点から解決しなければならないという性質を有している。具体的には，監査人の独立的判断を支援する環境面での保障（規制）をどの程度会計プロフェッショナルに与えるか，そして，監査人の独立的な判断に対する知覚ないしイメージにマイナスの影響を与える要因をどの程度規制するかが重要になる。

　もちろん，1つの要因が両方の側面をもっていることは否定できない。先に言及した監査責任者の定期的交替（ローテーション）も，監査人の独立的判断を支援するという側面と同時に，監査人の独立的判断に対して社会の人々が抱くイメージないし知覚を改善するという側面を有している。さらに，「被監査会社と監査人との間の著しい利害関係」についての規制を強めることは，独立的な監査判断を支えるより強固な環境を提供するという面に加えて，独立的な監査判断に対する社会の知覚にマイナスの影響を及ぼす「著しい利害関係」から会計プロフェッショナルを遠ざけるという面も有している。

　『監査基準』の「第二　一般基準2」は，その後段で外観的独立性を「独立の立場を損なう利害」と「独立の立場に疑いを招く外観」という2つの面から規制している。なお，厳密にいうならば前者は「独立の立場を損なうのではないかとの疑いを招く利害」とでも表現されるべきであろう。

　問題は，いかなる要因（関係や状況）が監査人の独立性に対する社会の人々の知覚にマイナスの影響を及ぼすかという点である。外観的独立性は，所詮，知覚（イメージ）の問題にすぎない。さまざまなイメージ形成要因が存在し，それらが重なり合い，状況によっては増幅し合い，監査人の独立性に対する社

会の人々の知覚を形成する。イメージ形成要因は，その内容によって，3つの範疇に分けることができる。すなわち，法令や監査基準を通じて厳しく排除（規制）しなければならない要因，会計プロフェッション側の自己規制によって排除できる要因，社会選択に基づいているため，排除できない要因の3つである。各範疇のイメージ形成要因の代表例を取り上げながら，外観的独立性の本質に迫る。

- 監査人の独立性に対する社会の知覚に直接影響する要因であり，法令・監査基準を通じて規制しなければならない要因……法令・監査基準による外部規制
- 監査人の独立的判断に悪い影響を与えているのではないかと社会が懸念し，それゆえ，会計プロフェッションとして積極的に対応しなければならない要因……倫理規則による自己規制★7-3
- 社会選択としての自由契約主義……会計プロフェッション・会計プロフェッショナルにとって所与である要因

法令・監査基準による外部規制

　監査人の独立性に対する社会の人々の知覚に悪い影響を及ぼす関係や状況については，法令が規制し，これを排除している。このような関係や状況のなかには，監査責任者の定期的交替や関与社員の被監査会社への就職制限など，本来，自己規制によって対応を図るべきであるが，結果的に行政機関による監視（法令・監査基準による規制）を受けることとなったものもある。「自己規制ができない」・「自己規制が不十分である」ことによって，会計プロフェッションが払うことになるコストが，監督官庁による規制強化にほかならない。会計プロフェッションにとって，自己規制がいかに難しい課題であるかを物語るものであろう。法令が規制した公認会計士をめぐる関係や状況を列挙すると次のとおりである。

① 著しい利害関係

② 関与社員の監査法人脱退後の被監査会社への就職制限

③ 担当公認会計士の定期的交替

④ 監査証明業務と両立し得ない非監査証明業務に従事している場合の監査証明業務提供の禁止

　これらのうち，一例として，著しい利害関係を取り上げて，これを法令がどのように規制しているかを以下に説明する。

著しい利害関係　公認会計士と被監査会社との間に，「第三者の立場として客観的に監査したとはいえないのではないか」との疑念を社会の人々に抱かせるような関係が存在している場合には，公認会計士監査に対する社会的信頼は著しく毀損する。法は，そのような公認会計士と被監査会社との関係を「著しい利害関係」または「特別の利害関係」と規定し[1]，かかる利害関係を有する監査または証明業務を禁止している。たとえば，以下のような場合である（公認会計士法施行令第7条）。

・公認会計士（配偶者）が被監査会社の役員である場合あるいは過去1年以内に役員であった場合

・公認会計士（配偶者）が被監査会社の従業員である場合あるいは過去1年以内に従業員であった場合

・公認会計士（配偶者）が被監査会社の株主・出資者，債権者・債務者（100

1）公認会計士と被監査会社との間の利害関係を規制する規準として，「著しい利害関係」と「特別の利害関係」がある。前者は公認会計士（監査法人）と被監査会社との間の利害関係を判断するために公認会計士法が用意した概念である。一方，後者は金融商品取引法監査における公認会計士（監査法人）と被監査会社との間の利害関係を判断するために同法が用意した概念である。用語こそ異なるが，基本的な考え方は同じである。本書では，公認会計士による監査業務一般を取り上げているので，公認会計士法上の「著しい利害関係」を使用することとする。

第**7**章　監査人の独立性と正当な注意

万円以上）である場合

・公認会計士（配偶者）と被監査会社との間に「特別の利益供与関係」がある場合

　上記は公認会計士個人と被監査会社との関係を規制するものであるが，監査法人およびその社員と被監査会社との間に，債権債務関係，特別の利益供与関係など，公認会計士法第34条の11で定める関係がある場合には，「著しい利害関係」の存在を理由に，当該監査法人は監査または証明業務の提供を禁止されている（公認会計士法施行令第15条，第23条）。

『倫理規則』による自己規制

　監査人の独立性に対する知覚にマイナスの影響を及ぼす要因は多い。会計プロフェッショナルが大きな問題と認識していなくとも，社会の人々が監査人の独立的判断に疑いの目をむけるような関係や状況があるかもしれない。被監査会社からの接待・贈答や自社製品の格安購入などもその例であろう。ちなみに，日本公認会計士協会『倫理規則』では「贈答・接待」というセクション（セクション420）を独立して設け，この問題に対する会員の自制的行動と対応を求めている。この領域に対する自己規制を監査法人内でさらに強めることは，外観的独立性の保持にとって非常に重要である。

　外観的独立性は，社会の人々からみた監査人の独立性の保持に関するイメージに関係しているがゆえに，何よりもまず，監査人自身が独立性の保持に疑いをもたれるような関係や状況に自らをおかないように留意することが必要である。「李下に冠を正さず」は，会計プロフェッショナルが常に心に刻んでおかなければならない金言であろう。

社会選択としての自由契約主義

　監査人の独立性に対する知覚に影響を与える要因のなかには，監査契約を被監査会社と会計プロフェッショナルとの間の自由契約とする社会選択を行った

ことによって生じているものがある。会計プロフェッショナルが被監査会社から監査報酬を得ているという関係である。この関係は，どのように考えてみても，監査人の独立性に対する知覚にマイナスの影響を与える要因である。アメリカでもわが国でも，財務諸表監査の失敗が表面化すると，この問題が，程度の差こそあれ，たとえば監査人国家選任方式とか，会計士協会一括契約方式といった提案を含め，触れられるようになる。

　自由契約主義は，企業と会計プロフェッショナルとが，「適正な財務報告」という共通の目標の実現に向かって相互に協力・切磋琢磨する関係にあることを前提としている。財務報告制度は，企業が最も信頼できると判断する会計プロフェッショナルを監査人として選択するとともに，彼らが提供した専門業務に対して，正当な報酬を支払うという関係によって，最も効率的な形で確立されるはずであるとの考え方による社会選択（**自由契約主義**）に基づいている。監査人国家選任方式や会計士協会一括契約方式といった主張を抑え，自由契約主義を守り抜くためには，会計プロフェッションおよび会計プロフェッショナルは，自由契約主義の重要性を最大限尊重し，厳しい自己規制を自らに課し，透明性ある形でそれを実行しなければならない。

③ 財務諸表監査の概念的枠組みにおける注意の標準

　監査人の独立性と並んで，財務諸表監査における監査人の責任を取り上げる場合の概念的視点の1つが**職業的専門家としての正当な注意**である。これは，財務諸表監査に従事している会計プロフェッショナルに求められる注意の標準である。職業的専門家としての正当な注意は，監査行為に従事する会計プロフェッショナルの姿勢や態度のあり方を規制する概念であり，通常の会計プロフェッショナルであれば当該状況のもとで当然行使していたであろう，あるいは行使していなければならない注意の程度を意味している。「職業的専門家として正当な注意を行使していない」という状態は，あくまで不注意を意味して

■**図表7-2** **監査プロセス全体を規制する独立性と職業的専門家としての正当な注意**

職業的専門家としての正当な注意

監査の依頼　→　監査プロセス　→　監査報告書の提出

公正不偏の態度（精神的独立性）

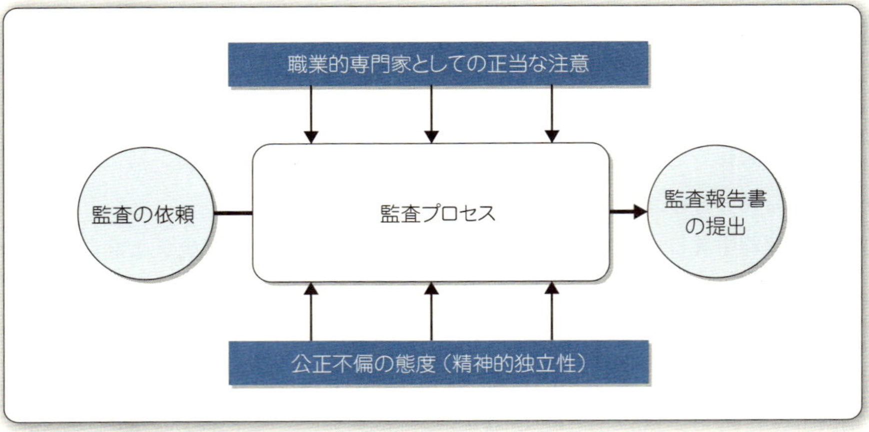

おり，「意識して」や「ある意図をもって」という心の状態ではない。法律は，前者の心の状態については，「相当の注意を怠り」(公認会計士法第30条第2項)という表現をあて，「過失」という概念を用意し，監査人の法的責任の有無の判断に用いている。過失とは，法的には「不注意による法律上の義務違反」である。

　職業的専門家としての正当な注意は，程度の差こそあれ，基本的には監査プロセス全域にわたって十分に行使されなければならない。この点は，「公正不偏の態度」（精神的独立性）の場合と同じである。いずれが欠如していても，そこで行われた監査の質には問題があり，社会の人々の財務諸表監査に対する信頼を毀損させることになる。いずれも会計プロフェッショナルによる財務諸表監査を支える基盤である（図表7-2）。

4 職業的専門家としての正当な注意

　会計プロフェッションに託されている財務諸表監査が，社会の信頼を得るに

■figure7-3 監査人の注意の標準と法的責任の関係

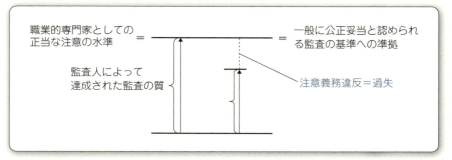

は，
① 会計プロフェッション全体として，職業的専門家としての正当な注意の水準を定め，その水準を社会的に維持すること
② 会計プロフェッショナルが職業的専門家としての正当な注意を十分に行使して，監査プロセスに従事すること

が必要である。現在の財務諸表監査制度のもとでは，職業的専門家としての正当な注意の水準を会計プロフェッショナルに一任するのではなく，会計プロフェッション全体として維持すべき水準を定め，それを維持することが求められている。その水準を示したものが，ほかならぬ「一般に公正妥当と認められる監査の基準」である。

とりわけ『監査基準』は，会計プロフェッショナルが財務諸表監査において行使しなければならないと期待されている注意の標準を，**職業的専門家としての正当な注意**という概念で表現するとともに，「一般基準3」として規定することによって，それに規範性を与えている。それゆえ，「職業的専門家としての正当な注意を行使して監査を行った」と会計プロフェッショナルが主張するには，当該監査が「一般に公正妥当と認められる監査の基準」に準拠して行われていたことを立証することが少なくとも必要となる。図表7-3は，「職業的専門家としての正当な注意」と「一般に公正妥当と認められる監査の基準への準拠」の関係を示したものである。図表7-3の破線のように，「一般に公正妥

当と認められる監査の基準」が求めるところに準拠していないところがあれば，その部分について「職業的専門家としての正当な注意が行使されなかった」ことになり，それが法律上の「注意義務違反」（相当の注意を怠り）＝「過失」となる。

もっとも，アメリカ公認会計士協会が監査基準の設定に成功する以前の監査実務においては，達成されるべき監査実務の質は，会計事務所ごとに定められ管理されていた。しかし，それは会計プロフェッション全体としてその当時維持すべき監査の質の水準を反映したものではなかった。監査基準が設定されることによって，財務諸表監査全体の質の水準が社会的に規制されるようになり，すべての職業会計士が財務諸表監査において必ず維持しなければならない注意の標準がその監査基準に示されることとなった。これが職業的専門家としての正当な注意である。

この概念は，監査人の法的責任（過失責任）の有無を判断する際の重要な基準となっていたという事実を踏まえ，アメリカにおける監査基準の設定の歩みのなかで，公認会計士ブロード（Samuel J. Broad）によってはじめて監査基準として認識されたものである。その意味で，「職業的専門家としての正当な注意」なる概念は，職業的監査人の「注意の標準」を示す概念である以上に，極めて法律的な色彩の強い概念である。

法律における「注意」なる概念は過失（negligence）と対になる概念であり，「注意を怠ること」が「過失」となる。法律上の過失は，単なる不注意とは異なり，まず法律上の注意義務があり，そして，それに違反した場合に過失となる。この注意義務は注意の標準を示す法律上の概念である「**善良な管理者の注意義務**」（民法第644条）で示され，この注意の標準を満たさなかった場合に過失となる。もちろん，この場合の注意の標準の意味するところは広いが，なかんずく，法律が不法行為の分野で要求している注意の標準が「正当な注意」なのである。

不法行為の分野で問題となる過失とは，「善良な管理者の注意」，すなわち通常人としてなすべき注意を怠ったということである。「その場合の通常人とし

て，なすべき注意というのは，抽象的な一般人ではなく，その職業やその具体的状況におかれた人として通常なすべき注意を指すものとして用いられている」（加藤［1977］pp. 17-18）。それゆえ，職業的監査人の過失の場合，会計プロフェッショナルが「一般に公正妥当と認められる監査の基準」のもとで求められている監査業務上の注意が基準となる。

　しかしながら，わが国では監査人を相手取った訴訟が多いとはいえず，しかも，その多くが和解で終結しているために，どの程度の注意を行使していれば職業的専門家としての職責が全うされたと判断されるのかは明らかではない。監査人を被告とした民事訴訟において，原告・被告双方が裁判所の勧告を受け入れ和解で終結した事例はあるが，少なくとも監査人の敗訴が確定した裁判事例はなかった。その意味において，民事再生手続中のナナボシ（大阪証券取引所上場会社）の管財人が，当時の監査人である監査法人トーマツに対して行った損害賠償請求訴訟事件（大阪地裁：平成16年（ワ）第4762号）において，判決（平成20［2008］年4月18日）が出されたことは，第一審とはいえ，司法が公認会計士・監査法人の法的責任をどのように具体的に判断したかを知るうえで，非常に重要な歴史的な出来事と受け止める必要がある（鳥羽［2010］）。

　いずれにしても，会計プロフェッショナルが過失による監査の失敗から自分自身を守るためには，「一般に公正妥当と認められる監査の基準」に準拠して監査を実施することが必要である。そのためには，一般的には，「監査業務の品質管理」に努め，監査の質を絶えず評価し，不十分なところがあればしかるべき措置を講じていくことが必要である。

5 　職業的専門家としての正当な注意と職業的懐疑心

　現行の『監査基準』は，その本文に「懐疑心を保持して」という文言を含めている。単に「懐疑心」とあるが「職業的懐疑心」にほかならない。『監査基準』（平成14年1月25日）の前文「監査基準の改訂について」（三　主な改訂点と

第7章　監査人の独立性と正当な注意

その考え方）は，職業的懐疑心の監査基準への導入を以下のように説明している（強調著者）。

> **『監査基準』**
>
> 2　一般基準の改訂について
>
> （3）職業的懐疑心
>
> 　監査人としての責任の遂行の基本は，職業的専門家としての正当な注意を払うことにある。その中で，監査という業務の性格上，**監査計画の策定から，その実施，監査証拠の評価，意見の形成に至るまで**，財務諸表に重要な虚偽の表示が存在する虞に常に注意を払うことを求めるとの観点から，職業的懐疑心を保持すべきことを特に強調した。

　職業的懐疑心は「職業的専門家としての正当な注意」なる概念のなかに含まれているはずのものであろう。監査人が，財務諸表に重要な虚偽表示が含まれている可能性について，何らの懐疑心も抱かず監査現場に臨むこと自体許されるはずがない。「懐疑心をもつ」ということは，「鵜呑みにしない」・「批判的な目をもつ」ということであり，監査という行為に内在する「批判的にものをみようとする」という監査人の心の状態である。

　『監査基準』前文が「職業的専門家としての正当な注意」を中核においたうえで，職業的懐疑心を「監査計画の策定」から「意見の形成」に至るプロセス——監査立証プロセス——に関係づけているのは適切である。図表7-4は，監査立証プロセスにおいて「職業的懐疑心」がどのように関係するかを示したものである。職業的懐疑心は，（1）監査計画を策定する段階，（2）監査証拠を入手し，監査手続を実施し，その結果について監査調書を作成する段階，（3）監査証拠を評価する段階，そして（4）監査調書を査閲し，監査チーム内での討議を行い，意見形成のための基礎を確かめる段階，のそれぞれにおいて保持される必要がある。

　監査の失敗がとりわけ監査人の立証プロセスに起因しているとされる場合に

138

■図表7-4　職業的懐疑心と監査立証プロセス

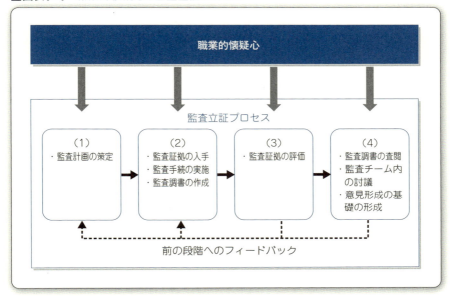

は，職業的専門家としての正当な注意が十分に行使されていたかという視点よりも，むしろ職業的懐疑心を十分に働かせて立証活動にあたっていたかという視点が重視されるようになっている。もとより，監査人の注意の標準を示す概念は「職業的専門家としての正当な注意」であるので，職業的懐疑心が十分でなかったことが明らかになった場合には，「職業的専門家としての正当な注意」という上位概念に関連づけ，職業的専門家としての正当な注意が行使されなかった，あるいは職業的専門家としての正当な注意が足りなかったと述べられることとなる。このような言及の仕方は，たとえば『会計・監査執行通牒』（SEC）において数多くみられる。

　職業的懐疑心を強調するのは，職業的専門家としての正当な注意を強調するだけでは監査職能が全うされず，監査の失敗が今後も起こりうる，との会計プロフェッションの危機感が根底にあるからである。換言すれば，職業的懐疑心を強調することによって，監査人が従事する立証のあり方（監査手続のあり方）

第7章 監査人の独立性と正当な注意

に影響を与え，それによって監査に対する会計プロフェッショナルの取り組みを一段と強化するところに狙いが込められているとみるべきである。

問題は，職業的懐疑心の水準をどのように規定（説明）するかである。たとえば，アメリカ公認会計士協会の監査基準書はかつて，「職業的懐疑心」をもって，監査人は経営者を不誠実である，また反対に，疑いもなく誠実であるといった予断をもって監査に臨んではならないとの立場，いわば経営者の誠実性についての中立的な立場（neutrality view）を表明してきた。ただ，監査基準書第99号（2002）において，これまで明示的に主張されてきたこの立場は削除された。このことは，「疑ってかかる姿勢」を強調する立場（presumptive doubt view）への転換を示しているのであろうか。

これら2つの立場が，財務諸表監査において代替的関係にあるのか，それとも補完的関係にあるのかは明らかではない。また，職業的懐疑心自体の定義についても，十分な学術的定義が示されているとはいえない。このように，監査基準において「職業的懐疑心」なる概念に言及されてはいるものの，その定義やどの水準を適当とするかについての議論は一致をみていないのである。なお，金融商品取引法に基づく上場会社等の監査に適用される『監査における不正リスク対応基準』では，局面に応じて，職業的懐疑心を「保持する」「発揮する」「高める」と，懐疑心の水準を示す用語が使い分けられている。

6 本章のまとめ

財務諸表監査に対する社会の信頼は，監査人たる会計プロフェッショナルが，公正不偏の態度を保持し，職業的専門家としての正当な注意を十分に行使してはじめて勝ち取ることができる。監査人の公正不偏の態度の保持および職業専門家としての正当な注意の行使は，監査契約の締結から監査報告書の提出に至る監査プロセス全体において保持されなければならない監査の要諦である。

監査人が独立の判断を行使するには，会計プロフェッショナル自身の自覚の

みならず，監査現場におけるさまざまな圧力や不当な制約に屈せず，自己の独立的判断を貫く意志と勇気が必要である。その一方において，会計プロフェッショナルが行った独立の判断に疑いがもたれるような関係や状況あるいはそのような外観を呈するような関係や状況に自らをおかないことも必要である。

　監査の失敗は，監査人の側における公正不偏の態度の欠如のみならず，職業的専門家としての正当な注意の欠如によっても引き起こされる。前者は「身から出た錆」の側面が強い。しかし，後者はそうではない。監査人は，制約のある監査資源のもとで，限られた期間内に，限られた量の監査証拠に基づいて財務諸表全体についての意見を表明することが求められるので，監査判断上のミスから監査人の立証対象として識別されなかった問題，糸口は捕えられていたがそのまま放置されたり重要視されなかったりした問題，時間や忙しさに追われ結論を急いでしまった問題などが起こりうる。

　しかし，そのような理由による監査の失敗は許されない。監査人を取り巻く状況がいかに厳しくなろうとも，監査人が財務諸表の重要な虚偽表示を検出できなかった場合は，法律上の責任の有無は別として，その監査は失敗なのである。会計プロフェッショナルがこれに対応できる唯一の道は，監査立証プロセスを徹底的に管理すること，「一般に公正妥当と認められる監査の基準」に準拠した監査の品質を実現すること以外にはない。それが「職業的専門家としての正当な注意」を行使したことの本来の意味であろう。職業的専門家としての正当な注意の欠如に起因する監査の失敗は，監査事務所の品質管理を強化することによってかなり解決することができる。したがって，職業的専門家としての正当な注意は，監査法人における組織の問題に深く関係している。

　かくして，職業的専門家としての正当な注意を行使するとは，「一般に公正妥当と認められる監査の基準」に準拠した監査が行われているかどうかを，監査担当者個人のレベル，監督者のレベル，監査チームのレベル，そして最終的には監査法人のレベルで問いかけ，必要な対応をし，問題があったとしても小火のうちに消火してしまうことを求める監査上の注意深さ（慎重さ）をもつことなのである。

しかし、どのように注意深く対応しても、完全ということはありえない。それゆえ、監査の失敗が現実に起こった場合に、司法が監査人に求める「職業的専門家としての正当な注意」の水準を具体的にどのようなものとして認定するかという問題が重要となる。今後予想される監査訴訟においては、「職業的懐疑心が十分に発揮されたかどうか」がますます重視されるようになるであろう。

公正不偏な態度あるいは「職業的専門家としての正当な注意」が欠如した場合の監査の失敗に対する監査人の法的責任については、第8章において詳説することにする。

リサーチの種

7-1 精神的独立性の欠如と故意

監査の失敗が生じた現実の世界においては、精神的独立性の欠如（監査の視点）＝故意（法の視点）という簡単な関係ではないようである。それは、監査人の側に精神的独立性が欠けていることが疑われている状況が強く認められていても、それをたとえば裁判の世界において「故意」として立証することは容易ではないからである。従来の監査書においては、上記の関係で精神的独立性を説明するのが一般的であったが、そのような理解では、現実の世界で起こる監査人の法的責任問題を十分に説明できないことを明らかにした監査研究がある。監査概念と法概念とのすり合わせの必要性が示唆されている。

7-2 監査上の独立性概念

本書では、監査上の独立性を精神的独立性（independence in mental attitude, independence of mind）と外観的独立性（independence perceived）という概念で捉えている。これに対して、アメリカの監査教科書では、independence in fact と independence perceived という軸で説明している場合（Arens et al. [2010] p. 87）もあれば、本書のように説明している場合（Whittington and Pany [2014] p. 73）もある。また、学術書（ASOBAC

[1973] pp. 16-17）では，"mental attitude" に加えて，"independence in fact and the appearance of independence in the eyes of users of the audited accounting information" を指摘している。independence in fact なる概念をどのように捉えたらよいのであろうか。

7-3　監査人の独立性に対する規制の効果と帰結

　近年，監査人の独立性に対する規制，特に，担当公認会計士の定期的交替や監査証明業務と非監査表明業務の同時提供を巡る自主規制（『倫理規則』などによる規制）が強化されている。こうした規制の強化によって，監査人の独立性は改善されているのであろうか。規制にはコストがかかる。そのコストを正当化するだけのベネフィットは生じているのであろうか。また，こうした規制の強化は，公認会計士のプロフェッショナリズムにどのような影響を与えているのであろうか。

参・考・文・献

American Accounting Association. 1973. *A Statement of Basic Auditing Concepts.* AAA.（青木茂男監訳・鳥羽至英訳. 1982. 『基礎的監査概念』. 国元書房.）

Arens, A. A., R. J. Elder, and M. S. Beasley. 2010. *Auditing and Assurance Services.* Upper Saddle River, New Jersey: Prentice Hall.

Whittington, O. R. and K. Pany. 2014. *Principles of Auditing & Other Assurance Services.* New York, New York: McGraw-Hill Irwin.

加藤一郎. 1977. 『不法行為法の研究』. 有斐閣.

鳥羽至英・川北博他共著. 2001. 『公認会計士の外見的独立性の測定―その理論的枠組みと実証研究』. 白桃書房.

鳥羽至英. 2010. 「ナナボシ粉飾決算事件訴訟判決の監査上の意義」『月刊監査役』. 565：38-61.

第8章

監査の失敗と監査人の責任

　監査人の責任は，典型的には，財務諸表についての虚偽証明があった場合に問われる。しかし，その場合であっても，当該虚偽証明が精神的独立性の欠如によるものであるか，それとも職業的専門家としての正当な注意の欠如によるものであるかによって，監査人の責任の内容と程度はおのずと影響を受ける。精神的独立性の欠如は，たとえば監査人の自覚（認識）のもとに不正な財務報告に加担し，あるいは不正な財務報告と知りながら虚偽の監査証明を行ったという形で現れ，基本的には，法律にいう「故意」の問題として扱われる。一方，職業的専門家としての正当な注意の欠如は監査人の側の「注意義務違反」であり，法律上の「過失」に相当する。公認会計士法第30条は，会計プロフェッショナルの法的責任を「故意」と「過失」の場合に分け，会計プロフェッショナルが精神的独立性を欠いた監査証明を行った場合には，特に厳しい法的責任を課している。以下の条文を参照し，故意と過失の場合に対する公認会計士の法的責任の違いを確認されたい（強調および括弧内著者）。

公認会計士法

第30条　公認会計士が，**故意に**，虚偽，錯誤又は脱漏のある財務書類を虚偽，錯誤及び脱漏のないものとして証明した場合には，内閣総理大臣は，前条②号（2年以内の業務の停止）又は③号（登録の抹消）に掲げる懲戒の処分をすることができる。

2　公認会計士が，**相当の注意を怠り**，重大な虚偽，錯誤又は脱漏のある財務書類を重大な虚偽，錯誤及び脱漏のないものとして証明した場合には，内閣総理

> 大臣は，前条①号（戒告）又は②号（2年以内の業務の停止）に掲げる懲戒の処分をすることができる。

本章では，財務諸表監査において，会計プロフェッショナルが関連法規のもとでいかなる責任を負うこととなるかを，監査の失敗に関係づけて説明する。

監査の失敗

「監査の失敗」という用語が，マスコミなどで独り歩きをしているように思われる。監査の失敗という用語の学術的定義が欠けているだけでなく，現実には，マスコミが粉飾決算を看過した会計プロフェッショナルの監査に対して一方的に貼った社会的レッテルとして使用されていることも背景にある。

このことに強い憤りを覚えている会計プロフェッショナルも多いのではないかと思われる。裁判での敗訴（損害賠償）や有罪が確定しない限り，「監査の失敗」という表現は使うべきではない，という主張がその根底にあるのであろう。当事者の立場に立てばわからないわけではないが，裁判所は被告たる会計プロフェッショナルのなした（あるいは，なさなかった）特定の行為や判断に絞って，その違法性の有無を決定するのであり，当該被告が実施した財務諸表監査の質の評価に必ずしも十分に及ぶものではない。それゆえ，裁判において無罪が確定したからといって，当該財務諸表監査の質に問題とされるべき（反省されるべき）ところが他になかったことを法的に評価・決定したものではない。

本書においては，「監査の失敗」なる概念を，財務諸表に重要な虚偽表示があるにもかかわらず，監査という機能が十分に働かず結果として無限定適正意見の表明を許してしまった状況，と定義する★8-1。監査の失敗を，当該監査に従事した会計プロフェッショナルの法的責任の有無だけに結びつけず広義に捉

えるのは，会計プロフェッショナルに対して類似の状況に対する注意や警報を与えることによって監査手続面での強化を，そして場合によっては，財務諸表監査のあり方（たとえば監査基準）そのものの見直しを促すためである。それゆえ，会計プロフェッショナルの法的責任の有無が明らかにされることなく，関係者間で和解された場合であれ，マスコミ報道の対象には至らなかったものの，その一歩前の「ヒヤリの状況」として会計プロフェッショナル自身が認識した場合であれ，そこにおいて関係者（とりわけ会計プロフェッショナル）が適切ではなかった，あるいはもっと注意して実施すべきであった，と認識するような監査の状況があった場合には，それらをすべて含めて，本書では「監査の失敗」として扱うこととする。財務諸表監査の質は，基本的には，会計プロフェッショナルが下す監査判断の質の問題にほかならず，しかも，その判断の良し悪しが外からはほとんどみえない以上，会計プロフェッショナルには監査判断に対して最大限の「省察的行為」（Schön［1983］）が求められなければならないからである。

　監査の失敗を以上のように広義に定義しても，外部の第三者が知ることのできる監査の失敗は極めて限られている。監査の失敗を知る機会は以下の3つの場合であるが，そこで知りうる監査の失敗の内実は，監査の失敗についての説明や分析がどの程度詳細に提供されているかによって大きく影響を受ける。

① 訴訟において会計プロフェッショナルの法的責任の有無を決定する形で取り上げられる監査の失敗
② 監督官庁による行政処分の対象となる監査の失敗
③ 職業倫理規則に触れる問題（自己規制の問題）として，会計プロフェッショナルの道義的責任が問われる監査の失敗

　①の監査の失敗は判決を通じて明らかにされる。判決は監査の失敗と会計プロフェッショナルの責任との間の関係を正面から取り上げた最も重要な情報源である。しかし，裁判は特定の争点をめぐっての両当事者の攻防であり，その

第8章　監査の失敗と監査人の責任

結果下される判決は財務諸表監査の質全体の是非を丁寧に取り上げたものであるとは限らない。また，わが国の法的環境のもとでは，この情報源は限られている。

②は監督官庁から公表される処分に関する通牒である。金融庁が公表している「監査法人の処分について」は，SEC の『会計・監査執行通牒』と比べると，残念ではあるが，情報量の点で見劣りがする。金融行政の透明性と信頼性を高めるためにも，監査判断の不十分さに具体的に切り込むことのできる体制の整備を期待したい。現状は，次の③とともに，問題とされた監査判断がなされた背景の記述がなく，また記述が圧縮されすぎており，処分とその法的な理由づけの記述に重点がおかれすぎているように思われる。

③は日本公認会計士協会が行う懲戒処分によって明らかになる監査の失敗である。会員に対する懲戒処分を行った場合，協会は，その旨を会報や会員専用ウェブサイト等で公示するが，その情報にアクセスできるのは会員である会計プロフェッショナルに限定されている。懲戒処分の種類および内容によって社会的影響が大きいと認められる事案などには，懲戒処分があった旨が社会一般にも公表されることがある。しかしながら，この場合でも公表期間は一定期間に限られており，必ずしも十分な情報公開がなされているとは言いがたい。

いずれにしても，監査の失敗は財務諸表監査の質に大きく関係するだけに，監査の失敗が明らかになった場合には，その事実と関係者の処分のみに囚われるのではなく，監査用役（財務諸表の信頼性の保証）の公共財としての性質を重視し，監査の失敗が監査業務のどの部分に関連して，なぜ生じたかを分析・検討し，その後の監査の実施に反映させるための努力を払うことが肝要である。

2 財務諸表監査における監査人の責任の枠組み

監査人の責任は，会計プロフェッショナル（監査人）の側に，法律（他律規範）や倫理規則（自律規範）に違反した不適切な行為が具体的にあった場合に

■図表8-1　会計プロフェッショナルの責任と監査関係者

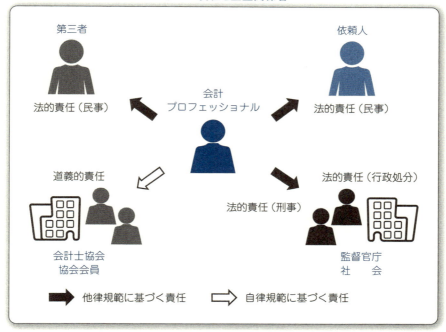

おいて，その行為が及ぼした経済的影響，社会的影響，そして会計プロフェッションに対する影響が総合的に勘案されて決定される。会計プロフェッショナルが職業上の義務に違反した場合には，関係者に対して種々の責任を負わなければならない。とりわけ自己のなした虚偽証明に対しては，監査契約の当事者（被監査会社），第三者（投資家を含む利害関係者），社会（監督官庁），および会計プロフェッション（日本公認会計士協会とその会員）に対して責任を負っている。会計プロフェッショナルが関係者に対して負うべき責任の態様は一様ではない（図表8-1）。会計プロフェッショナルが会計プロフェッションに対して負う道義的責任については，第3章第5節「監査業務審査会と綱紀審査会」で触れているため，以下では，それ以外の法的責任について個別に取り上げて説明する。

第**8**章　監査の失敗と監査人の責任

依頼人（契約当事者）に対する法的責任（民事責任）

　依頼人は契約当事者であり，会計プロフェッショナルの高度な専門的知識と豊富な実務経験に支えられた独立的で客観的な判断や助言を期待して監査を依頼し，その対価として報酬（監査報酬）を支払う。換言すれば，会計プロフェッショナルは依頼人のかかる期待に応えるべく，監査契約を誠実に，かつ，注意深く履行し，職業上の任務を果たさなければならない。それゆえ，会計プロフェッショナルが監査の依頼人との間で締結した監査契約に違反する行為をなし，それによって当該監査の依頼人に経済的損害を与えた場合には，その損害を償う損害賠償責任を負わなければならない。

　状況によって異なるが，会計プロフェッショナルは，(1) 公正不偏の態度（精神的独立性）を保持しなかった場合，(2) 職業的専門家としての正当な注意を怠った場合，あるいは (3) 契約当事者からの信頼を失墜させる重大な行為を犯した場合には，依頼人が被った経済的損害を償わなければならない。これが依頼人に対する**民事責任**である。多くの場合，依頼人は当該会計プロフェッショナルを民法第415条（債務不履行：契約違反）に基づいて訴えるであろうが，民法第709条の不法行為に基づいて訴えることも可能である。図表8-2を参照されたい。

　財務諸表監査にかかる監査契約（契約約款を含む）には，通常，「一般に公正妥当と認められる監査の基準に準拠して監査を実施する」旨が明示されている。したがって，会計プロフェッショナルが故意または過失により「一般に公正妥当と認められる監査の基準」に準拠した監査を実施していなかった場合には，それによって依頼人が被った損害は回復されなければならない。故意による準拠違反は極めて稀であるが，過失による準拠違反と法的責任追及にはたとえば，次のような場合が考えられる。

　第1に，不適切な監査計画の策定，重要な監査手続の省略，不適切な試査判断，不十分な補助者の指導・監督などが原因で，財務諸表の重要な虚偽表示を検出できず，結果として虚偽の監査証明を行った場合である。もっとも，財

150

■図表8-2　財務諸表監査における会計プロフェッショナルの民法上の責任

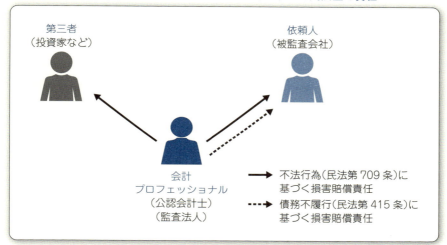

務諸表の重要な虚偽表示に対して第一義的な責任を負うのは経営者であり，それゆえ，その経営者が重要な虚偽表示（粉飾決算を含む）を看過した会計プロフェッショナルに対して民事責任を追及するという事態は考えにくい。

しかし，その会社が倒産し，経営が破産管財人の手に委ねられた場合には，破産管財人が会社を代表する機関となる。その場合には，会社（破産管財人）が会計プロフェッショナルに対して損害賠償責任を追及するということはありうるし，現実に起こっている（山一證券［1997］，ナナボシ［2008］）。

とはいえ，適正な財務諸表を作成する第一義的責任が経営者にあることに変わりはない。会計プロフェッショナルが重要な虚偽表示を看過し，結果として虚偽証明を行ったとしても，経営者は自らが本来負うべき責任部分を免れえない。監査人の法的責任の大きさを判断する際には，そのことが当然勘案され，**過失相殺**[1]　という考え方で会計プロフェッショナルの責任は軽減されること

1）契約当事者である被監査会社が会計プロフェッショナル側の過失を理由に訴える場合，**過失相殺**が働く場合がある。たとえば粉飾決算による財務諸表の虚偽表示が問題となった

第8章　監査の失敗と監査人の責任

になる。

　第2に，合併もしくは企業買収（M&A）を計画している企業からM&A候補企業の財務諸表の監査を依頼された監査人が，被監査会社（M&A候補企業）の財務諸表の重要な虚偽表示を看過した場合である。この場合にも，重要な虚偽表示の見逃しが監査基準に準拠しなかったことを原因とするものであれば，損害賠償を監査の依頼人から求められることは当然ありうるであろう。合併比率が影響を受けていることもありうるからである。

　第3に，監査基準に準拠せず粗雑な監査が行われたために，役員や従業員による巨額な財産不正（横領）が検出されず，被監査会社に財産上の損害を与えた場合である。この場合においても，財務諸表監査に従事している会計プロフェッショナルが損害賠償責任を負うことはありうる。その根拠は，会計プロフェッショナルが監査基準に準拠した監査を行わなかったことによる債務不履行（民法第415条）である。しかし，会社財産を財産不正から保全することは，本来，経営者の受託責任（内部統制）にかかる問題であり，その意味において経営者側にも過失がある（過失相殺）。

　第4に，守秘義務への抵触により依頼人の重要な機密事項を漏洩したことにより，あるいは，監査調書の管理が不十分であったために監査調書が盗難にあったことにより，結果として，被監査会社に損害を与えた場合である。このような場合も，状況によっては，監査の依頼人に対して不法行為による損害賠償責任を負わなければならない。

場合には，第一義的には，虚偽の財務諸表を作成した（粉飾決算を行った）責任は監査の依頼人である会社（代表取締役社長・代表執行役社長）にある。したがって，監査人が「過失」によって重要な虚偽表示を検出できなかったとしても，それに対する責任は会計プロフェッショナルが100%負うべきものではなく，しかるべき部分は軽減されるべきである。これが**過失相殺**である。平成20（2008）年4月18日，監査法人（トーマツ）と監査契約関係にあった会社（ナナボシ）の民事再生管財人が約10億2,000万円の損害賠償を求めた事案の第一審判決（大阪地裁）があった。裁判所は会社側の過失相殺を大幅に認め，支払うべき損害賠償額を約2,100万円に減額した（その後，平成20（2008）年10月28日に4,000万円にて和解）。

第三者に対する法的責任（民事責任）

　会計プロフェッショナルは，監査の依頼人に対して，監査契約に基づく法的責任を負うことになるが，同時に，監査の依頼人に提出された監査報告書は財務諸表に添付されて第三者の利用に供されることから，この第三者に対しても責任を負う。ここにいう「第三者」とは，重要な虚偽表示があるにもかかわらず，それを知らず，会計プロフェッショナルが表明した無限定適正意見に依拠して財務諸表を利用した投資家，債権者，および取引先といった（善意の）利害関係者を意味している。監査人たる会計プロフェッショナルと財務諸表利用者との間には契約関係は存在しないが，第三者（とりわけ，投資家）保護を図るため，金融商品取引法は，有価証券届出書・有価証券報告書に記載された財務諸表（連結財務諸表・個別財務諸表）および内部統制報告書に対して虚偽証明を行った会計プロフェッショナルについて，第三者に対する法的責任（損害賠償責任）を定めている（金融商品取引法第21条第1項③号）。

　たとえば，証券市場で株式売買を行っていた投資家（第三者）が，投資先企業の発行した財務諸表に重要な虚偽表示があるにもかかわらず，当該財務諸表は適正であるとの虚偽証明を行った会計プロフェッショナルに対して損害賠償責任を追及する場合には，前述の一般法（民法）によらず，金融商品取引法によるのが通常であろう。挙証責任が原告（第三者）から被告（会計プロフェッショナル）に転換されるという便益を享受できるからである（金融商品取引法第21条第2項②号）。挙証責任の転換について項を改めて説明する前に，以下でまず，金融商品取引法第21条の関連部分を確認されたい（強調著者）。

> **金融商品取引法**
>
> 第21条　有価証券届出書のうちに重要な事項について虚偽の記載があり，又は記載すべき重要な事項若しくは誤解を生じさせないために必要な重要な事実の記載が欠けているときは，次に掲げる者は，当該有価証券を募集又は売出しに応じて取得した者に対し，記載が虚偽であり又は欠けていることにより生じた損害を

賠償する責めに任ずる。

……略……

③　当該有価証券届出書に係る第193条の2第1項に規定する監査証明において，当該監査証明に係る書類について記載が虚偽であり又は欠けているものを虚偽でなく又は欠けていないものとして証明した公認会計士又は監査法人

……略……

2　前項の場合において，次の各号に掲げる者は，当該各号に掲げる事項を証明したときは，同項に規定する賠償の責めに任じない。

……略……

②　前項第③号に掲げる者　同号の証明をしたことについて故意又は過失がなかつたこと。

挙証責任の転換

　公正不偏の態度や職業的専門家としての正当な注意は，いずれも『監査基準』に明示された規範概念であり，「公正不偏の態度が欠如していたこと」や「職業的専門家としての正当な注意が欠けていたこと」は，『監査基準』に準拠して監査が行われなかったことを意味する。しかし，監査人の法的責任を追及するというのであれば，そのことを具体的事実として立証しなければならない。その立証責任は訴訟を起こした原告にある。これが原則である。したがって，会計プロフェッショナルに対して法的責任を追及する場合には，それが民事責任であれ刑事責任であれ，提訴側（原告）が被提訴側（被告ないし被告人）に法律違反事実があったことを立証しなければならない。これを**挙証責任**という。訴訟手続の原則に従い，提訴側は次の3点を立証する義務を負う。

①　監査人側に，故意または過失による特定の「債務不履行」ないし「不法行為」があること

②　経済的な損害を被ったこと（実際に被った「損害の実額」であり，「逸失利益」は含まれない）

③　①と②に因果関係があること

　監査契約の当事者である被監査会社が，監査人の行為に契約不履行もしくは不法行為があったことを立証する資料を揃えることは困難なことではない。会社の会計担当者は監査人の日々の監査手続の状況などを観察しているはずであるし，訴訟に際しては，監査契約の当事者として監査調書をコピーすることが可能である。それゆえ，被監査会社が会計プロフェッショナルを相手取って訴訟を起こす場合には，そのための挙証責任は原告たる会社側が負わなければならない。行政当局（金融庁）が会計プロフェッショナルを告発する場合も同様である。金融庁は，会計プロフェッショナルの業務の質や状況を判断するための情報を有しており，また必要であれば，資料などの提出を命令することができる（金融商品取引法第193条の2第6項）。

　対して，会計プロフェッショナルと契約関係にない第三者が，監査人の側に「故意または過失による虚偽証明」があったことを立証することはほとんど不可能である。会計プロフェッショナルの法律違反を立証するための資料（監査調書）を入手する術をまったく有していないからである。そして，そのことを放置している限り，重要な虚偽表示が含まれている財務諸表を信頼して利用した投資家，債権者，そして取引先などの利害関係者は救済されないこととなる。そこで，法律は，会計プロフェッショナルがなした虚偽証明に関しては，第三者が「虚偽証明は故意または過失によるものであること」を立証する必要はなく，それに代わって，会計プロフェッショナルの側が「故意または過失がなかったこと」を立証する義務を課した。これを**挙証責任の転換**という。先に引用した金融商品取引法（第21条第2項）における強調部分が挙証責任の転換を示している。もっとも，財務諸表監査が任意監査として行われた場合には，訴訟手続の一般原則に基づき，原告が挙証責任を負うこととなる。

社会に対する監査人の法的責任（刑事責任・行政処分）

　公認会計士が法律上負っている責任は民事責任だけではない。金銭による償

いだけではなく，「財務諸表監査に対する社会的信頼を失墜させた行為」と「社会に与えた影響の重大さ」に対する償いを，「当事者の自由を法によって拘束する」という形で当事者に求める。これが**刑事責任**である。

金融商品取引法では，企業内容開示制度関係者に刑事責任を認めた規定を第197条から第209条においている。注意すべき点は，重要な事項について故意による虚偽の記載のある有価証券届出書・発行登録追補書類・有価証券報告書・半期報告書・臨時報告書などを提出した者に対しては刑事責任が課されているが，公認会計士・監査法人に対する刑事責任を明示した規定はないことである。財務諸表に重要な虚偽表示があることを知りながら，そのことを監査意見に反映せず無限定適正意見を表明した会計プロフェッショナルに対して刑事責任を求めるという立場を，少なくとも金融商品取引法はとっていない。しかし，会計プロフェッショナルが不正な財務報告のスキーム自体を積極的に提案するなど，虚偽の財務諸表の作成を故意に幇助した場合には，たとえ金融商品取引法に関連規定がなくとも，一般法である刑法の適用があると考えてしかるべきである。

財務諸表監査に対する社会的信頼を失墜させた行為に対する法による償いを会計プロフェッショナルに求めるため，監督官庁が告発する場合には，裁判を通じて監査人の刑事責任が追及されることになる。刑事責任が課された場合，会計プロフェッションに与える影響は深刻である。それは，そのような事態が頻繁に起こると，会計プロフェッショナルによる監査証明業務に対する社会の信頼を大きく損なうだけでなく，会計プロフェッションに対して監査証明業務の独占権を与えた社会選択の是非の問題にも火をつけかねないからである。会計プロフェッショナルの刑事責任が問われることは稀であるが，過去においてないわけではない（三田工業［1998］，フットワークエクスプレス［2001］，キャッツ［2004］，カネボウ［2005］）。

さらに，監督官庁（金融庁）が，所轄法令に違反した行為に関連して，会計プロフェッショナルに対して行政処分を課す場合もある。公認会計士個人の場合には戒告，業務停止，または登録抹消の懲戒処分（公認会計士法第29号と第

30 条）が，監査法人の場合には戒告，業務改善命令，業務停止命令（業務の全部または一部），または解散命令の懲戒処分（公認会計士法第 34 条の 21 第 2 項）に加えて，課徴金納付命令（公認会計士法第 34 条の 21 の 2）がある。

　懲戒処分が個人の場合に戒告，監査法人の場合に戒告・業務改善命令の段階にとどまっているうちはよいが，業務停止に至った場合には，事態は深刻である。監査法人の場合には，金融商品取引法監査のほか，会社法監査や学校法人監査などの法定監査に関与しているだけでなく，数多くの任意監査にも関与していることが予想される。金融商品取引法監査と会社法監査は同一の監査法人により実施されるのが通常であるが，監査の失敗を含む不祥事が金融商品取引法監査に関連して生じ，同法違反が原因で業務停止処分を受けた場合でも，業務停止は公認会計士法のもとで実施する「財務書類の監査証明業務」の一部または全域に及ぶこととなる。したがって，たとえ業務停止期間が短期間であったとしても，事実上は，金融商品取引法監査に限らない，他の監査証明業務からの撤退を余儀なくされる可能性がある。その意味で，業務停止命令は，業務停止期間の長さに関係なく，会計プロフェッショナルにとっては極めて厳しい行政処分となる。

　過去において，虚偽証明により監査法人に対する業務停止命令が下された事案としては，フットワークエクスプレス事件（瑞穂監査法人：2002 年 10 月 15 日付），カネボウ事件（中央青山監査法人：2006 年 5 月 10 日付），サンビシ事件（ビーエー東京監査法人：2007 年 11 月 22 日付），ゼンテック・テクノロジー・ジャパン事件（監査法人ウィングパートナーズ：2009 年 7 月 8 日付），RH インシグノ事件（監査法人ハイビスカス：2013 年 6 月 19 日付），東芝事件（新日本有限責任監査法人：2015 年 12 月 22 日付），およびメディビックグループ事件（アスカ監査法人：2017 年 9 月 22 日），ディー・ディー・エス事件（太陽有限責任監査法人：2023 年 12 月 26 日付）などがある。なお，瑞穂監査法人，中央青山監査法人，監査法人ウィングパートナーズは，すでに消滅している。

157

3　監査の失敗・監査人の法的責任・監査基準

　監査人の法的責任は，基本的には，故意による場合であれ過失による場合であれ，監査人が監査基準に準拠して監査を実施していたかどうかの認定を中心にして判断されると考えてよい。監査基準に準拠した監査を実施していなかったことが明らかな場合には，監査人を救う道は監査人自身がすでにふさいでしまった，とみてよい。とりわけ故意による虚偽証明がなされた場合には，監査人が救われる術はない。

　虚偽証明が過失による場合においては，職業的専門家としての正当な注意を行使して監査が行われていたかどうかが問題とされる。監査基準は，会計プロフェッショナルが財務諸表監査を実施する際に必ず準拠しなければならない監査規範であり，しかも，この基準において，注意の標準として「職業的専門家としての正当な注意」が明示されているからである。監査人の責任は，何よりも先に，監査基準に準拠して監査が行われていたかに照らして決定されることとなる。

責任基準としての「一般に公正妥当と認められる監査の基準」の法的有効性

　「一般に公正妥当と認められる監査の基準」は，本質的には，監査人が負うべき責任の範囲を示す責任基準（免責基準）としての意味をもつ。会計プロフェッショナルが，監査プロセス全体にわたって「一般に公正妥当と認められる監査の基準」に準拠して監査を実施し，また，そのことを監査調書のレビューや審査などを通じて確かめるのは，「一般に公正妥当と認められる監査の基準」に準拠して監査が実施されていたかどうかが法的責任の有無を実質的に決めてしまうからである。

　問題は，「一般に公正妥当と認められる監査の基準」に準拠していれば，法的な意味での「過失」はなかったものと当然に推定されるのかという点である。

「過失はない」と考えたいのが監査に従事する会計プロフェッショナルの立場であろう。一方，この問いに対して，「過失はない」と言い切らないのが法の立場であろう。それゆえ，監査基準に準拠していたことが立証されれば，監査人の法的責任が問われることはない，との一般的な結論を導くことはできない。状況によっては，監査基準そのものの有効性も，裁判所が判断する対象となりうる。

したがって，「一般に公正妥当と認められる監査の基準」に準拠していたことは，監査人が法的責任を追及されないための必要条件ではあるが，十分条件とはみなされない場合もある，と考えるのが妥当なのかもしれない。監査基準と法的責任の枠組みとの関係を明確にするための取り組みや基礎研究があってもよいように思われる。

4　本章のまとめ

高度な専門知識をもつ会計プロフェッショナルといえども，さまざまな要因が複合的に重なりあい，監査は時に失敗する。監査の失敗が発生した時，会計プロフェッショナル側の業務（行為）に非があったことに対して，当該会計プロフェッショナルが法律上のしかるべき責任を負うことは当然である。

しかし，監査資源には監査報酬という経済的制約があり，また，監査報告書の提出までには時間的制約もあるところから，会計プロフェッショナルたる監査人にとっては，専門職業上の義務が全うされたものとみなされる法的境界がどこであるかは極めて重要な関心事であろう。重要なことは，監査人の責任は過失責任であって，無過失責任ではないということである。すなわち，重要な虚偽表示のある財務諸表について，虚偽表示はないとの監査証明をしたことだけで，理由に関係なく法律上の責任がある，という意味での「結果責任」ではない。

会計プロフェッショナルの側に法的責任が認められるかどうかは，監査のプ

ロセスにおいて,「一般に公正妥当と認められる監査の基準」に準拠して監査
が実施されたかどうかにかかっている。故意に準拠違反し,財務諸表を虚偽証
明した場合,当該会計プロフェッショナルに対する民事・刑事上の法的責任追
及,および行政処分は避けられない。そのような監査の失敗が起きることは極
めて稀であるが,わが国の財務諸表監査の歴史において前例がなかったわけで
はなく,会計プロフェッショナルに対する責任の問題を超えて,財務諸表監査
に対する社会的信頼に計り知れないほどの失墜をもたらすことを歴史は示して
いる。

　他方,過失による準拠違反があったかどうかは,会計プロフェッショナル
が,職業的専門家としての正当な注意を行使して監査を行っていたどうかが,
監査基準に照らして争われることになる。その際,監査人の責任について防御
を与えるものが「一般に公正妥当と認められる監査の基準」である。そのなか
でも中核に位置する『監査基準』と監査実務指針は,会計プロフェッショナル
が財務諸表監査において負うべき責任の範囲を示した責任基準であり,またそ
れらに準拠して監査を実施していれば責任は問われないという意味での免責基
準であるはずである。会計プロフェッショナルは,監査プロセス全体にわたっ
て「一般に公正妥当と認められる監査の基準」に準拠した監査を行い,そのこ
とを繰り返し確かめ,最後には監査報告書の監査意見の根拠区分において「当
監査法人は,わが国において一般に公正妥当と認められる監査の基準に準拠し
て監査を行った」ことを事実の記載として──すなわち,**過去形で**──明らか
にする。監査基準の意義とわが国におけるその体系について,改めて第 6 章
を参照されたい。

8-1 監査人の法的責任と監査基準

「職業的専門家としての正当な注意を払ったにもかかわらず,財務諸表の重要な虚偽表示を検出できなかった場合はどうなるのか」という疑問は,当然起こりうる。現行の監査理論の立場は,図表 7-3 で示されているように,「職業的専門家としての正当な注意を行使すること」と「一般に公正妥当と認められる監査の基準に準拠していること」とを同義に捉えている。それゆえ,上記の問題提起は,監査人の法的責任は監査基準の遵守によって防御できるか,という本質的問題に帰着する。限られた範囲の文献と米国連邦証券諸法の枠内ではあるが,監査人の法的責任はこれまでのところ監査基準に照らして判断されてきたように思われる。もし監査基準の遵守を超えて職業会計士の法的責任が問われるとすれば,職業会計士らは「無過失責任」を求められた,と反発するであろう。監査基準と監査人の法的責任に関して,広範囲に及ぶ丁寧な監査研究が俟たれる所以である。

参・考・文・献

Schön, D. A. 1983. *The Reflective Practitioner: How Professionals Think In Action*. Basic Books.(柳沢昌一・三輪健二監訳. 2007.『省察的実践とは何か:プロフェッショナルの行為と思考』. 鳳書房.)

鳥羽至英. 2010.「ナナボシ粉飾決算事件訴訟判決の監査上の意義」『月刊監査役』. 565:38-61.

第9章
監査プロセスとアサーションの意義

　監査は監査の依頼を始点とし，パイロット・テストを経て，監査契約の締結，監査計画の策定（アサーションの設定），そして証拠の入手・評価へと進み，最終的に監査報告書の提出をもって終点とする。この一連のプロセスを**監査プロセス**と呼ぶことにしよう。監査プロセスは，実際には，さらに具体的なサブ・プロセスから構成されるが，そこにおいて予定されている監査人の行動の内容や特徴に照らし，次の3つのサブ・プロセスに分けて理解するのが有効であろう（図表9-1）。

- 監査契約プロセス（監査契約を締結するかどうかを決定すること）
- 監査立証プロセス（監査計画の策定から証拠の入手・評価を経て，意見表明の基礎を確かめること）
- 監査報告プロセス（監査報告書原案の審査を経て監査報告書を作成すること）

　この3つのサブ・プロセスはもちろん相互に関連しているが，まずは監査プロセスの全体像を理解するために，それぞれのプロセスを独立したものと捉えて概説することにする。

　さらに本章では，監査立証プロセスにおける

■図表9-1　監査プロセス

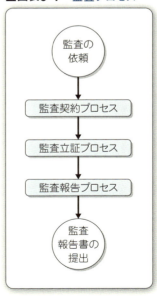

第9章　監査プロセスとアサーションの意義

重要な概念であるアサーションについて説明する。『監査基準』や財務諸表監査に関する研究書・学術論文には，アサーションにほぼ相当する用語（概念）がしばしば登場する。「立証命題」（要証命題）や「監査要点」なる用語がそれである。これまで，前者は監査理論を展開する際に，また後者は監査実務を説明する際に使用されてきた。大雑把にいえば（しかし，それは学術的ではない），それらを互換的に使っても差し支えないが，それぞれが意味する内容は必ずしも同じではない。

アサーションなる概念を中心として理解することは，財務諸表監査を可能な限り理論的に理解するうえで，また監査実務に従事するうえで必要である。アサーションの識別（選択）を誤ると，財務諸表の適否について誤った判断をしてしまうことも起こりうる。現実に，アサーションの識別が不適切な意見形成につながった事例がわが国において起こったことも忘れてはならない（ナナボシ［2008］）。

1　監査契約プロセス

監査プロセスは，会計プロフェッショナルが経営者から財務諸表監査の依頼を受けた時点を始点とする。経営者が会計プロフェッショナルに財務諸表監査を依頼する状況はさまざまである。経営者は，自発的に監査を依頼する場合もあれば（任意監査），金融商品取引法や会社法に代表される法律によって義務づけられていることを受けて依頼する場合もある（法定監査）。はじめて監査契約を締結した初年度の監査（初度監査）であろうと監査契約の更新がなされた年度の監査（継続監査）であろうと，監査プロセスは監査の依頼をもって開始される。

監査の依頼を受けた場合に，会計プロフェッショナルは監査を引き受けるべきかどうか(監査契約締結の是非)を判断する。依頼人が希望する特定日までに，一般に公正妥当と認められる監査の基準に準拠した財務諸表監査を，無限定適

正意見監査報告書の提出という形で完了させることができるかどうかを見極める必要がある。どのような意見が最終的に表明されるかは，監査手続の結果いかんではあるが，当初から意見不表明（意見拒否）が予想されるような状況や無限定適正意見以外の監査意見が予想されるような状況では，監査契約の締結は見送るべきであろう。財務諸表監査制度の本旨は財務諸表について無限定適正意見が表明される状況によって実現される，と考えるべきであるからであり，また，財務諸表の適正表示に第一義的責任を負うのは監査の依頼人である経営者自身であるからである。

監査人は，監査契約の締結に先立ち，監査契約を締結することによって監査人が抱え込むことになるリスク（**監査契約リスク**）を評価する。監査契約リスクを評価するために実施される調査を**パイロット・テスト**と称している。パイロット・テストは非常に重要である。初度監査は，監査人にとって監査リスクが非常に高い。初度監査の場合には，会社について監査人が蓄積した情報量があまりに少なく，またその経営状況を正確に，そして深く把握するために必要な時間が絶対的に不足しているからである。そのため，監査契約後早い段階で監査の失敗に結びついた例は少なくない（日本熱学工業［1974］，大光相互銀行［1978］，ヤオハンジャパン［1998］，プロデュース［2008］，エフオーアイ［2010］）。

監査契約に際して会計プロフェッショナルは，

① 経営者の経営哲学や経営方針
② コーポレート・ガバナンスの状況と経営者の誠実性
③ 会社の業種の特質，連結グループの状況，取引先関係
④ 会社（連結グループ）の採用している会計基準
⑤ 会社の内部統制や会計情報システム
⑥ 会社との間の「**著しい利害関係**」の有無
⑦ 監査報酬と監査時間
⑧ 監査手続に関する協力

などについて必要な情報を入手・評価し，また経営者との間で意見の交換（交渉）を重ね，依頼を受けた監査を引き受けてよいかどうかを慎重に判断する。

第9章　監査プロセスとアサーションの意義

ビジネス・リスクを重視した監査アプローチは，この段階でのパイロット・テストにも有効である。

　監査契約は，監査の依頼人と会計プロフェッショナルとの間の監査の実施に関する権利と義務を相互に確認し合意することである。監査契約においては，以下の3つがとりわけ重要である。

　第1は，監査人と被監査会社との間に関連法令が禁止する「著しい利害関係」が存在しているかどうかは，監査人の側で判定しなければならないことである。監査人が「独立の立場を損なう利害……を有してはならない」ことは，『監査基準』「第二　一般基準2」においても規定されており，さらに「著しい利害関係」については，公認会計士法，公認会計士法施行令，および公認会計士等に係る利害関係に関する内閣府令によって詳細に規制されている。

　この判定をせずに，あるいは不十分な判定しかなされずに監査契約を締結したため，法令の禁止する著しい利害関係が存在することが後日明らかになった場合には，会計プロフェッショナルは被監査会社に対して法的な責任（損害賠償責任）を負うことになる。この判定実務の重要性は近年増している。監査法人の合併あるいは被監査会社の側でのM&Aによって，会計プロフェッショナルと被監査会社との間の利害関係が変わりうるからである。

　第2は，監査契約を通じて，監査の主題——監査人の意見または監査人の結論が求められている立証の対象——が合意され，それが監査契約書に明示されることである。監査契約書は監査の依頼人と会計プロフェッショナルとの間での監査に関する合意事項を取りまとめたものであり，双方の代表者がそれに署名押印することにより発効する。それによって，両当事者は監査の円滑な実施に関して権利と義務を負うことになる。

　監査の主題は監査の依頼人が監査人に明示するものである。一方，監査立証プロセス（証拠活動）は，明示された監査の主題を受けて開始される。たとえば金融商品取引法監査において，監査の依頼人（経営者）が会計プロフェッショナルに求めている監査報告の対象は，経営者の言明としての財務諸表と内部統制報告書である。すなわち，金融商品取引法における監査の主題は言明であ

166

■資料9-1　金融商品取引法監査・会社法監査にかかる監査約款の例（一部抜粋）

監 査 約 款

第1条（監査の公共性）
　委嘱者と受嘱者は，監査の公共性を認識し，互いに協力して，信義を守り誠実に本契約を履行するものとする。

第2条（受嘱者の責任）
　受嘱者は，我が国において一般に公正妥当と認められる監査の基準に準拠して監査を行う。監査の基準で求められているとおり，受嘱者は，我が国における職業倫理に関する規定に従い，委嘱者から独立し，また，監査人としてのその他の倫理上の責任を果たすものとする。
2. 受嘱者は，受嘱者が実施した監査に基づいて，全体としての計算書類及びその附属明細書並びに財務諸表に不正又は誤謬による重要な虚偽表示がないかどうかについて合理的な保証を得て，監査報告書において独立の立場から財務諸表等に対する意見を表明する。虚偽表示は，不正又は誤謬により発生する可能性があり，個別に又は集計すると，財務諸表等の利用者の意思決定に影響を与えると合理的に見込まれる場合に，重要な虚偽表示であると判断される。

以下，省略

出所：日本公認会計士協会　法規委員会研究報告第16号「監査及びレビュー等の契約書の作成について」2019年3月29日。（強調著者）

り，具体的には財務諸表と内部統制報告書である。法定監査の場合には監査の主題は法律によって特定されている。

　第3は，「受嘱者（会計プロフェッショナル）は，我が国において一般に公正妥当と認められる監査の基準に準拠して監査を行う」旨が，監査契約書（監査約款）において明示されることである（資料9-1：強調著者）。この記載は，会計プロフェッショナルが実施した財務諸表監査に関連して依頼人に負うことになる法的な責任は，「一般に公正妥当と認められる監査の基準」によって与えられる枠組みにおけるものであることを明示しており，一方，経営者は「一般に公正妥当と認められる監査の基準」に準拠した財務諸表監査が実施されるように，会計プロフェッショナルに協力する義務を負っていることを含意して

いる。

 ## 監査立証プロセス

　監査の主題について会計プロフェッショナルが結論を出す（監査意見を表明する）には，その前に監査の主題に関して監査証拠を入手・評価することが必要である。すなわち，監査人が立証しようとする対象（アサーション）を識別し，それに適合した証拠を入手するとともに，その証明力を評価し，当該アサーションの確からしさについて監査人が信念（心証）を形成することが必要である。本書では，この一連の作業を**監査立証プロセス**と称する。

　監査立証プロセスの最終的な目標は，監査の主題について意見表明の基礎を得ることにある。それゆえ，財務諸表監査においては，監査の主題たる財務諸表について意見を表明するには，いかなる監査証拠をどの程度入手すれば十分であるのかについての判断が常に重要となる。監査人を取り巻く環境が厳しくなればなるほど，この判断は会計プロフェッショナルにいっそう重くのしかかる。

　監査立証プロセスは，一般的にいえば，
　①　監査計画を策定するための予備調査の段階
　②　監査手続を計画する段階（アサーションの設定）
　③　アサーションを立証するため，監査手続を実施して監査証拠を入手・評価する段階
　④　個々のアサーションの確からしさについて，信念（心証）を形成する段階
　⑤　意見表明の基礎（総合信念）を確かめる段階

に分けられ，それらは相互に関係を有する（図表9-2）。個々の段階についての詳細な説明は他章に譲るが，監査立証プロセスは，監査チーム（監査人および監査スタッフ）が従事する証拠活動の総称であり，監査プロセス全体の中核を

■図表9-2　監査立証プロセス

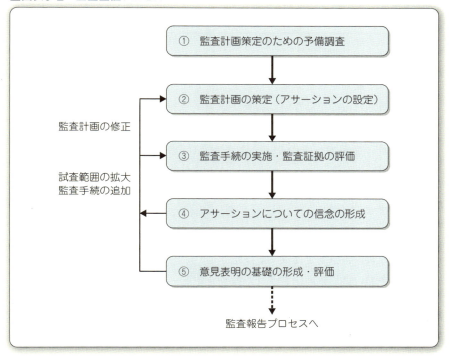

なす。監査立証プロセスの結果は次の監査報告プロセスのあり方を実質的に決定してしまうという意味において，財務諸表監査の成否を左右する最も重要なプロセスである。監査資源（監査時間）の大部分は監査立証プロセスにおいて費消され，また監査スタッフの指導・監督の大部分もこの段階で行われる。監査スタッフの入手した証拠や実施した分析の結果は**監査調書**（医者のカルテに相当する）と呼ばれる文書にまとめられ，最終的には監査意見を表明する立場にある監査人に提出され，監査意見の形成に資することとなる。監査資源の制約のもとで，また監査を取り巻くさまざまな環境のもとで，監査人は監査意見の表明の基礎をどのように確かめるのであろうか。これがこの領域の中心的なテーマであり，監査証拠論と呼ばれる領域がこれに関係している。

第9章　監査プロセスとアサーションの意義

3　監査報告プロセス

　監査プロセスの最後は監査報告プロセスである。監査の主題についての監査人の意見は，監査立証プロセスの終了時点で直ちに形成され，そのまま監査報告書に記載されるのではない。監査立証プロセスで得られた結果を再度慎重に見直すとともに，いかなる監査意見を選択し，それをどのような文言を使って監査報告書に記載すべきかを，監査立証プロセスとは別のプロセスで検討する。これが監査報告プロセスである。この監査報告プロセスも，たとえば次のような複数のサブ・プロセスで構成されると理解することができる（図表9-3）。

① 監査報告書原案を作成する段階
② 監査報告書原案に記載された監査メッセージの適否を，とりわけ，選択された監査意見の是非およびその根拠を，当該監査チームの業務に直接関与していない審査担当者（engagement quality reviewers）が深度ある審査を行い承認する段階
③ 監査報告書の文言を再度検討し，署名・押印して監査の依頼人に提出する段階

 Coffee Break　　**監査チーム**

　監査チームは，とりわけ監査法人内において，監査契約ごとに組織された監査人と監査スタッフの集団である。監査人とは監査報告書に記載される業務執行社員（パートナー）をいい，個々の監査契約に対して実質的な責任を負っている。監査スタッフとは監査人を支える実働部隊であり，通常，マネジャーを筆頭に，シニア，そしてジュニアと呼ばれるスタッフから構成される。各名称は監査法人によって異なる。

■**図表9-3　監査報告プロセス**

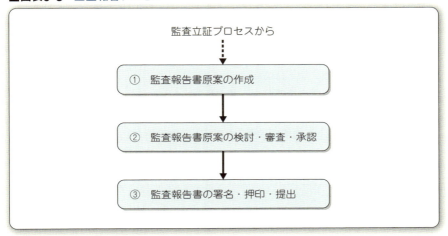

　監査報告プロセスのなかで最も重要な段階は，②の審査担当者によるレビューの段階であろう。これは，当該監査チームとは別の監査法人内部の審査担当者によって行われる監査結果に対する総括レビューであり，実施された監査全体の質と監査の結果に対する監査法人としてのチェックである。審査担当者の承認を得なければ，監査人は監査報告書を被監査会社に提出することはできない。なお，監査業務に関する審査は，品質管理基準報告書第2号「監査業務に係る審査」によれば，審査担当者による審査方式（第三者審査方式）が原則であるが，審査担当者を選任しない場合には，合議制による審査方式も認められている。

　『監査基準』（令和2［2020］年11月6日）の「第二　一般基準」および「第四　報告基準」では，次のように規定されている。

『監査基準』「第二　一般基準」
6　監査人は，自らの組織として，全ての監査が一般に公正妥当と認められる監

査の基準に準拠して適切に実施されるために必要な質の管理(以下「品質管理」
という。)の方針と手続を定め，これらに従って監査が実施されていることを
確かめなければならない。

『監査基準』「第四　報告基準」一　基本原則

5　監査人は，意見の表明に先立ち，自らの意見が一般に公正妥当と認められる
　監査の基準に準拠して適切に形成されていることを確かめるため，意見表明に
　関する審査を受けなければならない。この審査は，品質管理の方針及び手続に
　従った適切なものでなければならない。

　監査の質（保証の水準）は，同一の監査法人においては，監査担当者が誰で
あるか，被監査会社がどこであるか，新規の監査顧客であるかどうかにかかわ
らず，一定に維持されていなければならない。換言すれば，同一の監査法人に
おいて，個々の監査人が達成する財務諸表監査の質に違いがあってはならない
のである。一定水準の監査の質を担保するために実施されているのが，監査法
人による監査業務の品質管理である。

　意見表明に関する審査は，表明される監査意見や監査報告書に過ちがないよ
う，当該監査契約の監査責任者（業務執行社員）だけに監査報告実務を任せる
のではなく，監査意見の選択や監査報告書の記載文言に誤りがないよう，その
監査業務に関与していない適格な審査担当者が監査責任者の監査の結果と結論
を客観的な立場から吟味することを内容とする。これが不可欠なのは，監査立
証プロセスにおいて，判断ミス・思い過ごし・見落としなど，人間的な属性に
起因したミスが起こらないとも限らないからである。この審査は，監査人個人
を組織として支援し，かつ監査人個人の限界を組織として補完するという側面
を有している。監査法人の場合には，監査報告書に監査法人の代表権を有して
いる公認会計士が署名していることから，審査は法人として当該監査意見に責
任を負っていることを対外的に明らかにするという意味も有している。

　この審査プロセスが正常に機能するためには，監査責任者が直面した監査上

の問題がすべて「審査」に付されていることが前提である。監査責任者によって重要な問題が秘匿された場合には，審査の底はすでに抜けている。特定の監査責任者がすべての問題を抱え込み苦しむという状況を生じさせないようにするためにも，また，監査責任者に治外法権を許さないようにするためにも，監査法人は，組織としてどのような審査体制を図るべきかという問題に真剣に取り組む必要がある。それは，監査法人の内部統制の問題にほかならない。

第三者審査の重要性にもかかわらず，過去において一部の監査法人が，審査担当者による審査，合議制による審査のいずれも実施していなかったとして，金融庁による行政処分を受けるという事態が発生した。このような極めて深刻な事態が起これば，会計プロフェッショナルによる財務諸表監査に対する社会の信頼が高まるはずはなく，行政による規制をただただ強めることになる。

アメリカにおいても，SEC は，監査意見に対する責任は監査責任者と審査担当者の共同責任であるという考え方のもとに，審査担当者に対する処分も行ってきている（その嚆矢は Accounting and Auditing Enforcement Releases (AAER) No. 448［1993］および No. 964［1997］）。

④ 監査立証プロセスとアサーション

監査人が財務諸表についての意見を形成するには，その適否について十分かつ適切な証拠に基づいて合理的な信念（心証）を形成することが必要である。監査人が意見形成の基礎を得るには，監査計画を策定して監査人が立証しようとするアサーションを設定すること，アサーションに適合する「立証の材料」を入手・評価し，その立証の材料を用いて何らかの「照合の手段」を適用するとともに，その状況および結果を監査調書に記録すること，監査手続の結果得られたアサーションについての監査人の信念が当該状況のもとで適切で合理的なものであるかを評価すること，そして監査人が設定したすべてのアサーションの確からしさについて監査人が形成した信念が財務諸表全体の適正表示につ

第9章 監査プロセスとアサーションの意義

いての意見の表明を支えるのに十分であるかどうかを総合的に評価すること，という段階を順に経なければならない。

監査人が財務諸表の適正表示について正しい監査意見を表明するためには，上記のプロセスの各段階において適切な監査判断がなされていなければならない。と同時に，監査立証プロセスの起点は「アサーションの設定」であることから，しかるべきアサーションが設定されなかった場合あるいは不適切なアサーションが設定された場合には，そのあとで実施される監査手続はおのずとその影響を受け，場合によっては誤った方向に向かって立証活動が行われることとなる。

アサーション――定義

アサーションは，言語学に従えば，「真偽を決定することのできる文」と定義される。しかし，会計・監査の世界においては，厳密な意味での「真偽」ではなく，「確からしさの程度」が問題となることから，やや緩めて理解する必要がある。監査人の立証活動は証拠に基礎をおくものであり，論理に基づく真

 Coffee Break　監査判断について

監査判断に影響を与える要因として，これまでの説明では「確立された規準」や「精神的独立性」が言及されてきた。しかし，もちろん，それだけではない。むしろさまざまな内的要因や外的要因が監査人の判断プロセスやその結果に複雑に影響を及ぼす。監査判断の失敗が監査の失敗につながる主要因であることは想像するに難くないが，監査判断の内実についてはわが国の監査研究ではこれまであまり取り上げられてこなかった。内藤［1995］と福川［2012］の研究書があるにすぎない。各著書の発表時期には相当の開きがあるし，監査判断に対するアプローチにも大きな違いがある。前者は概念研究であるのに対し，後者は実証研究である。監査人の内的過程（判断プロセス）を分析することは，いずれのアプローチを採用するにせよ，やさしくはないが，両アプローチの新たな統合を含め，この分野には大きな研究機会がある。

理値（真か偽）を決定するものではないからである。

　ここで重要なことは，監査上のアサーションは確からしさの程度を決定することのできる文形式——主語と述語からなる文——で表現される，ということである。それゆえ，感嘆文はもとより，疑問文もアサーションにはなりえない。たとえば「貸借対照表に記載されている売掛金の期末残高は，実在している営業債権である。」はアサーションである。一方，「営業債権の実在性」は，監査要点であり監査人の立証上の狙いどころを意味しているが，文形式ではないためアサーションとはいえない。「貸借対照表に記載されている売掛金の期末残高は，実在している営業債権であるか。」も疑問文であることからアサーションではない。監査要点はわかるが，この文自体の確からしさを決定することはできないからである。「貸借対照表に記載されている売掛金の期末残高は実在していない。」は否定文形式で示されているが，それ自体はアサーションであり，また立証上の狙いどころも明らかである。しかし，この種のアサーションを財務諸表監査において認めてよいか，認める場合の理由は何かという，少し本質的な問題がある。

アサーション——『監査基準』における監査要点との関係

　財務諸表監査において立証の対象として設定されるアサーションとは，財務諸表の表示（項目と金額）が含んでいる会計上の意味であり，それは経営者による**会計上の主張**である。しかし，アサーションが経営者の会計上の主張であるといっても，現実には，経営者は財務諸表に含められた「会計上の意味」を監査人に対して個々に具体的に示しているわけではない。そこで，監査人が，経営者の視点に立って，かつ，一般に公正妥当と認められる企業会計の基準に照らして，「このような会計上の主張を行っているはずである」と考えて識別するのである。それゆえ，いかなるアサーションが識別されるかは，基本的には「一般に公正妥当と認められる企業会計の基準」によって影響を受けることとなる。「一般に公正妥当と認められる企業会計の基準」が示す「会計上の意味」（アサーション）については，たとえば『監査基準』「第三　実施基準」（一

第
9
章

175

基本原則 3）が「監査要点」という用語を使って，
- ・実在性
- ・網羅性
- ・権利と義務の帰属
- ・評価の妥当性
- ・期間配分の適切性
- ・表示の妥当性

等を識別している。

　監査人がいかなる監査証拠を入手し，また，いかなる監査技術を適用するかは，基本的には，アサーションの意味する内容によって決定される。アサーションの意味する内容こそが，監査人が監査手続を選択・適用する際の立証上の狙いどころ（audit objectives）となるところから，『監査基準』はアサーションに代えて「監査要点」という用語を用いている。「実在性」，「網羅性」，「期間配分の適切性」，「表示の妥当性」等がその例である。すでに説明したように，監査要点はアサーションではない。無論，監査要点や監査目標なる概念は，監査人が財務諸表について意見を表明するために確かめなければならない対象（立証の対象）に関係しており，監査人の視点を反映した概念である★9-1。

5　財務諸表と立証の対象としてのアサーション

　財務諸表とは，経営者が，企業の事業活動に関連して生起した取引（経済的事象）を，会計ルール（一般に公正妥当と認められる企業会計の基準）に準拠して認識・測定・表示するというプロセス（**会計プロセス**）を経て作成したアウトプットであり，経営者の言明である。会計プロフェッショナルが従事する財務諸表監査は会計プロセスのアウトプットとしての財務諸表を監査の主題とする（図表9-4）。財務諸表の表示（項目と金額）には経営者の会計上の主張が含まれており，これがアサーションにほかならない。監査人は財務諸表に含ま

■図表9-4　会計プロセス・言明・アサーション

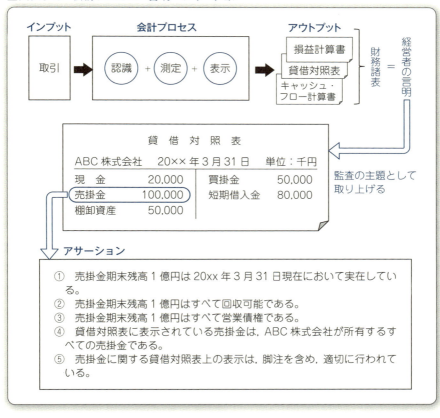

れているアサーションを識別し，それを監査手続によって裏づけ，当該アサーションについての信念を形成する。これが監査人の従事する立証活動の基本的内実である。では，財務諸表にはどのようなアサーションが含まれているのであろうか。以下，順を追って，アサーションの態様について説明する。図表9-4を参照されたい。

　アサーションは監査人が立証する対象である。監査人の信念は個々のアサーションについて形成されるという意味において，アサーションは信念が形成される単位である。財務諸表の適正表示についての監査人の信念は，個々のア

第9章　監査プロセスとアサーションの意義

サーションについて形成された信念——これを本書では**個別信念**と呼ぶことにする——を基礎とするものであり，それを離れて，あるいはそれと関係ないところで形成されるのではない。なお，監査人の信念については，第12章において別個に取り上げることとする。

財務諸表レベルのアサーション

　図表9-4の上段は，財務諸表が会計プロセスを経て作成された経営者の言明であることを示している。中段は，監査人がこの財務諸表——図表9-4では貸借対照表が例示されている——を監査の主題として認識するレベルを示している。この貸借対照表にはいかなる経営者のアサーションが含まれているのであろうか。それは，「貸借対照表は一般に公正妥当と認められる企業会計の基準に照らして適正に作成されている。」である。しかし，監査人はそのアサーションを直接立証することはできない。それゆえ，貸借対照表の項目それぞれについて個別にアサーションを識別し，それを立証するというプロセスをとるのである。

財務諸表項目レベルのアサーション

　貸借対照表は資産・負債・純資産に関する会計上の主張の集合である。監査人が貸借対照表の適正表示を確かめるには，資産・負債・純資産に関する貸借対照表の表示（項目と金額）の会計上の意味を理解する必要がある。貸借対照表の各項目の表示の会計上の意味が必ずしも同じではないのは，各項目（金額）に関係する取引の認識・測定・表示に関して適用された会計ルールが異なるからである。説明するまでもないが，現金20,000千円の会計上の意味と売掛金100,000千円の会計上の意味とは同じではない。

　図表9-4の中段には，貸借対照表の表示の一部が示されている。「売掛金100,000 ^{千円}」が記載されているからといって，監査人はこの言明を直接立証する，と理解してはならない。監査人が立証しようとする対象は経営者が「売掛金100,000 ^{千円}」に含めたアサーション（会計上の意味）である。そして，

178

そこで識別された会計上の意味が監査人の立証活動を事実上決定することになる。

　図表9-4の下段は，貸借対照表に表示された売掛金について識別可能なアサーションを例示したものである。『監査基準』は，財務諸表項目レベルのアサーションを識別するに際して，最低限踏まえなければならない監査要点（立証上の狙いどころ）を明示している。売掛金は帳簿債権であるという本質的な特徴を踏まえれば，実在性は最重要な監査要点であろう（アサーション①）。しかし，売掛金についてのアサーションは実在性に関するものだけでは十分でない。回収可能性も重要な監査要点（資産の評価）である（アサーション②）。売掛金として表示されているものは営業債権であり，未収入金といった非営業債権は含まれてはならない。アサーション③はこの監査要点を反映している。このアサーションを期末債権の区分表示（営業債権・非営業債権）にかかる監査要点と理解すれば，⑤を含めて設定することも可能であるし，特別に認識することも可能である。④を監査要点として識別し，それをアサーションとして位置づけるかどうかは，判断の分かれるところであろう。というのは，通常，資産の監査では「実在性」が重視され，「網羅性」そのものを狙いどころとしたアサーションの重要性は低いからである。網羅性を監査要点としたアサーションを設定しなくとも，たとえば売掛金の残高確認をした結果，顧客から計上が漏れている売掛金が指摘されることもあるし，期間帰属の適切性を監査要点とした売上高のアサーションを立証する過程において，売掛金の期末残高の網羅性を間接的に確かめることもできるからである。かくして，売掛金期末残高の監査に関連して，「網羅性」を直接対象としたアサーションが設定されるかどうかは，監査人を取り巻く状況いかんである，といえるであろう。いずれにしても，以上のアサーションは，財務諸表監査において明示的に認識しなければならないものである。

第9章　監査プロセスとアサーションの意義

 本章のまとめ

　監査実務経験のない多くの読者にとって，実務が支配する監査プロセスを概念のみで理解することは難しいかもしれない。本章では，そのことを十分に踏まえ，監査人が現場において通常従うであろう監査業務の流れを監査プロセスとして捉え，その骨格部分を説明した。次章以降は，どうしても監査技術的な説明が多くならざるをえないが，"木"の理解にこだわったために"森"がみえなくなったら，本章に立ち戻り，各章の議論がどのように相互に関係しているのかという視点から，再度整理していただきたい。

9-1　アサーションと監査要点および立証命題

　本章の冒頭部分で言及したように，アサーションに加えて，監査要点や立証命題という，似て非なる概念が存在する。言語上の表現形式の違いもあるが，最も重要なのは，アサーションは経営者の視点から捉えた概念，監査要点や立証命題は監査人の視点から捉えた概念である，という本質的な違いである。本書では，アサーションという概念から説明しているが，厳密には，立証命題という概念を使用すべきである。では，アサーションという概念から財務諸表監査を観るのと，立証命題という視点から観るのとでは，どこがどのように異なるのであろうか。その違いは，監査実務にどのように影響するのであろうか。

📖 **参・考・文・献**

内藤文雄．1995．『監査判断形成論』．中央経済社．
福川裕徳．2012．『監査判断の実証分析』．国元書房．

第10章

監査リスク・アプローチ

　国際会計士連盟（International Federation of Accountants：IFAC）に加盟している各国の職業会計士が財務諸表監査において広く採用している監査手続の枠組みは，**監査リスク・アプローチ**と呼ばれている。監査リスク・アプローチは，そもそも訴訟社会といわれているアメリカの企業社会において，職業会計士が自らを防衛するために開発された戦略的監査手続の枠組みであり，それが次第に各国に紹介され，現在では国際監査基準において正式に採用されるに至っている。

　監査リスク・アプローチが提唱される前の監査手続の枠組みは，「通常実施すべき監査手続」や「特に必要と認めた他の監査手続」などの概念を通じて，監査手続を個々に規制するものであった。しかし，監査基準を通じて監査手続を個々に規制するという枠組みは監査の有効性を高めることに必ずしもつながっていないとの反省から，財務諸表の信頼性について社会が期待する保証水準を実現することを前提としたうえで，いかなる監査手続を選択・適用するかは監査人の自由な裁量に委ねることを認める，という枠組みが提唱された。そしてさらに，この枠組みでは重要な虚偽表示が生じる可能性が高い事項について，重点的に監査の人員や時間を充てることにより，監査を効果的かつ効率的なものとすることが可能となる。この監査手続の枠組みを総称して監査リスク・アプローチと称している。

　現在の財務諸表監査の理論と実務の特徴は，突き詰めれば，第１に「アサーション指向」（assertion oriented）であること，第２に「監査リスク・アプローチ」（audit risk approach）を採用していることである。財務諸表監査の立証プ

第10章 監査リスク・アプローチ

ロセスにおける特徴をこの2つで明確に要約できるようになったのは，アメリカでは1980年代後半に入ってからであり，またわが国では，2002（平成14）年1月25日の『監査基準』の改訂以降である。監査リスク・アプローチは，世界の会計プロフェッションが現時点において最も有効と考えている監査手続の枠組みである。本章では監査リスク・アプローチの基本的な考え方を詳細に説明する。

 監査リスク・アプローチの意義と適用

　監査リスク・アプローチは，財務諸表の適正表示の意味を「財務諸表に重要な虚偽表示は含まれていない」（free from material misstatements）ことと理解したうえで，制約のある監査資源をどのように監査現場（監査手続）に配分すれば「重要な虚偽表示」を有効かつ効率的に検出することができるか，という問題意識を基礎にしている。わが国においては，監査リスク・アプローチは，平成3（1991）年改訂の『監査基準』ではじめてその考え方が導入され，平成14（2002）年改訂の『監査基準』において明確にされ，全面的に導入された。その後，監査リスク・アプローチは平成17（2005）年改訂および令和2（2020）年改訂の『監査基準』において段階的に進化を遂げているものの，基本的な考え方は導入当初から変わっていない。

　監査リスク・アプローチの採用は任意ではなく，『監査基準』によって義務づけられていることにまず注意する必要がある。『監査基準』「第三　実施基準」は，監査リスク・アプローチに基づく監査の実施を以下のように定めている。

『監査基準』「第三　実施基準」― 基本原則
1　監査人は，監査リスクを合理的に低い水準に抑えるために，財務諸表における重要な虚偽表示のリスクを評価し，発見リスクの水準を決定するとともに，

監査上の重要性を勘案して監査計画を策定し，これに基づき監査を実施しなければならない。

　ここで注目すべきは「リスク」と「重要性」という2つの概念である。重要性概念については後述することとし，まずリスク概念から取り上げる。

　監査リスク・アプローチは4つのリスク概念によって支えられている。最も重要なのは**監査リスク**（audit risk：**AR**）である。監査リスクは，監査人が財務諸表の重要な虚偽表示を看過して誤った監査意見を形成してしまう可能性と定義される。『監査基準』は監査人に対して，監査を実施する際，この監査リスクを「合理的に低い水準」に抑えるよう要求している。なお，監査リスク・アプローチは，監査人が精神的独立性を保持・発揮している監査状況を前提としている。監査人が精神的独立性を失い，粉飾決算のためのスキームの構築に関与し，あるいはそのための知恵や示唆を与えるという状況は論外である。

　監査リスクは3つのリスクで構成される。すなわち，

- **固有リスク**（inherent risk：**IR**）
- **統制リスク**（control risk：**CR**）
- **発見リスク**（detection risk：**DR**）

である。監査リスク・アプローチは，これら3つのリスクの積をもって監査リスクとするモデル（原型）を示した。

$$AR = IR \times CR \times DR$$

　本書ではこの式を監査リスク原型式と呼ぶことにする。監査リスク・アプローチとは，この監査リスク原型式を基礎にして，監査手続のあり方をモデル化したものに他ならない。

　以下，監査リスク・アプローチを支えるリスク概念について順に詳しく取り上げるとともに，監査リスク原型式が意味する内容を数値（確率）を使った具体例を用いて説明する。現実の監査実務では，リスクの水準は必ずしも数値で

表されないが[1]，数値を使って示すことは監査リスク・アプローチの特徴や限界を理解するのに役立つ。

 監査リスクとそれを構成する3つのリスク

監査リスク（AR）

すでに述べたとおり，『監査基準』は，企業社会の構成員が許容することのできるAR（の水準）を「合理的に低い水準」と表現している。見方を変えれば，ARは，会計プロフェッショナルによる「監査の失敗」のリスクについて社会が許容できる水準を意味しているといえるかもしれない。つまり，ARは監査人によって独自に（任意に）設定されるものではなく，企業社会の構成員が許容することのできる水準を反映する形で決定される。その意味で，ARは会計プロフェッショナルにとって所与である。

とはいえ『監査基準』は，合理的に低い水準がいかなる水準であるかを会計プロフェッショナルに対して明示していない。したがって，会計プロフェッショナルは，被監査会社を取り巻く内外の状況などを十分に考慮し，『監査基準』が求めている「合理的に低い水準のAR」を自らの判断で設定しなければならない。このため，現実の監査実務において，会計プロフェッショナルが被監査会社の状況などに応じてARを弾力的に変えてもよいのではないか，との判断をするかもしれない。たとえば，被監査会社との長年にわたる監査契約を通じて経営者との間で十分に信頼関係が醸成されていると判断した会計プロフェッショナルは，当該被監査会社にかかるARの水準については引き上げ

---

[1] 一般的には，たとえば有−無や高−中−低といったカテゴリーを用いて表される。監査基準は，監査人のリスク評価は，百分率などのような定量的な評価によることも，また定性的な評価によることもできるとしている（監査基準報告書200 A39）。リスク評価方法が監査人の判断に与える影響を分析した研究として福川（2012）を参照されたい。

ても問題はないと考えるかもしれない。これとは反対に，新規の監査契約においては，被監査会社について会計プロフェッショナルが入手している情報の絶対量が少ないため，ARの水準を引き下げるべきと考えるかもしれない。さらに金融機関のように，監督官庁（金融庁）などによる検査を定期的に受けている業種については，ARの水準を引き上げても監査の失敗は起こりにくく，それゆえARの水準を高めに設定することは社会的に許されると考えるかもしれない。

しかしながら，『監査基準』が規定する以上，そこで想定されているARは，会計プロフェッショナルが全体として維持しなければならない「合理的に低い水準」である。会計プロフェッショナルが誰であろうと，また，いかなる状況にあろうと，ARは社会が求める「合理的に低い水準」を等しく満たすものでなければならない。換言すれば，会計プロフェッショナル側の個別事情によって，会計プロフェッショナルが達成する財務諸表監査の質の水準（ARの水準）に違いがあってはならないのである。

では，いったん与えられたARは固定され変わらないものであろうか。そうではない。社会が現在のARに満足していないことを示唆するような状況が生じた場合には，会計プロフェッショナルは，それまで適用していた「合理的に低い水準のAR」を，社会が求める「合理的に低い水準のAR」へと改訂しなければならない。そのような状況とは，たとえば，①監査規範の改訂がなされた場合，②監査訴訟において会計プロフェッショナルが敗訴する事態が生じた場合，③財務諸表監査の質の強化を求める監督官庁の方針が出された場合，④日本公認会計士協会が会員に対して監査の強化を求める通達などを出した場合である。

ARの水準の改訂が行われる典型的な場合とは，①『監査基準』（企業会計審議会）や監査基準報告書（日本公認会計士協会）が改訂された場合である。この場合，会計プロフェッショナルは，それまで目標としていた水準では社会が満足しなくなったと受け止め，より低く改訂したARのもと，監査手続の強化や監査の質の全体的な強化を図る必要がある。

②会計プロフェッショナルが敗訴した場合も，基本的には，会計プロフェッショナルは，これまで維持してきたARよりも，社会が会計プロフェッショナルに求めているARは低いのではないかと受け止め，監査手続の強化や監査の質の向上に努めるべきである。こうした取り組みを継続的かつ積極的に図ることは，わが国の会計プロフェッショナルが維持しているARの水準に対する国際的な信頼を高め，結果として，わが国企業の財務諸表に対する国際マーケットの信頼をも高めていくのである。

高いARの水準が制度的に放置されていることは，信頼性の低い財務諸表が開示されている可能性が高いことにほかならず，証券市場のインフラを支える企業内容開示制度が脆弱である可能性が高いことを示唆している。その場合，海外投資家からの証券投資は期待できず，証券市場はやがては衰退の途を辿ることとなる。かくして，ARを合理的に低い水準に引き下げるということは，単に国内の証券市場の問題にとどまらず，国際的な問題でもある。このため，③や④もARの改訂に寄与することがある。

さらに監督官庁（公認会計士・監査審査会）が監査法人などに対して実施している「検査」は，監査規範の改訂が会計プロフェッショナル側でのARの改訂を促し，監査の品質が（改訂後の）「一般に公正妥当と認められる監査の基準」の求める水準を満たしているかどうかをチェックするという意味を有している。日本公認会計士協会が行う「品質管理レビュー」もまた，監査規範の改訂が会員によるARの改訂を促し，監査の質が「一般に公正妥当と認められる監査の基準」で求められている水準を満たしているかどうかを，会計プロフェッションの自己規制の一環としてチェックするという意味を有している。

固有リスク（IR）

固有リスク（IR）とは，内部統制が取引種類や勘定残高に係るアサーションの信頼性に及ぼす影響をまったく度外視した場合における——関連する内部統制が存在していないと仮定した場合における——，さらに会計プロフェッショナルによる財務諸表監査が実施されていないと仮定した場合における，当

該アサーションに固有の重要な虚偽表示がなされる可能性と定義される。固有
リスクは，

①　取引種類や勘定残高に係るアサーションそれ自体の特性
②　企業を取り巻く経営環境
③　取引の性格（見積りを伴う取引か，専門家による支援を必要とする高度に専
　　門技術的な側面を有した取引か，例外的な取引か）

によって生ずる。つまり，①②③を原因として，取引種類や勘定残高に係るア
サーションには重要な虚偽表示が生じる可能性の高いものとそうでないものが
混在するのである。アサーションと固有リスクの程度の関係を規定する一般的
な原則はない。企業内外の状況やビジネス・リスクによって，取引種類や勘定
残高に係るアサーションの固有リスクは異なりうるからである。ここでは，固
有リスクなる概念をもう少し深く理解するため，固有リスクの一般的な傾向を
説明しておく。

①　現預金・有価証券は，固定資産と比較して，財産不正（横領）の対象と
　　なる可能性が高く，関連会計帳簿などが偽造・改ざんされる可能性が高
　　い。その意味において，現預金・有価証券に代表される換金性資産の固有
　　リスクは高い。
②　市場予測に基づく大量生産を指向する会社の場合には，棚卸資産が市場
　　の急激な変化や市況の変動によって陳腐化し，不良在庫として滞留するリ
　　スクは高い。そのような会社の場合には，棚卸資産の評価減をしていない
　　可能性や不十分な評価減しか行っていない可能性が高く，その意味におい
　　て，棚卸資産の固有リスクは高い。
③　電力会社のように総資産における固定資産の占める割合の大きな業種で
　　は，そうでない業種の会社に比して，固定資産にかかる会計処理・会計業
　　務が当期純利益に与える影響は大きい。その意味において，そのような業
　　種の固定資産関連科目（修繕費を含む）の固有リスクは高い。
④　退職給付（退職一時金・退職年金）・企業年金に関するアサーションの会

第10章

187

計処理の適否は，見積りの要素によって影響を受ける部分が非常に大きい。その意味において，これらの項目の固有リスクは高い。

⑤　代金決済の手段として手形が広く利用されている業種の会社（商社）では，手形事故による損失を被るリスクが高く，損失が巨額な場合には，その処理に関連して財務諸表の表示が影響を受ける可能性が高い。その意味において，商社の財務諸表における受取手形の固有リスクは高い。

⑥　利益の質よりも売上高（市場占有率）の大きさを優先する経営方針がとられている会社の場合には，売上高を水増しし，過大に表示しようとする可能性が高い。その意味において，そのような経営方針のもとでの売上高の固有リスクは高い。

いずれにしても，固有リスクが高いことは，関連するアサーションに虚偽表示が生じるリスクが高いことを意味するので，他の条件が同じであれば，固有リスクが低いと判断されたアサーションに比べて，監査人は当該アサーションの適否を確かめるために全体として強い証拠を入手する必要がある。ただし，これは固有リスクだけを考慮した場合である。

IRの水準がとる範囲は $0 < IR \leqq 1$ である。重要な虚偽表示が生じる可能性が高ければ1に近い値で，低ければ0に近い値で評価される。

統制リスク（CR）

IRが高くとも，そのことが直ちに財務諸表の重要な虚偽表示に結びつくとは限らない。企業組織内では内部統制が整備・運用されているからである。たとえば換金性資産の場合には，その取扱手続や帳簿上での管理を厳格にすることによって資産管理を強化し，また固定資産の場合には，期中における取得・廃棄・売却に関する業務手続を定め，固定資産会計業務が適正に行われる体制を構築する。また，担当者に対する研修や教育を強化する。

有効に機能する内部統制の構築に向けて経営者が積極的に取り組んでいる企業の場合には，不正や誤謬を未然に防止することが可能となり，また万一，不

適切な取り扱いが生じた場合でも，その傷口が大きくならないうちに早期に検出されて本来あるべき正しい処理が行われることとなる。内部統制の有効性を高めることによって，財務諸表の重要な虚偽表示は企業側で防止・発見される可能性が高くなる。しかし，現実には経営者が当初設定した内部統制が有効に機能しないことがある。また，内部統制の整備と運用には固有の限界があることにも注意しなければならない。その結果，内部統制が整備・運用されていても財務諸表に重要な虚偽表示が紛れ込む可能性は残る。この可能性こそが**統制リスク（CR）**であり，統制リスクは，内部統制の有効性の観点から評価される。

　ここで，内部統制について少し詳しく説明しておくこととする。現在，グローバルスタンダードとして採用されているのは，トレッドウェイ委員会組織委員会（Committee of Sponsoring Organizations of the Treadway Commission: COSO）が公表した『内部統制の統合的枠組み』（COSO 報告書）である。COSO 報告書では，内部統制は，業務の有効性と効率性を高め，財務報告の信頼性を確保し，そして関連法規の遵守を促すという目的を達成するために，事業体の取締役会，経営者およびその他の人々によって遂行されるプロセスである，と定義づけられている。これら 3 つの目的には，内容に応じて黙示的に関係づけられている目的がある。それは会社財産（資産）の保全である。「会社財産の保全」の意味は，「会社財産を何から保全するのか」という観点から，さらに具体的になる。重要な点は，それらは上記の内部統制の目的それぞれに関係していることである。そして内部統制は，以下の 5 つの要素で構成されており，COSO 報告書は，これら 5 つの構成要素の相互関係を図表 10-1 のように示した。以下，各構成要素を概説する。

- ・　統制環境
- ・　リスクの評価
- ・　統制活動
- ・　情報と伝達
- ・　監視活動

　統制環境とは，図表 10-1 が示しているように，企業組織の気風（社風）を

■図表10-1　内部統制の構成要素と相互関係（COSO概念図）

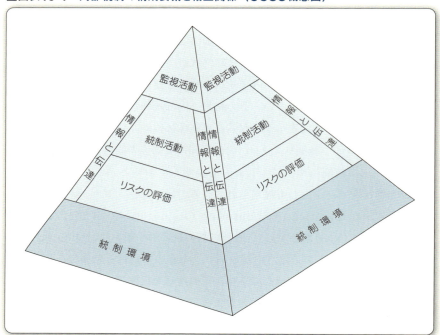

形成し，企業組織内のすべての者の経営や業務に対する統制意識に影響を与えるとともに，内部統制の他の構成要素（リスクの評価・統制活動・情報と伝達・監視活動）に影響を与え，同時にその機能状況を支えるインフラである。それを示すため，関連する図表での色を他の構成要素と変えている。統制環境を具体的に形成するものは，株式会社のコーポレート・ガバナンス機能（団体の運営）を支える要因と事業組織としての企業の業務の仕組み（企業組織の経営）を支える要因の機能状況である。具体的には、経営者の誠実性と倫理観、経営者が有する経営哲学、取締役会や監査役会の運営の仕組み、権限と責任を割り当てる仕組み、そして人的資源の採用・研修・評価・待遇に関する方針や制度などが挙げられる。

　リスクの評価は、内部統制の目的の達成を妨げ、弱める可能性（リスク）を

対象とし、そのリスクを評価することである。リスクの評価は、いかなるリスクが事業や業務において潜在的に存在しているか（リスクの洗い出し）、企業が事業活動を遂行する過程で，当該リスクが顕在化する可能性はどのぐらいか（頻度），そして当該リスクが顕在化した場合に，当該企業に与えるマイナスの影響はどの程度か（影響度）を評価する一連のプロセスとして実施される。

統制活動は、会社の定めた方針やルールの枠内に業務活動が収まるようにするさまざまな仕組みである。統制活動は，経営者が設定した方針・命令・指示・手続，あるいはそれらを文書化した各種ルール（規程）や業務マニュアルが適切に遵守されていることを担保する統制手続の機能を総称したものである。統制活動を支える原理が従来から「内部牽制」と呼ばれてきたものにほかならない。

情報と伝達は，情報を作成し伝達するという業務そのものではなく，コーポレート・ガバナンスの関係者・経営管理関係者・現場業務関係者がしかるべき経営判断や業務遂行上の判断を行う際に，適切な情報が適時に伝達されることを含め，情報が企業組織の上から下へ，下から上へ，そして組織横断的に伝達されるという機能状況を意味している。また，ここにいう伝達には，職場におけるフォーマルな伝達（内部通報や内部告発）に加えて，インフォーマルな伝達も含まれる。たとえば消費者から届いた苦情が担当者の段階にとどまり，経営者を含む上層部に伝わっていない状況があれば，それはこの構成要素がうまく機能していないことを意味している。

監視活動とは，特定の業務が適切かつ効率的に遂行されていることを，当該業務が遂行されるプロセスのなかで確かめ，あるいは当該業務に関与していない別のプロセスの組織または個人がそのことを評価し，逸脱や問題があった場合には，それを直ちに業務の訂正や改善に結びつける活動の機能状況を意味している。監視活動は，具体的には，日常的な業務が遂行されるなかでの，すなわち，上司が部下の仕事を監督し，逸脱や問題があれば指摘し，業務を是正させるという意味での日常的監視活動と，当該業務から独立している部門（名称はさまざまであるが，内部監査部門，内部監査室，検査部，考査室など）が業務遂

行の適否を評価するという意味での独立的評価からなる。企業内で広く行われている内部監査は後者の例である。

統制リスク（CR）は、内部統制に対して「財務報告の信頼性」を確保する目的に関連づけて評価され、その範囲は $0 < CR \leqq 1$（CR ＝ 1 － 内部統制の有効性の程度）で表すことができる。CR の水準を評価するのは監査人であるが，いうまでもなく，CR は企業側で内部統制がどの程度有効に整備・運用されているかによって影響を受ける。内部統制が有効であればあるほど，CR は低くなる。反対に，内部統制が存在していない場合や内部統制に重大な欠陥があると判断される場合には，CR は高くなる。

財務諸表に重要な虚偽表示が含まれる可能性は，IR と CR の水準によって決まる。特定のアサーションの IR が 100％であったとしても，内部統制の有効性がたとえば95％と高く評価された場合には，CR はその補数の 5％と計算され，その結果，当該アサーションの重要な虚偽表示の可能性は 5％に引き下げられることとなる（100％×5％＝5％）。反対に，内部統制がまったく存在していない状況では，重要な虚偽表示の可能性は引き下げられることなく，上記の IR の水準（100％）はそのまま重要な虚偽表示の可能性として残ることとなる。

発見リスク（DR）

IR と CR が企業側のリスクであるのに対して，発見リスクは監査人側に帰属するリスクである。ある取引種類や勘定残高に係るアサーションの IR と当該項目に関連する業務にかかる CR がそれぞれ100％であるという極端なケースを取り上げてみよう。この場合，当該項目に重要な虚偽表示が含まれる可能性は著しく高いにもかかわらず，それが内部統制によって防止・検出されることはまったく期待できない。それゆえ，財務諸表に含まれうる重要な虚偽表示は，監査人が実施する監査手続を通じて検出する以外に術がない。この場合に財務諸表監査が成功するかどうかは，監査手続（**実証手続**）において監査人が重要な虚偽表示を検出できるかどうかにかかっている。

しかしながら，たとえ監査人が実証手続を実施したとしても，重要な虚偽表示を検出できない可能性は依然として残る。この可能性を**発見リスク（DR）**と称している。発見リスクの源泉は2つある。第1に，現在の財務諸表監査は試査を前提としているので，監査人が取り上げた項目・取引や入手した監査証拠のなかに重要な虚偽表示に関係している情報が含まれていない可能性（サンプリング・リスク）である。ここで，試査とは，入手可能なすべての証拠資料を利用して監査の主題の全領域について証拠を確かめるのではなく，一部の証拠に基づいて監査の主題の適否についての結論を得る立証形式である。第2に，監査人が首尾よく重要な虚偽表示につながる監査証拠を入手していても，誤った監査証拠の解釈など，監査判断のミスから重要な虚偽表示を看過してしまう可能性（ノンサンプリング・リスク）である。

発見リスクの水準は，

① 社会的に許容される AR の水準

② 監査人がすでに評価した IR と CR の水準

によって決まる。これは先に示した監査リスク原型式（I式）の変形により論理的に算出されるものである。

$$AR = IR \times CR \times DR \cdots\cdots \text{I （監査リスク原型式）}$$

$$DR = \frac{AR}{IR \times CR} \qquad \cdots\cdots \text{II （監査計画定式）}$$

監査人は算出された DR に基づき，どのような監査手続（実証手続）を実施すべきか，監査計画を策定する。監査人は，DR を達成することができるよう，

・実証手続の種類

・実証手続の範囲

・実証手続の適用時期

・実証手続の実施担当者

を決定し，全体として量的にも質的にも証明力の強い監査証拠が得られるよう

第10章

193

第10章 監査リスク・アプローチ

な監査手続を計画する必要がある。同時に，内部統制に依拠することを決定した場合には，内部統制の運用評価手続も決定する。Ⅰ式を変形したⅡ式が監査計画定式と呼ばれる所以はここにある。

監査人にとって重要なことは，ある監査状況のもとでDRを引き下げることであるが，ARの水準が低ければDRの水準もそれに応じて低くなるという単純な関係ではない。ARとDRとの間には，IRとCRが介在するので，それらの程度によってDRの水準も当然異なりうるからである。次にこれらの関係をもう少し説明しておく。

固有リスク（IR）・統制リスク（CR）と発見リスク（DR）の関係

監査計画定式は，（1）ある水準のARが与えられたもとで，IRとCRを監査人が評価することを通じてDRの水準が決定されること，（2）監査手続の種類・範囲・適用時期，および実施担当者の決定は，このDRの水準を受けて行われ，監査計画に反映されるべきであることを示唆している。『監査基準』の「前文」（平成14年1月25日）は，監査リスク・アプローチに基づく監査計画の策定を以下のように要約している。少し長いが，要領よくまとめられているので，そのまま引用しておこう。

『監査基準』「前文」

リスク・アプローチに基づく監査の実施においては，監査リスクを合理的に低い水準に抑えることが求められる。すなわち，監査人の権限や監査時間等には制約もある中で，財務諸表の利用者の判断を誤らせることになるような重要な虚偽の表示を看過するリスクを合理的な水準に抑えることが求められるのである。このため，固有リスクと統制リスクとを評価することにより，虚偽の表示が行われる可能性に応じて，監査人が自ら行う監査手続やその実施の時期及び範囲を策定するための基礎となる発見リスクの水準を決定することが求められる。例えば，固有リスク及び統制リスクが高い（虚偽の表示が行われる可能性が高い）と判断したときは，自ら設定した合理的な監査リスクの水準が達成されるように，発見リスクの水準を低く（虚偽の表示を看過する可能性を低く）設定し，より詳細な

監査手続を実施することが必要となる。また，固有リスク及び統制リスクが低いと判断したときは，発見リスクを高めに設定し，適度な監査手続により合理的な監査リスクの水準が達成できることとなる。このように，固有リスクと統制リスクの評価を通じて，発見リスクの水準が決定される。

ここでいくつかの例を考えてみよう。まずは AR の目標水準が 5%，監査人が IR を最大（100%）に評価しつつも，CR を 10% と評価した場合（関連する内部統制の有効性を 90% と評価した場合）である。監査計画定式より DR は 50% と算出される。この場合には，監査人は DR を 50% 以下に抑えられる実証手続を計画すればよい。DR が 5% の場合に比べて，監査人は実証手続の質と量を軽減（緩和）した監査計画を策定することができる。もとより，そのような軽減（緩和）された実証手続であっても，AR の目標水準である 5% は維持されている。

次に，AR の目標水準を同じく 5% としたうえで，監査人が IR および CR をそれぞれ 10% と評価したとするとどうなるであろうか。この場合には，DR は 500% と算出される（100% 以上であることに注意されたい）。DR が 100% 以上であるというのは，財務諸表監査を実施する監査人にとって尋常な状況ではない。というのは，実証手続をまったく実施しなくとも，AR の目標水準 5% は達成されていることを意味するからである。監査人が実証手続を実施しなくとも，そこでの監査はすでに「有効」であり，むしろ監査人が何らかの実証手続を実施すれば，そこでの監査はただ「非効率的」であると判断されてしまう。この場合には，監査人の監査手続は内部統制の運用状況の評価手続で終わり，実証手続は省略されることとなる（監査基準報告書 330 A4）。

IR と CR の評価に対するアプローチの変遷

上述のとおり，監査リスク・アプローチでは，監査契約ごとの監査リスクが所定の AR の水準（目標）以下に収まるように実証手続全体の種類，範囲，適用時期，および実施担当者を予定し，それに従って監査手続を実施すること

が求められる。基本的には取引種類や勘定残高に係るアサーションごとにIRを評価し，関連業務にかかる内部統制の有効性（CR）を評価し，その結果を受けてDRを決定すればよい。少なくとも，これが監査リスク・アプローチが当初導入された際における理論的に厳格な理解の仕方である。

しかし，現実的な適用という観点からすると，IRとCRとを区別して評価することに対する問題が指摘された。それは，財務諸表の重要な虚偽表示を生み出す源泉が企業を取り巻く環境など（IR）にあるのか，それとも経営者の気風や企業風土など（CR）にあるのかを厳格に分けて評価することが実務的に必ずしも重要でない場合があるということである。むしろ双方のリスクが絡み合った結果，重要な虚偽表示が発生するリスクを結合リスク（IR × CR）として識別したほうが現実的である，という考え方もありうる。

いずれにしても，監査リスク・アプローチは，財務諸表項目に引きつけたIRとCRを重視するあまり，リスク評価が形式的となり，財務諸表全体の重要な虚偽表示リスクに対する監査人の注意を封じてしまう，という問題を潜在的に抱えていた。そこで平成17（2005）年改訂の『監査基準』では，監査リスク・アプローチはIRとCRを結合した「重要な虚偽表示リスク」（Risk of Material Misstatement: RMM）を評価するアプローチへと改訂された。これによって，発見リスクの水準は，原則として固有リスクと統制リスクを結合した「重要な虚偽表示のリスク」を評価したうえで決定されることとなった。

しかしその後，再度，IRとCRの評価に対するアプローチが変更された。令和2（2020）年改訂の『監査基準』では，「監査人は，財務諸表項目に関連した重要な虚偽表示のリスクの評価に当たっては，固有リスク及び統制リスクを分けて評価しなければならない。固有リスクについては，重要な虚偽の表示がもたらされる要因を勘案し，虚偽の表示が生じる可能性と当該虚偽の表示が生じた場合の影響を組み合わせて評価しなければならない。」と規定され，アサーション・レベルにおけるIRとCRの評価は別々に行うこととされた。これは，しばしば主観的な要素が含まれる会計上の見積りなどに対して，重要な虚偽表示のリスクの識別と評価を強化することが求められていること，そして

内部統制を過大に評価し，重要な虚偽表示リスクを安易に低く評価していた実務があったことなどが背景とされている。

3　監査リスク・アプローチの特徴

　わが国の現行の『監査基準』が採用する監査リスク・アプローチの大きな特徴は，財務諸表における重要な虚偽表示リスクを財務諸表全体の重要な虚偽表示リスクとアサーション・レベルの重要な虚偽表示リスクという2つのレベルで評価することである。

財務諸表全体の重要な虚偽表示リスクの評価と監査計画の策定

　財務諸表は，経営者の故意や判断ミスあるいは会計手続上の誤謬などによって著しく歪められている可能性がある。この可能性を財務諸表全体の重要な虚偽表示リスクという。財務諸表全体の重要な虚偽表示リスクを評価するということは，監査人が監査計画を策定する際に，被監査会社を取り巻く外部環境や被監査会社のビジネス・リスクや取引上のリスクを把握・評価することによって，財務諸表全体における重要な虚偽表示の可能性を判断し，その結果を監査の体制や監査計画に反映させることを意味している。たとえば，景気の動向，企業が属する産業の状況，企業の事業内容・組織，経営者の経営理念，経営方針，内部統制の整備状況，コーポレート・ガバナンスの機能状況，ITの利用状況，その他企業の経営活動に関わる情報を入手し，被監査会社および被監査会社を取り巻く環境に内在するビジネス・リスクなどがもたらす財務諸表全体の重要な虚偽表示リスクを暫定的に評価する。

　監査リスク・アプローチは，被監査会社の財務諸表のどの部分に重要な虚偽表示リスクが潜んでいるかという最も重要な判断を，アサーション・レベルで評価する前に，財務諸表全体が著しく歪められているリスクを評価し，それを踏まえて，

第10章　監査リスク・アプローチ

・どのような監査スタッフ体制で臨むべきか（監査スタッフの増員も含む）
・どの程度の監査時間を用意し，どのように配分するべきか
・IT専門家を含む専門家（スペシャリスト）による支援を求めるべきか
などを判断し，監査計画に反映させることを監査人に対して求めている。

アサーション・レベルの重要な虚偽表示リスクの評価と監査計画の策定

　アサーション・レベルの重要な虚偽表示リスクを評価するということは，アサーションについてIRとCRを分けて評価することである。評価したリスクに応じて，DRが決定され，そのリスクに対応する手続（内部統制の運用状況の評価手続・実証手続）を監査計画において決定する。

　もう1つ，監査リスク・アプローチに基づいて監査計画を策定する際には，監査上の重要性を決定しておかなければならない。監査リスク・アプローチは，「重要な虚偽表示」を看過して監査人が誤った監査意見を形成する可能性（監査リスク）を合理的に低い水準に抑えることを目的にした監査手続の枠組みであるから，何よりも先に，社会的に許容される監査リスクの水準（社会が求める保証の水準）を念頭において，重要性の水準（重要性の基準値または閾値）を決定しておかなければならない。

重要性の水準（重要性の基準値または閾値）

　財務諸表監査における重要な虚偽表示とは，財務諸表利用者の経済的意思決定（投資決定）に影響を及ぼすことが予想される財務諸表の表示の歪み（金額・項目・注記の歪み）である。「重要性を判断する」とは，虚偽表示された項目および注記の性質（質的重要性）と虚偽表示された金額の大きさ（金額的重要性）を複眼的ににらんで判断することである。たとえば，以下のような要素が重要性の基準値の決定において考慮される。

・総資産・流動資産（固定資産）・自己資本（資本金）・当期純利益（売上総利

益・営業利益・経常利益など）との関係

・各財務諸表項目の性質，当該項目の背景にある企業の業務自体（取引）の性質・リスクなど

・不正にさらされやすい取引・不正の可能性のある取引・非通例的取引（特異な取引）

・見積りを含め判断が大きく影響する取引

・前事業年度の財務諸表項目の金額・前事業年度の監査で検出された虚偽表示の大きさ

　重要性の基準値をどの水準に設定するかは，その後に実施される監査手続の精度に影響を与える。他の条件が一定であれば，基準値に達しない虚偽表示は，金額的には，重要な虚偽表示とは看做されないので，基準値が高くなればなるほど，「許容される虚偽表示」の金額域は広くなる。それゆえ，監査手続の精度を引き下げても，自己の意見の表明を支える基礎を固めることが可能となる。反対に，基準値を引き下げれば，それに応じて「許容されない重要な虚偽表示」の金額域は広まる。監査人は，高い基準値が設定されている場合に比して，広範囲にわたって強力な証拠を事前に評価し入手する必要がある。監査リスク（AR）の水準と重要性の水準との間には，一般的には，次のような関係がある。すなわち，監査人が許容する重要性の基準値を低く設定すると，全体として強い証明力を有する監査証拠が求められる。同一の条件のもとで，重要性の基準値を高く設定すると，それほど強くない証明力を有する監査証拠でも所定の AR の水準を達成することが可能となる。

　図表 10-2 は，監査リスク・アプローチのもとでの監査計画と監査手続の間の関係を示したものである。監査リスク・アプローチのもとでは，契約ごとの監査リスクが所定の AR の水準（目標）以下に収まるように，重要性の基準値を決定し（図表 10-2 の 1），被監査会社の状況・被監査会社内外のビジネス・リスクを考慮しながら実証手続全体の範囲と質を計画し，それを実施するとと

第10章

199

第10章 監査リスク・アプローチ

■図表10-2　監査リスク・アプローチのもとでの監査計画と監査手続

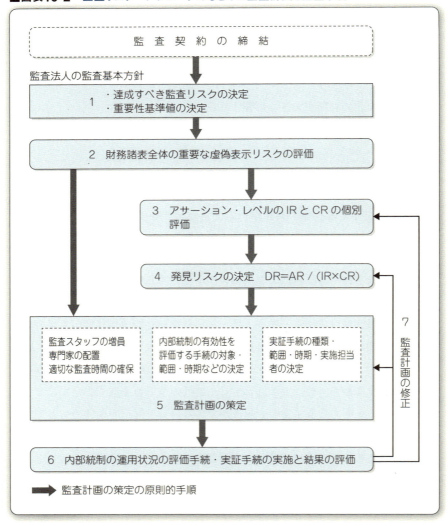

もに，監査手続の結果を評価し，目標とされている AR の水準が達成された
かどうかを評価しなければならない。

　財務諸表全体の重要な虚偽表示リスクの評価に基づいて監査体制の準備が整
えられると（図表 10-2 の 2），監査人は，アサーションごとに IR と当該アサー
ションに関連する業務に対する内部統制の整備・運用状況に照らした CR と
を個々に評価するというプロセスに進む（図表 10-2 の 3）。所定の AR の水準
のもとで，監査人は，評価したリスクに基づき DR の大きさ（水準）を決定
する（図表 10-2 の 4）。ここで利用されるのが監査計画定式である。

　たとえば，「売掛金期末残高 1 億円は 20XX 年 3 月 31 日において実在して
いる」というアサーションを使って IR と CR を個々に評価する場合を考えて
みよう。売掛金の AR を 5％ と設定したとすると，5％ が売掛金に関するアサー
ションについての AR の目標値となる。また，売掛金に関する IR は非常に高
いと判断し，90％ と評価したと仮定する。

　次に，売掛金に対する内部統制の予備的評価を実施した結果，重大な欠陥が
あり有効ではないと判断したとする。この場合には，内部統制によって売掛金
の虚偽表示が防止あるいは検出されない可能性は高くなるので，期末の売掛金
残高に虚偽表示が含まれる可能性も高くなる。たとえば売掛金業務に対する内
部統制の有効性を 60％——すなわち CR を 40％——と評価したとしよう。
この場合，

$$\mathrm{DR} = \frac{5\%}{(90\% \times 40\%)} = 13.9\% \text{（小数点第 2 位以下四捨五入：以下，同様）}$$

となる。

　この DR の水準（13.9％）は，売掛金に関する上記のアサーションを裏づ
けるために必要とされる証拠の水準に関係している。実際の監査実務におい
て，DR の水準を 13.9％以下に抑えるために，たとえば，

　　・実証手続の範囲（試査の範囲）の拡大
　　・より証明力の強い証拠を入手するための実証手続の選択
　　・期末日時点（もしくは，それに近い時期）での実証手続の実施，および関

第**10**章　監査リスク・アプローチ

■図表10-3　売掛金の実在性アサーションに関する実証手続の強化

> ①　証憑突合の対象とする請求書控の件数を増やす。
> ②　期末売掛金口座の入金を照合する。また，金額の大きな売掛金口座については，全数チェックする。
> ③　売掛金の回転期間の推移を口座別に把握する。
> ④　金額の大きな売掛金口座はもとより，金額が小さくとも，新規顧客・特異な顧客については，期末日での積極的確認を行う。
> ⑤　期末在庫の監査，出荷のカット・オフ，売掛金計上，預かり在庫の有無，期末日後の返品を相互に関係づける。

　　連項目に対する実証手続の同時実施

　・より経験豊富な監査スタッフの投入，および専門家の利用

などを図り，当該アサーションについて強い信念を形成することを可能とする証拠を入手する体制を監査計画に反映させる必要がある（図表10-2の5）。図表10-3は，売掛金に関する上記のアサーションを裏づけるため，実証手続の強化を図った場合の具体例である。ここで監査人に求められる監査手続は，当該アサーションについて強い信念形成を可能とする監査手続であるので，たとえば，

　①　監査役と売掛金の期末残高の実在性について協議する

　②　内部監査部門から期末売掛金の実在性に関する監査結果について報告を受ける

　③　売掛金業務に関する内部統制の運用状況を評価するための手続を追加的に実施する

といった監査手続は適切ではない。

　売掛金のように虚偽表示が生じる可能性の高い項目，不正の疑いのある取引あるいは非通例的取引（特異な取引）に関係しているアサーション，見積りの要素の大きなアサーションなどについては，分析的手続を含め実証手続を計画する必要がある。

監査計画の修正

　監査手続は監査計画に従って遂行され，その結果に照らして見直される。内部統制の運用状況を評価するための手続を実施した結果，当初のCRの判断を変更する必要が生じる場合もあるし，実証手続を実施した結果，重要な虚偽表示を示唆する証拠が検出されることもある（図表10-2の6）。状況によっては，監査計画の修正を図らなければならないこともある（図表10-2の7）。次の2つの場合を取り上げることとする。

統制リスク（CR）の当初の判断を変更する必要が生じた場合

　先の例において，監査人は売掛金業務に関するCRを40%と評価し，そのための監査戦略を監査計画に反映していた（DR = 13.9%）。しかし，その後，売掛金業務に関する内部統制の運用状況を評価したところ，実際には当該内部統制の運用状況は非常に悪く，結局CRを90%に変更するのが合理的と判断することとなった。もし当初の監査計画に従って実証手続を実施すると，

$$AR = 90\% \times 90\% \times 13.9\% = 11.3\%$$

となり，ARを5%以下に抑えることのできる「十分かつ適切な監査証拠」を入手することができない。したがって，新しいCRの評価結果である90%に基づいてDRの水準を設定し直すことが必要となる。すなわち，

$$修正後 DR = \frac{5\%}{(90\% \times 90\%)} = 6.2\%$$

を達成できるような実証手続の種類，範囲，適用時期，および実施担当者を改めて計画する必要がある。この場合には，修正後DR（6.2%）は当初DR（13.9%）より低く設定されることになるので，当該アサーションの確からしさについての信念を一段と強める監査証拠が得られるように監査計画を修正する必要がある。

第10章　監査リスク・アプローチ

発見リスク（DR）を目標とする水準以下に抑えることが難しい状況に直面した場合

　監査人が，売掛金業務にかかる内部統制の運用状況を考慮し，監査計画の修正を実施したとしよう。たとえば，残高確認回答書の回収率が想定よりも低かったため，実施された実証手続では当初予定していたほどの強い証拠が得られないことが明らかになった場合である。この場合には，売掛金の確認手続によってDRを6.2％にまで抑えられていないため，売掛金の確認手続の対象件数を増加することや，他の監査手続（決算日後の売掛金の入金についての詳細な検査など）を追加するなど，DRを6.2％以下に抑えられるように監査計画を修正し，監査手続の拡大・強化を図らなければならない。

　これとは反対に，売掛金の確認手続自体には特段の支障はなく回答書の回収率には問題はなかったが，回答内容と会社の帳簿残高とを照合する過程で，当初想定していた以上の誤謬が検出された場合を取り上げてみよう。監査人は，直ちに，被監査会社に対して虚偽表示となっている売掛金口座を指摘し，帳簿残高の訂正を求めることとなる。被監査会社が訂正に応じなかった場合には，未訂正のまま放置された虚偽表示金額の総額について重要性判断を行い，その結果に応じて監査意見（無限定適正意見，限定付適正意見，不適正意見）を決定する。

　さらに，検出された虚偽表示金額が監査人の想定をはるかに超えてしまっている場合には，IRやCRについての当初の評価が誤りであったことを示唆しているかもしれない。この場合には，監査人は売掛金について当初のリスク評価を見直し，監査手続の再構築を検討する必要がある。加えて，当該売掛金の虚偽表示が他の関連項目の表示に影響を与えている可能性があると判断した場合には，当初の監査計画における全般的な対応（たとえば監査体制）が不十分であった可能性があるとの認識に立ち，当初の監査計画を修正しなければならない。

204

5 本章のまとめ

　監査リスク・アプローチは，AR を所定の水準以下に抑えるための監査手続を計画・実施することにより，有効で効率的な監査の実現を図るための監査アプローチである，と説明されている。もちろん，この説明で正しいのであるが，監査リスク・アプローチの最大の特徴は，監査計画において，重要な虚偽表示の可能性を積極的に評価する，というところにある。被監査会社内外のビジネス・リスクを評価し，虚偽表示の可能性の高いアサーションの立証に限られた監査資源を重点的に投入することにより，監査の有効性と効率性を確保しようとするのである。

　監査手続は，いかなるアプローチがとられたにせよ，「計画→実施→評価→是正」（PDCA）のプロセスに従う。監査人は，このプロセスを何度も繰り返しながら個々のアサーションの確からしさについて信念（個別信念）を形成・蓄積し，最終的には監査の主題である財務諸表について設定された究極的立証命題（財務諸表の適正表示命題）についての意見表明を可能とする「合理的な基礎」（総合信念）を確かめるのである。第 11 章では，監査リスク・アプローチによって策定された監査計画に基づいて実施される実証手続について，監査証拠と監査技術を中心に，アサーションに対する監査人の信念を形成するための監査手続を考察していく。

参・考・文・献

鳥羽至英・八田進二・高田敏文訳 . 1996 年 . 『内部統制の統合的枠組み：理論篇』
　　（COSO 報告書）. 白桃書房。
福川裕徳. 2012. 『監査判断の実証分析』. 国元書房.

第11章

監査証拠と監査技術

　監査リスク・アプローチのもとで重要な虚偽表示リスク（固有リスクと統制リスク）が評価され，それによって決定された発見リスクに基づいて監査計画が策定されると，監査人は実証手続としての監査手続（auditing procedure）を実施していくこととなる。監査手続とは，特定のアサーションの内容に関連する監査証拠（audit evidence）を入手し，それにしかるべき監査技術（audit techniques）を適用することを通じて，当該アサーションがどの程度確からしいかを決定することである。アサーションに対する監査人の信念（心証）は監査手続を経て形成されることとなる。

　監査証拠と監査技術についてイメージできるように，大工を例に取り上げてみよう。大工（会計プロフェッショナル）は，家の建築（財務諸表についての意見表明）を目的に，設計図（監査計画）に従って，建築資材や砂・モルタル・石など（監査証拠）を調達（入手）し，金槌・のこぎり・ノミ・錐・シャベルなど（監査技術）を使う。建築資材などに相当するのが監査証拠，工具に相当するのが監査技術である。

　本章では，監査手続なる概念を構成する要素として，監査証拠と監査技術を別個の概念として取り上げることにする。

 監査手続と監査証拠

　監査手続をどのような具体的内容や体系のもとに理解するかは，財務諸表監

第11章　監査証拠と監査技術

査における監査手続を対象とするのか，内部統制報告書監査を対象とするのか，それとも財務諸表監査と内部統制報告書監査が制度として一体として実施されている「統合監査」を対象とするのかによって異なるようにも思われる。しかし，本書ではこの問題に深入りせず，財務諸表項目に関連するものであろうと，内部統制の評価に関連するものであろうと，監査手続を，特定のアサーションについて監査証拠を入手・評価し，適合する監査技術を選択・適用することを通じて，当該アサーションの確からしさについて信念を形成するプロセスと捉えることとする。

　監査人が監査プロセス全体を通じて入手する監査証拠の大部分は，財務諸表の適正表示に関する監査意見の「合理的な基礎」を得ることに関係している。しかし，その種類，機能，および特性は一様ではない。また，監査証拠のなかには，監査契約の締結・更新に関連して取り交わした文書や経営者の説明もあれば，被監査会社を取り巻くビジネス・リスクや被監査会社の監査リスクを評価するために入手する情報，アサーションについて信念を形成するために利用する立証の材料もある。過年度の監査において得られた情報や知識，さらには監査人が自ら分析あるいは論理展開（推論）することによって得られる情報もある。これらの情報すべてが監査証拠に含まれる（図表11-1）。財務諸表監査において監査人が入手・利用する監査証拠の種類は多様であり，そのいずれも監査人にとって重要な情報でありうる。ここでは，監査証拠を「リスク評価のための監査証拠」と「立証の材料としての監査証拠」に大別し，以下，それぞれの証拠特性について説明する。

リスク評価のための監査証拠

　現在の監査実務では，監査証拠という概念を，アサーションを立証するための「立証の材料」と狭義に理解するのではなく，立証すべきアサーションを識別するための情報や，監査人が行う被監査会社のリスク評価に関連して入手する情報も含めた広義の概念として捉えている。監査証拠概念の捉え方がこのように大きく変わったのには，監査リスク・アプローチやビジネス・リスクを重

208

■図表11-1　監査証拠の内容

監査証拠	監査契約の締結・更新に関連して取り交わした文書や経営者の説明
	監査リスクやビジネス・リスクの評価に関連して入手した情報
	アサーションについて信念を形成するために利用する立証の材料
	過年度の監査から得られた情報・知識
	監査人が自ら分析し論理展開した結果・思考プロセス

視した監査アプローチの導入が深く関係している。

　リスク評価のための監査証拠は，監査の依頼人である被監査会社を取り巻くさまざまなビジネス・リスクや財務諸表項目の固有リスクおよび統制リスクを評価するために監査人が入手する情報である。これらの情報の多くは監査計画を策定する際に用いられるものであり，とりわけアサーションを識別するために不可欠である。というのは，監査人がいかなる監査証拠を入手するかによって，アサーションが，そしてその結果，監査手続が影響を受けるからである。

　注意すべきことは，この種の情報をいくら入手しても，それは特定のアサーションを直接に立証するための監査証拠とはならないということである。いいかえれば，リスク評価のための監査証拠として許容される範囲は広く，また，当該証拠に対しては厳格な評価は必ずしも求められない。監査人は，さまざまな情報源から得られた被監査会社の事業戦略や商慣習，取引慣行，あるいは被監査会社が抱えているビジネス・リスクに関する情報を分析し，その結果をア

209

第11章　監査証拠と監査技術

サーションの識別を含む監査計画の策定に反映させる。

立証の材料としての監査証拠

立証の材料としての監査証拠とは，監査人が特定のアサーション（立証命題）についての結論を得るために，被監査会社や被監査会社を取り巻く関係者から入手した立証の材料としての情報，さらには監査人自らが作成した資料などを総称したものである。監査人が監査立証プロセスにおいて入手する監査証拠の範囲は拡大しつつある。とはいうものの，監査人が最も重視すべき情報が「立証の材料」としての監査証拠であることには変わりがない。また，これまでの監査文献が主として取り上げてきたのはこの範疇の証拠であり，その形態的な特性に着眼し，**文書的証拠・物理的証拠・口頭的証拠**に分けて説明してきた。また文書的証拠については，それが被監査会社によって作成されたもの（会計帳簿・伝票など）であるか，外部の第三者によって作成されたもの（受領書・契約書・登記簿謄本など）であるかによって「内部証拠」・「外部証拠」に分ける考え方もある。以下，個々に説明する。

文書的証拠

文書的証拠とは，被監査会社の内外で作成された文書・文字媒体を総称したものであり，監査人が入手する監査証拠のなかで量的にも種類的にも最も多いものである。財務諸表監査において監査人が利用する文書的証拠の中心は，財務諸表を支える会計帳簿（主要簿・補助簿）やその他の会計記録（原始記録としての証憑）である。また，監査人が外部の関係者から入手した確認回答書も文書的証拠に含まれる。

文書的証拠は，報告書の形態をとるもの，証憑など原始記録の形態をとるもの，議事録の形態をとるもの，契約書の形態をとるもの，マニュアルや規程の形態をとるもの，新聞や業界情報など，さまざまである。また文書的証拠の情報源は，被監査会社の会計情報システムのなかに存在するもの，さらに広くその他の業務情報システムのなかに存在するもの，そのような情報システムとは

■図表11-2　文書的証拠の種類

会社の会計システムのなかで作成される文書
　財務諸表・総勘定元帳・各種補助簿（勘定明細表）・会計伝票・各種資産台帳・各種規程・マニュアル・注文書控・証憑控（領収書控・送り状控・請求書控・納品書控）・小切手（手形）発行控・物品受領書・証憑記録（タイムカード・棚卸原票）・製造指図書・棚卸表・検収書

会社の業務情報システムのなかで作成される文書
　取締役会議事録・内部監査報告書・予算書・会議録・各種受付簿・各種業務報告書

会社が外部に提出した報告書や文書（控）
　有価証券報告書・臨時報告書・法人税申告書・環境報告書・事業報告（書）

取引の過程で取引先が作成した文書
　請求書・領収書・仕入送り状・注文書・物品預り証・当座勘定照合表・保管証明書・送金通知書・銀行残高証明書・計算明細書・製品（商品）案内

取引の過程で取引先と交わした文書
　各種契約書（正本または副本）・振込通知書（控）・往復文書・送金依頼書（控）

公的機関が作成した文書
　登記簿謄本・各種決定通知書

監査人が外部から直接入手した文書
　確認回答書・弁護士証明書・前任監査人の過年度監査に関する説明書

別に独立的に作成されるものなど，文書の目的や性格によって異なっている。もちろん，その作成・取り扱い・保存に関する文書管理規程も異なる。図表11-2を参照されたい。

　文書的証拠の利用に際しては，その信頼性の程度について，監査人による専門的な判断がなされなければならない。この判断を監査証拠の評価という。もっとも，文書的証拠の評価といっても，それをいかなる目的で利用するかによって評価の厳格度は異なる。ビジネス・リスクの評価，重要な虚偽表示リスクの評価，そしてアサーションの選択という目的であれば，特定の文書的証拠の信頼性を厳格に評価することはそれほど重要ではない。むしろ，さまざまな

情報源から得られた情報を総合して判断すべきであろう。反対に，特定のアサーションを立証する目的であれば，当該文書の信頼性・真正性は可能な限り厳格に評価されるべきであろう。

被監査会社の内部で作成された文書の信頼性は，被監査会社における内部統制の有効性の程度によって影響を受ける。一般的には，被監査会社の内部統制が整備され有効に機能していればいるほど，会社内部で作成される文書の信頼性は高いと判断できる。

取引先が作成した文書の信頼性は，基本的には，その取引先の内部統制の有効性によって影響を受けるが，被監査会社の内部統制が有効に機能していれば，取引先が万一誤った文書を作成しても，その過誤を発見し，あるいは問い合わせ，正しい文書の状態に訂正されるはずである。その意味では，取引先からの文書の信頼性は被監査会社の内部統制とまったく無関係とはいいきれない。

契約書など外部関係者との取引を遂行する過程で取り交わした文書の信頼性は一般的には高いが，常に高いと考えていいわけではない。内部者が文書を偽造または改ざんしている場合もあれば，外部者の作成した文書であっても，その外部者が被監査会社からどの程度独立しているかによって，その信頼性が異なるからである。たとえば確認回答書を入手した場合でも，それが，被監査会社と対等な関係（arm's length）にある取引先からの回答書であるのか，関連当事者（related party）である取引先からの回答書であるのかによって，その信頼性は大きく異なる。

登記所といった公的機関の発行した文書の信頼性は高いと判断してよいであろう。しかし，情報源が被監査会社との取引などを通じて深い関係にある場合には，それが取引銀行の作成した文書であれ，顧問弁護士の作成した文書であれ，監査人はその信頼性を慎重に評価する必要がある。アメリカを代表する会計事務所による監査においてさえも，被監査会社の取引銀行からの確認回答書を鵜呑みにしたために不正工作に気づかず，監査の失敗につながったケースが少なからず報告されている。顧問弁護士からの回答書（陳述書）もまたしかりである。状況によっては，経営者に都合よく作成された，バイアスのかかった

顧問弁護士の回答書もありうる。いずれにしても，単一の証拠源泉に完全に依拠するのではなく，数多くの源泉に証拠を求め，入手した文書の信頼性を相互に，そして多面的に評価することが大切である。文書的証拠の評価に際しても，真正であるかどうかという視点だけではなく，バイアスがかかっていないかどうかという視点も必要であろう。監査証拠の評価にも職業的懐疑心を十分に働かせなければならない。

物理的証拠

物理的証拠とは経済的価値を表彰しているもの（有価物）を総称したものである。実務では，ややあいまいに「現物」と呼ばれる場合もある。現金，在庫品，有形固定資産はいうまでもなく，預金証書，貨物引換証，受取手形や有価証券，そして保険証書などは，すべて，ここにいう物理的証拠の典型的な例である。なお，不動産に関する登記簿謄本は文書的証拠であるが，不動産権利書は物理的証拠とみなされている。紙媒体が常に文書的証拠とは限らない。

物理的証拠の評価においては，主としてそれが本物であるかどうかを含む真正性の評価が中心となる。というのは，それらが偽造され，あるいは真正でない場合もあるからである。監査人は鑑定士ではないが，監査人が調べる物理的証拠が偽造されたものではないのか，真正なものであるのかを職業的専門家としての正当な注意（職業的懐疑心）を行使して吟味しなければならない。預金証書の偽造や手形の偽造は，時として企業不祥事の発覚に関連して，マスコミで報道されることでもある。また，必要と認めた場合には，鑑定士といった専門家を利用することも検討すべきである。これは「専門家の業務の利用」という監査手続である。

口頭的証拠

口頭的証拠とは，監査人が行った質問に対する口頭による陳述を総称したものである。経営者による陳述や従業員による陳述がその例である。口頭的証拠というものが独立して存在するのではなく，通常は，監査人からの質問を受け

第11章　監査証拠と監査技術

てなされる陳述・説明という形をとる。質問は監査技術の1つであるが，口頭的証拠の入手と質問の適用は一体と考えるべきであろう。口頭的証拠の評価においては，質問に対して責任ある回答のできる権限や専門知識を有しているかどうかの検討を含む回答者の適格性についての評価と，回答内容が適切であるか，矛盾がないかどうかについての評価が中心となる。

　数多くの監査の失敗を引き起こした要因の1つとして，経営者や従業員による陳述や説明を監査人が鵜呑みにし，その陳述内容や事実関係をしかるべき証拠で裏づけることを怠ったことがしばしばあげられる。とりわけ経営者の陳述の場合には，監査人がそれを鵜呑みにして受け入れる傾向が強く，後日，監査の失敗に結びついた事例が多い。「どのような職責の人間が，どのような状況のもとで，どのような内容の陳述をしたか」という観点から口頭的証拠の評価を行うことも必要であるが，口頭的証拠の場合には，その陳述内容を他の証拠によって裏づけるという姿勢が最も重要である。「聞きっ放し」では監査リスクは低くならないし，低くなっていないのに低くなったとの誤った判断をしてしまうこととなる。

　いずれの種類の監査証拠であれ，監査人にとっては必要不可欠である。しかし，その機能は同じではない。財務諸表の適正表示についての監査意見を支える「合理的な基礎」の形成に直接関係する監査証拠もあれば，間接的な影響にとどまる監査証拠もある。立証目的に利用される監査証拠については，監査人による厳格な評価が必要である。監査の失敗は，程度の差こそあれ，監査証拠の評価を軽視したことによって引き起こされた場合が多い。

　監査立証プロセスにおいて間接的な働きをする監査証拠（とくにリスク評価のための監査証拠）が軽視されてよいというのではない。むしろその重要性はますます高まっている。とりわけ監査リスク・アプローチやビジネス・リスクを重視した監査アプローチが実務に浸透するにつれて，監査手続を，監査人がアサーション（立証命題）を裏づける手段・方法の総称として捉える考え方よりもむしろ，リスクの評価手続と捉える考え方が支配的になりつつある。監査

人が利用する監査証拠の範囲は拡大し，リスクの評価に役立つ情報であれば，基本的にそれを監査証拠として受け入れようとする意識が強まりつつある。特定のアサーションに適合し（relevant），信頼性のある（reliable）監査証拠だけでなく，「立証の材料」たる監査証拠としては必ずしもふさわしくないが，リスクを評価するうえでは役立つ情報も監査証拠（情報）として受け入れるという思考が強くなっている。監査基準報告書 500 や国際監査基準における監査証拠の定義は，まさにそれを代表するものである。

2　照合の手段としての監査技術

　特定のアサーションの確からしさについて信念（心証）を形成するには，当該アサーションの意味するところに適合する監査証拠を入手し，適切な照合の手段を選択・適用することが必要である。この照合の手段を**監査技術**という。監査技術のなかには，後述する「確認」や「質問」のように，相手から回答——文書による場合もあれば口頭による場合もある——を入手することを強調したものもある。しかし，監査技術は，元来，監査人の批判的な行為を指示する概念であり，監査証拠の入手という側面を捉える概念ではない。たとえば，

 Coffee Break　　分析的実証手続と分析的手続の異同

　監査基準報告書は，本書で列挙している監査技術全体を「監査手続」という概念で括っている。さらに，「実証手続」なる用語を導入し，それを「詳細テスト」と「分析的実証手続」に分けている。本書では，「分析的手続」を監査技術として説明し，勘定分析はそこには含まれない独立の監査技術と説明している。一方，「分析的実証手続」は勘定分析を含んでいる。本書と監査基準報告書がそれぞれ言及している用語は類似しているが，必ずしも一致しないので注意されたい。

第**11**章　監査証拠と監査技術

■**図表11-3　監査人からみた監査証拠と監査技術**

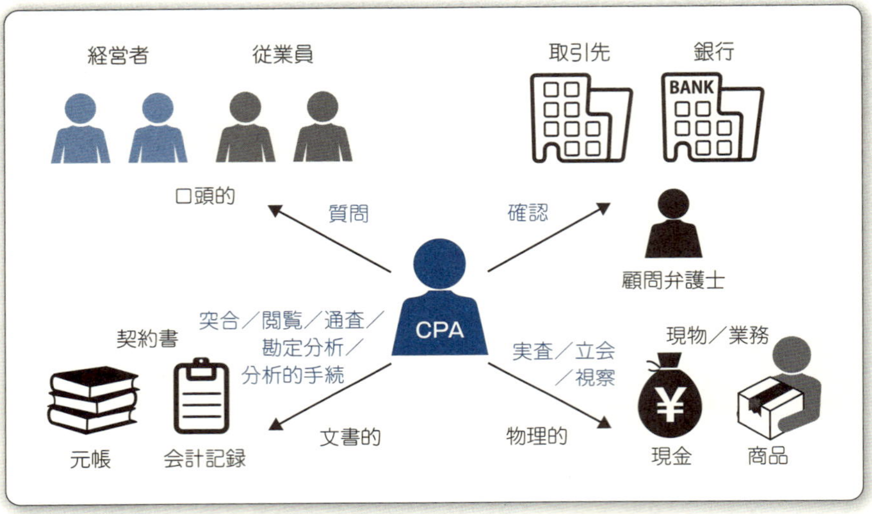

　監査人が会計記録のコピーを入手し，監査人自ら表を作成しても，それらは監査手続を行うための準備行為にすぎない。あるアサーションについて監査人が信念を形成するには，そのような情報としての監査証拠を入手するだけではなく，そこに何らかの照合もしくは批判的な分析や検討がなされなければならない。

　監査人の批判的行為または照合を意味する用語は非常に多く，最広義には，「検討」・「吟味」なる行為も監査技術と考えられないこともない。しかし，本書では，批判的行為や照合の内容が特定された監査技術に限定して，以下，個別に説明することとする。図表11-3は，監査人を中心にした監査証拠と監査技術の関係についての鳥瞰図を示している。

実　査

　実査（physical inspection）とは，「実物検査」の略語であり，基本的には，監査人が物理的証拠に直接接触し，五感を通じて，①対象物の識別と実在性の

検証，②数量の決定，③所有権の識別（実査では決定できない場合もある），および④対象物の存在状態の把握（対象物によっては，不要な場合もある）を行う複数の立証目的をもった**複合技術**である。実査は，現金，預金通帳や預金証書，受取手形，有価証券，船荷証券，保険証書，不動産権利書などに適用される。また，棚卸資産や固定資産にも適用される。監査実務では，「契約書の実査」というように使用されることもある。

　実査が合理的に実施されるためには，監査人が上記の立証目的を十分に達成できるだけの専門的・技術的知識をもっていることに加えて，実査が一定期間に効率よく完了するように事前に十分に計画されていることが必要である。また，換金性の高い資産項目（現金・預金・有価証券・受取手形）の実在性の立証については，相互融通による二重計上を防止するために，実査の同時適用を行うなど，実査の有効性を高めるための配慮が不可欠である。銀行監査における現金の監査，証券会社監査における有価証券の監査，あるいは商社監査における手形の監査では，そうした二重計上防止の観点から，できるだけ短期間に実査を完了すべきである。また，内部統制の状況によっては，実査に代えて後述する「立会」が実施されることもある。

　実査の有効性は，それが抜き打ちで行われる場合に最大となる。しかしながら，経営者のアサーションを裏づけるという性格を基本的に有する財務諸表監査において，実査を常に抜き打ちで行うことに対しては，被監査会社からの感情的な反発も当然予想される。抜き打ちによる実査に対して遠慮があってはならないが，監査人は事前に被監査会社（取締役会）から「抜き打ちによる実査」についての一般的了解を得ておくなど，職業的専門家としての丁寧な配慮も必要である。実査は，職業的懐疑心を十分に働かせるうえでも重要な監査技術であり，被監査会社の陳述や主張を事実との接触を通じて監査人自身が直接裏づける手段として最も有効である。

立　会

　立会（observation）とは，被監査会社の業務現場に監査人が直接立ち会い，

第11章　監査証拠と監査技術

その実施状況をつぶさに観察することにより，当該業務の妥当性を批判的に判断する監査技術である。特に棚卸の立会は，棚卸資産に適用される監査技術のなかで最も重要な監査技術である。棚卸の立会とは，被監査会社が行う棚卸作業に監査人が単に参加するということではなく，棚卸現場をまわって棚卸の状況を批判的に観察するとともに，棚卸手続に不備があれば，棚卸が終了する前にその改善を講ずるように勧告し，また，監査人もテスト・カウントすることによって棚卸結果の正確性を確かめ，もって棚卸資産の実在性と網羅性に関する監査証拠を入手する監査技術である。監査人は，棚卸の立会に際しては，事前に被監査会社から棚卸計画の説明を受け，問題がある場合には，改善を求めておく必要がある。そのうえで，以下の諸点を確かめる。

① 経理部門や内部監査部門など，現品保管部署以外の部門が参加していること
② 棚卸計画が事前に準備され，物品も物理的に整理され，また棚卸方法や棚札の集計手続についての指示が徹底されていること
③ 会社の所有資産と未検収品，預り品，担保品との区別，正常品と陳腐化品や不良品との区別が明確になされていること
④ 棚札はすべての品目に付され，棚卸結果が正確に記入されていること
⑤ 棚卸現品は異なる棚卸実施者によって2回数えられていること
⑥ 棚卸直前，直後，もしくは途中の棚卸資産の移動は，適切な管理下におかれていること
⑦ 棚札の回収を含めて，棚卸結果の集計が正確であること
⑧ 棚卸数量と帳簿数量との差異については，直ちにその原因を調査する体制がとられているとともに，差異の大きな物品については，棚卸のやり直しが予定されていること

ここで注意しなければならないことは，棚卸対象品目，棚卸の方法や時期の決定を含めて，棚卸を行う責任はあくまで会社側にあるという点である。棚卸

218

が会社側で正式に計画され，監査人がこれに立ち会うことが可能であり，しかも当該棚卸資産の金額が重要である場合には，棚卸の立会の省略を正当化できる理由はほとんどないであろう。

確　認

　確認（confirmation）とは，監査人が外部の関係者（被監査会社の取引先や顧問弁護士など）に直接文書により照会して一定の事実や取引の存在，その内容あるいは計算の正否を確認してもらい，その回答を文書の形で監査人が直接（被監査会社を経由せず）入手する監査技術である。監査人は確認を通じて強い証明力をもつ証拠を入手することができるが，その選択・適用には，監査人の専門的な判断が必要とされる。その際，次の要因が一般に考慮されるべきである。

① 　確認することの必要性：確認には，手数と費用がかかり，回収までに時間がかかる。したがって，確認を実施する際には，その必要性が検討されるべきである。たとえば被監査会社の内部統制の状況が良好である場合，確認項目の重要性が低い場合，あるいは他の代替的な監査手続が可能である場合には確認を省略することも可能である。

② 　確認先の適格性：確認先が確認事項に回答できるだけの資格，権限，条件を有しているかどうかを判断することも必要である。子会社や関連会社に対する確認については，親会社の影響力が回答内容に反映されている可能性が高いと認識したうえで，その実施の適否を判断する必要がある。

③ 　適用時期（確認基準日の決定）：勘定残高の実在性を立証する目的で確認が選択される場合には，確認は期末時点で行うのが原則である。しかし，期中に確認が行われる場合には，その確認時点と期末時点との間の金額の差異を調整する必要がある。

④ 　確認方法の決定：確認方法には，積極的確認と消極的確認の2つがある。積極的確認とは，確認事項の正否にかかわらず，すべての事項に対す

第11章　監査証拠と監査技術

る回答を確認先に求める方法である。消極的確認とは，確認先が確認事項に誤りや不一致を識別した場合にのみ，その事項についての回答を求める方法であり，したがって，回答がない場合にはすべての確認事項に誤りがないとの了解が得られたものと推定される。確認本来の目的からすれば，積極的確認が原則であるが，状況によっては，消極的確認でも立証目的を十分に果たすことができる。

⑤　回収可能性（相手側の協力度）：積極的確認の場合には，確認先からの回答が得られて，はじめて意味をもつ。したがって，官庁に対する確認のように，相手側がこれに応じないことがあらかじめわかっている場合には，代替的手続を講ずるほうが合理的である。

　被監査会社の側で，内部統制手続の一環として売掛金について残高確認を行い，補助簿との照合を実施している場合がある。しかし，監査人が被監査会社の入手した残高確認書を利用して照合しても，それは後述する証憑突合であって，ここにいう確認ではない。また，確認を実施する際には，被監査会社の支配や干渉をできるだけ排除するような配慮が必要である。たとえば，確認依頼書の作成を被監査会社が行ったとしても，確認依頼書の記載事項はすべて監査人がチェックすべきであり，また，その後の手続き（閉封―投函―回収）は，被監査会社を介在させず，監査人が直接行わなければならない。現実に，投函を被監査会社に任せたため，監査の失敗に結びついたと推察される事例も起こっている。また，被監査会社の担当者が監査人の後を尾行し，監査人が確認依頼書を投函した後で，郵便局員が郵便物の回収に来るのを待ち受け，何らかの理由をつけて特定の確認依頼書を回収する，という荒業も現実にわが国において起こっている。

　確認の最も代表的な例は売掛金の残高確認であるが，それ以外にも確認を適用できる財務諸表項目は少なくない。しかし，確認が最終的に選択されるかどうかは，当該アサーション（立証命題）の重要性を基礎にして，上記の要因などを考慮しつつ総合的に判断される。図表11-4は，確認の適用可能な財務諸

■図表11-4　財務諸表項目と確認先

財務諸表項目	確認先
預金	銀行など金融機関
受取手形（取立依頼中）	銀行など金融機関
受取手形・支払手形	手形の振出人・名宛人・裏書人
売掛金・買掛金	得意先・仕入先
棚卸資産	営業倉庫・委託販売先
貸付金・借入金	融資先企業・銀行など金融機関
有価証券	保護預け先・担保差入先
割引手形	銀行など金融機関
預り金（従業員預金・営業保証金）	従業員・取引先
保証債務	名義書換代理人（信託銀行）
偶発債務（訴訟）・継続企業の前提	銀行・取引先・被監査会社の顧問弁護士

表項目と確認先との関係を示したものである。

質　問

　質問（inquiry）とは，被監査会社の役員，従業員あるいは被監査会社の外部関係者に不明な事実や疑問点を問い合わせ，それについての回答を得る監査技術である。質問はまた，財務諸表の虚偽表示の糸口を探すために，あるいは適切なアサーションを選択するのに役立つ情報を企業から得るうえで非常に有効な監査技術である。さらに，質問は，監査人が他の監査手続を通じて確かめたことを経営者や担当者に再確認するという目的にも使われる。

　通常，会社内部者に対する質問は口頭で行い，口頭による回答を得るという形で行われる。しかし，質問事項が多岐にわたる場合や質問の内容が重要である場合には，後日の誤解や記憶上の問題を避けるために，文書による質問書を手渡し，文書による回答を得るのが適切である。被監査会社から入手する内部統制質問書への回答書，負債証明書，在庫証明書，そして経営者確認書はこの例である。

第11章　監査証拠と監査技術

　質問は，被監査会社の外部関係者に対して行われる場合もある。アメリカの監査実務では，電話による問い合わせが広く行われているようである。しかし，問い合わせの内容が重要である場合や，被監査会社より提出された資料や説明では十分に納得できない場合には，質問ではなく，確認を選択すべきである。また，質問を適用して得た回答については，他の監査技術によって補強証拠を必ず求め，回答内容の真偽や妥当性を監査人自らが確かめておく必要がある。

　質問は人や項目を選ばない。あらゆる財務諸表項目に関連して適用可能であり，偶発債務や未確定事項の監査においては，まず適用されるべき基本的な監査技術である。質問から得られた証拠の証明力が，常に小さいというわけではない。経営者の側からなされた首尾一貫した誠実な説明は，監査人の信念形成に少なからず影響を与えるであろう。しかし，その一方で，監査の失敗事例の多くが，経営者の口頭による回答を監査人が鵜呑みにし，その後の裏づけを怠っていたことに起因していたことも忘れてはならない。

　質問の有効性は，何よりも，的確な質問が相手に投げかけられているかどうかによって影響を受ける。職業的懐疑心は，監査現場においては，質問を投げかけるところから始まると考えてよいであろう。同時に，以下の要因も，質問に際して考慮されるべきである。

① 　質問によって得られた回答がアサーション（立証命題）の求めるところにどの程度適合しているか
② 　回答者は質問に対する回答をするのに十分な専門的・技術的能力をもっているか
③ 　回答者の組織内での地位や職責
④ 　他の回答や監査結果との整合性
⑤ 　質問の形式（文書か口頭か）

視　察

　視察（observation）とは，監査人が特定のアサーションを立証するために，あるいは，被監査会社で行われている業務についての状況を把握することを目的として，監査人が業務現場に赴き，そこで行われている業務活動の状況や手続などをつぶさに，そして批判的に観察することを内容とする監査技術である。原価計算の監査に関連して行われる工場の視察，未成工事支出金や固定資産の監査に関連して行われる建設・工事現場の視察，在庫監査に関連して行われる営業倉庫の視察，情報システムの監査に関連して行われる電算処理センターの視察など，視察は被監査会社の業務活動に関するさまざまな業務現場について行われる。

　視察によって得られる証拠の立証力は，一般的には，他の監査技術に比べて強くはないが，アサーションによっては，監査人は相当強い信念を形成することもある。視察の際には，監査人が目にする被監査会社の業務活動について，職業的懐疑心を十分に働かせて観察するとともに，できるだけ多くの情報収集に努め，また疑問点についてはその現場で質問を行うなど，観察した内容を確実なものにしておくことが必要である。また，視察の目的・範囲・結果など，監査人が行った視察の内容は監査調書に記載しておくべきである。

閲　覧

　閲覧（review）とは，ある特定の立証目的について，文書に記載されている内容を批判的に検討し知悉することを目的とする監査技術である。閲覧はあらゆる種類の文書に適用可能であるが，その主たる対象は仕訳記入を直接裏づける原始記録としての証憑ではなく，むしろ被監査会社の経営全般・会計全般に関する方針や手続を記載した各種規程（たとえば，業務規程・経理規程・権限規程・原価計算規程），各種議事録（株主総会議事録・取締役会議事録・その他の会議議事録），契約書，稟議書，各種報告書，予算書，財務書類（有価証券報告書や計算書類），税務申告書などである。閲覧はほとんどすべての財務諸表項目

第11章　監査証拠と監査技術

の立証に関連して利用でき，その意味で適用範囲の広い監査技術であるが，豊富な実務経験と専門知識に培われた鋭い勘と判断力と問題識別力が要求される。

　閲覧は，後述の証憑突合とは似て非なる監査技術である。被監査会社が所有している文書に適用されるという点では共通しているが，適用の目的や適用される文書の種類に違いがある。閲覧には，実査や証憑突合と違い，文書そのものの真正性や適切性を吟味するという目的は予定されていない。たとえば，売上高の監査に関連して，契約書を閲覧する場合には，販売契約が適切に締結されているかどうかを確かめることを含め，販売契約の内容を知悉するという目的が予定されている。また，販売業務規程を閲覧する場合には，被監査会社の販売業務についての状況や販売業務に対する内部統制の整備状況を把握するという目的が予定されている。また，偶発債務の有無あるいは継続企業の前提にかかる問題の有無を確かめたい場合には，取締役会議事録の閲覧は，被監査会社の顧問弁護士に対する確認と並んで，監査人が実施すべき重要な監査技術であるといえよう。

証憑突合

　証憑突合（vouching）とは，①会計帳簿記入とそれを裏づける原始記録たる証憑書類とを突き合わせることによって，当該会計帳簿記入が正しく行われていることを確かめるとともに，②当該証憑書類自体の記載に瑕疵や不自然さがないかどうかを確かめる，という2つの立証目的をもった複合技術である（図表11-5）。たとえば，「売上高は実現主義に従って計上されている」というアサーションについて，売上高明細表と出荷伝票とを照合することは，証憑突合の第1の目的に関係している。一方，出荷伝票自体について，①その取引は承認を経たものであるか，②金額や数量の計算は正しいか，③日付や出荷先は正しく記入されているか，などを検査することは第2の目的に関係している。

　証憑突合に関しては，特に第2の目的が重視されるべきである。というのは，証憑は特定の取引や業務の全部または一部を表現している原始記録であるからであり，証憑突合は帳簿記入を直接裏づける原始記録に監査人自身が接触

■図表11-5　帳簿組織と監査技術

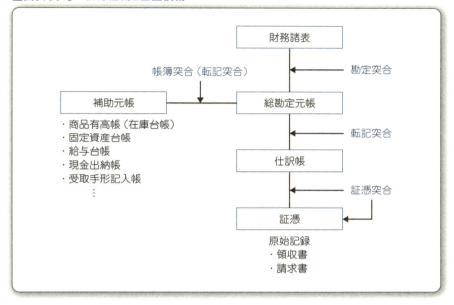

することを意味しているからである。取引の実在性の立証には，証憑突合が最も基本的な監査技術である。高度にIT化された会計情報システムが構築されている企業の財務諸表監査においても，監査人が最も重視すべき監査技術である。

証憑突合を実施した結果得られる信念の強さは，必ずしも同じではない。当該証憑が外部の関係者によって作成された場合には，会社内部で作成された場合に比べて強い信念が形成され，また後者の場合でも，被監査会社における内部統制の有効性の程度によって形成される信念の強さは異なる。証憑突合は，証憑を吟味することを通じて，当該取引の核心に監査人が迫るという側面を有しているため，その適用には豊富な実務経験と鋭い勘が必要とされる。監査は文書的証拠の信頼性の鑑定を目的とするものではない。いわんや，監査人は鑑定の専門家ではない。このため，監査基準報告書240では，文書的証拠の真

第11章　監査証拠と監査技術

正性に疑いを抱く理由がある場合を除いて，通常，その文書的証拠を真正なものと受け入れることができるとしている。しかしながら，文書的証拠の真正性が疑われる場合には，第三者への直接確認や専門家を利用してその真正性を評価することが求められている。

勘定突合

勘定突合（account checking）とは，財務諸表上の金額と財務諸表の基礎にある総勘定元帳（主要簿）上の関連金額が一致することおよび総勘定元帳上の関連勘定の金額が相互に符合することを確かめることによって，記帳全体の正確性を確かめる監査技術である。IT技術によって勘定突合の意義は小さくなっているが，いかなる項目の監査であれ，監査人は財務諸表上の金額と総勘定元帳上の金額の一致を確かめておく必要がある。なお，勘定突合は上述の証憑突合とも，また次に取り上げる帳簿突合（転記突合）とも異なる。図表11-5は帳簿組織におけるこれら3つの監査技術の意味を図示したものである。

帳簿突合

帳簿突合（posting checking）とは，会計帳簿間の転記の正否を確かめることによって，記帳の正確性を確かめる監査技術である（図表11-5）。会計帳簿間の突合には，仕訳帳と総勘定元帳との間の転記突合だけではなく，総勘定元帳と補助簿との照合，補助簿と明細表との照合も含まれる。伝票会計システムが採用されている場合には，伝票が仕訳帳と補助簿の機能を同時に果たすので，伝票の突合は帳簿突合の1つの形態と考えてよいであろう。帳簿突合は記帳事務の検証であるので，補助者にそのほとんどを任すことができる。また，内部統制の整備・運用状況が良好な場合には，帳簿突合の範囲を大幅に縮小することもできる。今日のように高度にIT化された会計情報システムにおいては，帳簿突合の重要性は相対的に低下したと考えてよいであろう。

計算突合（独立的計算）

計算突合（footing, computation）は，「計算調べ」（再計算）と一般にいわれているように，被監査会社の行った計算を監査人が再度検算することによって，当該計算の正確性を確かめる監査技術である。各種計算表，明細表，報告書における縦計・横計の検算，減価償却費の計算調べなど，さまざまな書類においてなされた計算を対象にすることができる。しかし，コンピュータ化された情報システムのもとで，計算突合の重要性は相対的に低下していることは確かである。

計算突合は，もともと，被監査会社の行った計算結果を監査人が再計算して確かめる手段だが，監査人が計算に用いられる数値を他の源泉から入手し，それを使って計算し直すということもある。このような計算突合を「独立的計算」という。たとえば，未払利息計上額の計算調べをする際に，利率や利払日などの情報を融資契約書から監査人が直接求めて計算する場合がその例である。もちろん，その場合には，契約書の閲覧など他の監査技術を併用するので，被監査会社が行った計算結果をそのまま再計算する場合に比べて，監査人が得る証拠の証明力は大きくなる。

IT環境においては，独立的計算（再計算）のあり方も変化している。現在では，被監査会社からデータを入手し，計算処理の正しいことをコンピュータ監査技法（Computer-Assisted Audit Techniques：CAAT）によって検証するという方法が採用されている。

勘定分析

勘定分析（account analysis）とは，勘定の借方・貸方をその構成要素別に分解し，当該勘定がいかなる内容の取引から構成されているかを明らかにする監査技術である。当該勘定に含めてはならない異質な取引が混入していないかどうかを確かめるのに役立つだけでなく，勘定記入や勘定残高の妥当性について全般的な信念を形成するのに役立つ。勘定分析だけで異常な取引や項目，ある

いは原理上の誤謬が発見される場合もあるが，他の監査技術と併用するのが効果的であろう。勘定分析の適用には，相当の手間と時間を要するので，一般的には，不正の温床となりやすい項目（各種仮勘定・未精算勘定・雑勘定），経済的事象の認識・測定に関して恣意的判断が入りやすい項目（資本的支出と収益的支出・繰延税金資産・投資有価証券・のれんなど），勘定残高の年齢調べ（債権の発生時期を調べること）が必要とされる勘定（売掛金），他の監査技術によって監査人が不審に感じた取引に関する勘定について，監査上の手掛かりを得るために適用される。

通　査

　通査（scanning）とは，特定の監査対象項目に関して異常な事項や例外的な事項を発見するために，文書的証拠を批判的に通読する監査技術である。通査が適用される文書には特別の制約はないが，その適用に際しては，鋭い判断力と職業的専門家としての勘が必要である。通査を実施しても，何らの異常事項も検出できない場合もある。その場合でも，監査人は当該監査対象項目の妥当性についてある程度の信念を形成したことにはなる。しかし，通査の本来の目的は，特定の項目やアサーションについて強い信念を形成することにあるのではなく，有効なアサーションの設定と効率的な監査手続の実施に役立てようとするところにある。通査の本質は異常点検出のための監査技術というところにあり，したがって，非常に限られた時間内に最大の効果を上げなければならない場合には，特に有効な監査技術である。

調　整

　調整（reconciliation）とは，独立の監査証拠から得られた2つ以上の金額や数量に差異がある場合に，その内容を調査し，それらが実質的に符合することを確かめる監査技術である。預金や売掛金の帳簿残高と確認回答書の回答金額との間の調整，在庫品の実査数量と帳簿上の数量との間の調整，当座勘定残高と銀行から報告された当座預金残高との間の調整はその例である。差異の

あった金額や数量が実質的に一致することが調整によって確かめられた場合には，監査人はかかる数量や金額の正確性に関して相当強い信念を形成することができる。

調整には時間がかかり，また新たな情報が必要である。したがって，場合によっては金額や数量の差異の調整を被監査会社に依頼し，その調整結果を監査人が検討することも実務的に認められるであろう。しかし，その場合の調整計算はあくまで被監査会社の担当者が行ったのであり，監査人が調整という監査技術を適用したことにはならない。

調整が有効に実施できるかどうかは，被監査会社の内部統制の状況や調整の対象となった金額・数量を監査人がどのような状況において把握したかによっても影響を受ける。いかなる項目であれ，調整は，理想的には完全に符合するまで実施されるべきであるが，在庫品の数量のように完全な調整が不可能な場合もある。内部統制が不備であるために，調整がなかなか捗らない場合もあるし，不正が介在している場合もある。特に不正が介在している可能性があると判断した場合には，調整が困難になっている状況を担当部署の責任者や経営者に報告し，その後の対応を待つべきである。

再実施

再実施（re-performance）とは，被監査会社が内部統制の一環として実施している手続が有効に機能しているかどうかを確かめるために，監査人が被監査会社のデータ処理プログラムを借用し，同一のインプット・データを用いて被監査会社が行った業務処理と同一の処理を実施し，会社側が行った場合の結果と齟齬がないかどうかを確かめる監査技術であり，内部統制の運用評価手続の一環として利用される。IT環境のもとでは，再実施もCAATを利用して実施されるのが一般的であろう。

分析的手続

分析的手続とは，①財務データ単独の推移，あるいは財務データ相互間の関

第11章 監査証拠と監査技術

係の推移を分析することによって，不整合な関係にある財務諸表項目（異常な財務諸表項目）を識別すること，および，②財務データ相互間または財務データと非財務データとの間の関係を利用して推定値を算出し，その推定値を財務諸表項目の数値と比較することにより，当該財務諸表項目の状況（整合性・規則性）についての情報を得るための監査技術である。最近の監査実務では，分析的手続の利用に際して，非財務データの重要性がますます認識されている。以下，それぞれについて説明する。

1）異常点検出のための監査技術　監査立証プロセスにおける分析的手続の第1の意義は，リスク評価手続として実施することにより，財務諸表における数値の異常な増加・減少のみならず，関連数値間の不整合，異常な比率など，監査人が見落としてしまう可能性のある「黄信号」や「赤信号」に関する貴重な情報を提供するという点にある。それゆえ，分析的手続は，監査計画を策定する段階において，重要な虚偽表示の検出につながる可能性の高い監査領域（財務諸表項目またはアサーション）を特定しあるいは絞り込むうえで役立つ。有効な試査判断を行ううえでも，監査手続の効率化を図るうえでも，分析的手続は重要である。

　図表11-6は，過去5年間の売上高総利益率の推移を示したものである。売上高総利益率は，売上高と売上総利益の比率（売上総利益／売上高）として算出される。売上高総利益率を時系列で捉え，その推移を検討するのも，分析的手続の一例である。20X5年度の売上高総利益率は，過年度に比して大きく上昇している。この比率の大幅な上昇の原因には，セールス・ミックスの変化，原材料価格の下落，製造工程の改善などがありうるが，財務諸表の重要な虚偽表示に関連づけると，次のようなことが可能性として考えられる。

①　架空売上が計上されている可能性（売掛金の過大計上の可能性)
②　当期仕入高が過小に計上されている可能性（買掛金の過小計上の可能性)
③　期末在庫が過大に計上されている可能性

■**図表11-6** 売上高総利益率の推移

	20X1	20X2	20X3	20X4	20X5
売上高総利益率	35.4%	35.7%	34.8%	35.1%	39.6%

④　棚卸資産の期末評価基準が変更されている可能性

　さらに，①から③の場合には，関連する内部統制に重大な欠陥があり，有効に機能していない可能性もある。手続上のミスによってこのような金額の不整合がもたらされている可能性もあるし，何らかの不正が関係している可能性もある。監査人は分析的手続の結果を他の監査手続の選択に結びつけ，財務諸表に潜んでいる重要な虚偽表示を検出しようとする。このような異常点検出を目的とした分析的手続は，基本的には，監査手続を計画する段階，監査手続を実施する段階，そして意見表明のための基礎を確かめる段階において実施される（図表11-7）。

2）財務諸表項目間の整合性についての信念を形成するための監査技術　分析的手続の第2の意義は，財務諸表項目の全体的な整合性について監査人が信念（心証）を形成することを通じて，財務諸表についての意見表明の基礎を確かめるうえで重要な情報を得ることができるという点である。上と同じ比率分析を行い，図表11-8のような結果を得たとしよう。売上高総利益率は毎期大きく変動するものではないから，図表11-8が示す20X5年度の状況は過年度における状況と大差なく，整合的であると判断するであろう。売上高総利益率が実際に現実を正しく反映していたとすれば，監査人はこの分析的手続を通じて，財務諸表の適正表示についての信念を形成することができる。

■図表11-7　分析的手続の適用段階

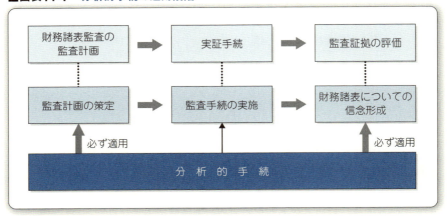

■図表11-8　売上総利益率の推移

	20X1	20X2	20X3	20X4	20X5
売上高総利益率	35.4%	35.7%	34.8%	35.1%	35.6%

　しかし，監査が難しいのは，この数字が虚偽で，実際の売上高総利益率は35.6％ではなく，それよりも低い可能性があることである。少なくとも，売上高および売上原価に対する分析的手続の結果からは，当期の財務諸表に何か大きな問題が隠されているとはいえない。財務諸表の適正表示に対する監査人の信念は単一の監査手続の結果によって形成されるべきものではなく，できれば視点を異にするさまざまな監査手続の結果として形成されなければならない。さらには，企業を取り巻く環境や事業活動（取引）の展開などを踏まえると，「当期の売上高総利益率が昨年のそれと同じ水準であることはむしろおかしい」といった視点から接近することが必要であるかもしれない。これも職業的懐疑心の発揮にほかならない。他の監査手続の結果による反証がなく，分析的手続によって示された財務諸表の表示（項目と金額）の間に整合性が認められれば，それは財務諸表の適正表示に向けた監査人の信念形成にプラスに働くであろう。

いかなる内容の分析的手続であろうと，基本的には，財務データや非財務データ（労働時間や物量データ）の吟味や統計的分析に基礎をおくため，会計方針の変更など利用される数値の前提に変更がある場合や事業内容そのものに大きな変化がある場合には，この監査技術の有効性は制約を受ける。

3 アサーション・監査証拠・監査技術 ── 売掛金監査を例にして

「売掛金期末残高1億円は20XX年3月31日現在において実在している。」（図表9-4）というアサーションの確からしさについて信念を形成するには，監査人はいかなる監査証拠を入手し，どのような監査技術を適用すればよいのであろうか。図表11-9を参照されたい。

売掛金の計上は，顧客からの注文書に基づき営業部が商品倉庫に出荷指示を出し，顧客に送り状①・納品書③・受領書⑤を添えて商品を出荷する。その際，送り状控②と納品書控④が残る。配達会社は顧客から受領書⑤に受領印をもらい，会社に戻す。一方，営業部は送り状控②に基づいて商品出荷に必要な会計処理を行う。資金管理を行う経理部は顧客に請求書⑥を送るとともに，請求書控⑦に基づいて売掛金（売上）を計上するために必要な会計処理を行う。被監査会社では以上のような会計システムが採用されていると仮定する。

このような場合，売掛金の実在性を監査要点とするアサーションに最も適合（関連）する証拠は請求書控⑦（証憑）である。かくして，監査人がまず採用すべき監査手続としては，請求書控を使って得意先元帳の売掛金期末残高をチェックすることである（証憑突合）。送り状控②や受領書⑤も利用できないことはないが，②は商品を出荷したという業務を裏づけ，⑤は当該商品を顧客が受け取ったことを裏づけるものにすぎず，当該顧客に対する売掛金が期末時点で存在していることを示す証拠としては適合性が弱い。売掛金は帳簿債権にすぎず，それ自体営業債権の実在性を示すものではない。この点が受取手形と異なる。それゆえ，監査実務としては，適合性で優っている請求書控⑦を利用

第11章 監査証拠と監査技術

■図表11-9　売上（掛）取引に関する文書的証拠とアサーション

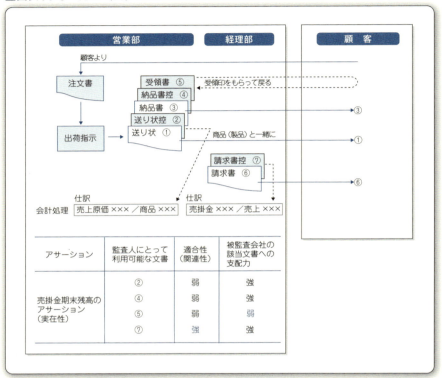

する監査手続を実施する。それに加えて，監査人は期末時点で会社が計上した売掛金残高を顧客に文書で直接照会し，その回答を直接受けるという監査手続が採用される。これが**売掛金の確認**（残高確認）である。

　売掛金期末残高の金額的重要性が認められない場合には，売掛金について残高確認を省略することは実務上ありうるが，金額的重要性が認められる場合には，たとえ売掛金業務に対する内部統制リスクが低い場合であっても，残高確認を省略することは合理的とはいえないであろう。それは，通常の場合，売掛金の固有リスクが非常に高いからである。

　売掛金の固有リスクが高い理由として，第1に，売掛金は帳簿債権である

こと，第2に，期末売掛金の実在性という監査要点に最も適合する証拠である請求書控⑦（証憑）は，その作成者である被監査会社による支配を完全に受けており，信頼性の面で欠けるところがあること，第3に，出荷先が受領を認めた受領書⑤は，顧客という第三者を経由した分だけその信頼性は増すが，期末における売掛金残高の実在性という監査要点に対する適合性という面では請求書控⑦に劣ること，があげられる。すなわち，確認以外の監査手続によって得られる証拠は，売掛金の期末残高（実在性）を裏づけるには，いずれも大きな限界を抱えているのである。

監査人はアサーションに最も適合する証拠を求めて監査手続を実施すべきであるが，現実には，当該証拠が被監査会社の完全な支配のもとで作成されるものであったり，あるいは証拠自体を入手できなかったりするなど，さまざまな制約を受ける。監査人は，当該監査状況のもとで最も合理的と判断される監査手続を実施し，アサーションに対する監査証拠を確かめるのである。

McKesson & Robbins粉飾決算

「売掛金の残高確認」と「棚卸の立会」は，1938年にアメリカで起こった，経営者の巨額な横領を隠ぺいすることを目的としたMcKesson & Robbinsの粉飾決算に対する会計プロフェッションの反省として，「実施可能にして合理的である限り」省略することが認められない監査手続として追加されたものである。名門Price Waterhouse会計事務所が長年監査していながら，経営者の財産不正に起因した粉飾決算を発見することができなかったからである。当時一般に行われていた監査手続には，明らかに不備があった。棚卸の立会は実施されておらず，また，売掛金の実在性の立証については，出荷伝票や請求書控でもって裏づける監査手続が実施されていたからである。この事件の結果，売掛金期末残高については，監査人が直接顧客に対して確認を求めるという監査手続が広く実施されるようになったのである。

第11章　監査証拠と監査技術

 本章のまとめ

　本章では，監査人が従事する監査立証プロセスを構成する監査手続——監査証拠・監査技術——を取り上げ，それぞれ考察してきた。監査証拠と監査技術のいずれを欠いても監査手続とはならないが，いかなる監査証拠を入手し，いかなる監査技術を選択・適用するかはアサーション（立証命題）の意味するところによって決定される。

　監査計画を策定する段階でいかなる監査手続を予定するかは，基本的には，設定されたアサーション（立証命題）の意味するところによって決定される。アサーションが求めるところに適合した監査証拠を入手し，適切な監査技術を選択・適用することが重要となる。しかし，監査人を取り巻く状況によっては，監査人が求める監査証拠が常に容易に入手できるとは限らない。監査証拠の入手そのものが制約を受けることもあるし，そのような制約はなくとも時間やコストなどによって制約を受ける場合もある。監査人は，このようなさまざまな制約条件を考慮しながら，当該監査状況において最も合理的な判断を行う必要がある。とりわけ，監査人が入手した監査証拠については，その真正性や信頼性を慎重に評価する必要があり，また経営者や従業員からの陳述についてはそのまま鵜呑みにするのではなく，他の監査手続によってその内容を裏づける必要がある。監査人は，職業的懐疑心を十分に働かせて証拠を評価するとともに，監査手続の結果得られた検出事項の意味を慎重に検討しなければならない。

　それでは，入手した監査証拠に基づいて，監査人はどのようにして財務諸表全体についての意見を形成するのであろうか。第12章では，監査人が財務諸表についての意見の表明を支える「合理的な基礎」をどのように確保するのかという最も本質的な問題を監査手続プロセスに従って整理する。

第12章

監査意見の表明を支える合理的な基礎

　財務諸表の適正表示に対する監査意見は，アサーションについて監査人が監査手続を通じて形成した合理的な信念を基礎としている。しかし，現代の財務諸表監査は試査に基づく監査であることに気づくと，そこにおのずと，いくつかの本質的な疑問が生じてくる。「一部のアサーションの立証によって，なぜ財務諸表全体についての意見が形成できるのか」，「一部の監査証拠によって，なぜ財務諸表全体についての信念の形成が可能であるのか」である。財務諸表監査の理論は，この本質的な問いに答える考え方を提供するものでなければならない。

　重要なことは，監査意見の表明を支える合理的な基礎の形成を可能とする監査判断の仕組みが監査人の監査立証プロセスに組み込まれていることである。監査手続を有効かつ効率的に遂行するために，監査人は監査手続を計画し（Plan：P），計画された監査手続を実施し（Do：D），そしてその結果を評価し（Check：C），その結果に納得できないところがあれば，さらに監査手続を追加し（Action：A），状況によっては監査計画そのものの修正を行う（A）ことが必要である。監査手続の実施も，企業の経営管理や業務管理と同様に，PDCAというマネジメント・サイクルに従う。監査人は，このPDCAに従って遂行される監査手続を通じて，財務諸表に関連して設定された個々のアサーションについて信念を形成し，その信念を蓄積し，最終的には財務諸表全体の適正表示についての監査意見の表明を支える「合理的な基礎」を形成するのである。

　本章では，監査立証プロセスにおけるPDCAに注目することを通じて「監

第12章 監査意見の表明を支える合理的な基礎

査意見の表明を支える合理的な基礎」がどのようにして確かめられるのかを説明する。

1 監査計画の策定——証拠の事前評価

　監査立証プロセスは，企業内外のリスクの評価を受けて，監査計画において監査手続を具体的に予定するという形で開始される（図表12-1を参照）。監査基準報告書300は，「監査計画の策定は，監査期間全体，すなわち，前年度の監査の終了直後，又は前年度の監査の最終段階から始まり，当年度の監査の終了まで継続する連続的かつ反復的なプロセスである。」(A2) と述べている。監査計画は一度策定すればそれで終わりというものではなく，監査手続の結果や監査環境の変化を受けて絶えず見直され，必要に応じて修正されなければならない。

　監査計画とは，監査手続の実施に先立ち，財務諸表の適正表示についての監査意見の表明を可能とする「合理的な基礎」を得るために，

① 財務諸表上のいかなる項目について
② いかなるアサーションを設定し
③ どこで
④ いつ
⑤ 誰が
⑥ どのような監査手続を
⑦ どの範囲で適用するか

を具体的に策定することである。監査計画の策定自体は，監査人がこれから実施する監査手続の内容と範囲を，監査場所・監査実施日・監査担当者に関係づけながら予定することであるが，その実質は監査意見の表明に必要な監査証拠の総体を質と量の観点から事前に評価するところにある。監査計画は，その意味において，監査証拠の事前評価を行う場にほかならない。すなわち，監査計

■図表12-1　監査証拠の評価・集積プロセス

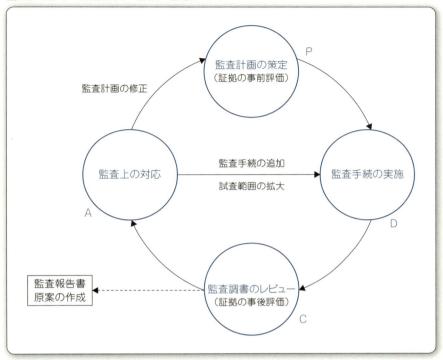

画を策定することとは，監査意見の表明の基礎として必要な監査証拠の総体を見積り，監査証拠を入手する手順を具体的に予定することである。その際に，監査リスク・アプローチを採用することが現在の財務諸表監査の大きな特徴であり，また，それは『監査基準』によって求められている。

　監査計画の策定に際して，監査手続の有効性のみならず効率性を図ることは重要である。しかし，有効性と効率性の優先度合いにはおのずと違いがある。監査手続の有効性の問題は監査の成否に直結するが，監査手続の効率性の問題は監査の成否ではなく，監査法人における監査資源の利用・配分のあり方に関係する。「実施基準」は両者を並列的に扱っているが，あくまで優先度が高いのは有効性である。

第12章　監査意見の表明を支える合理的な基礎

　監査計画の策定は，監査の基本的な方針を反映した**基本計画**と，監査手続の実施内容を具体的に示した**実施計画**を策定することから開始される。監査法人（監査事務所）が基本計画において定める監査リスクの目標水準は，社会が許容していると考える監査リスクの水準でなければならない。『監査基準』は，この監査リスクの水準は「合理的に低い水準」でなければならない，と規定している。監査人は被監査会社内外のさまざまなリスクを評価し（まず「森」をみて），そこでの判断を重要な虚偽表示リスクの評価に反映させ，基本計画を策定する。たとえば以下の事項が監査計画の策定の際に考慮される。

　　・当期の監査において重視すべき事項，注目すべき会社・業界の状況
　　・当期の監査において重視すべきビジネス・プロセスの範囲
　　・監査手続の実施時期
　　・コーポレート・ガバナンス関係者との打ち合わせや会合などの予定とその
　　　目的
　　・重要性の基準値（重要性閾値）の設定
　　・監査チームが特に重視（注意）すべきリスク（事項・状況）
　　・監査人員の補強を含めた監査体制

　次いで，監査人は財務諸表項目レベルと当該財務諸表項目に関連したアサーション・レベルのそれぞれについて重要な虚偽表示の可能性を評価し，その評価結果を**内部統制の運用状況を評価するための具体的な手続**と**実証手続**の内容・種類，実施範囲，実施時期，そして実施担当者などに結びつける。これは**実施計画**を策定する段階で行われる。監査人が監査立証プロセスにおいて行う監査証拠の評価は，まず，実施計画を策定するなかで行われる。これが**監査証拠の事前評価**である。財務諸表項目（木）をみて重要な虚偽表示リスクを評価し，その結果を個々のアサーション（枝）に結びつけ，監査人が入手すべき監査証拠の総体を予定するのである。

　すなわち，監査リスク・アプローチのもとでの監査人の証拠活動は，財務諸

240

表項目レベル——たとえば「貸借対照表に記載されている売掛金残高は適正に表示されている。」——を中心にして，さらに実務的には財務諸表項目に含まれる個々のアサーション・レベル——たとえば「貸借対照表に記載されている売掛金残高は実在している。」「貸借対照表に記載されている売掛金残高の評価は妥当である。」といったような，立証すべき要点や立証の目標が具体的に明示されたアサーション・レベル——に関連づけて実施される。

② 監査手続を実施するなかで行われる証拠の評価

　実施計画において予定された監査手続は，被監査会社の本社および各事業所で，そして子会社などへの往査を通じて遂行される（図表 12-1 における D）。監査手続は，個々のアサーションについて適切な結論が得られるように計画されるが，実際にそれをどのように適用するかは，現場における監査手続の実施担当者（監査補助者）の判断によるところが大きい。監査補助者は，入手した監査証拠が当該アサーションの求めるところに適合しているか（**適合性**），当該監査証拠がどの程度信頼できるものであるか（**真正性**を含む**信頼性**），そして入手した監査証拠の量が当該アサーションについての合理的な信念の形成を支えるのに十分であるかどうか（**十分性**）を判断する。

　監査手続（D）は，監査計画の策定においてなされた証拠の事前評価（P）を受けて，企業が行う実際の取引に関係づけられながら実施される。もしこの段階で監査計画で想定していなかった新たな状況が生じたり，状況が変化したり，あるいは財務諸表の重要な虚偽表示に発展する可能性を示唆する状況に立ち至ったりした場合には，監査人は当初の試査判断を修正するか，場合によっては**監査計画の修正**を決定する必要がある。この段階で実施される監査手続の内容とその結果は，入手した監査証拠とともに，アサーションごとに，監査調書（audit working papers）として記録・整理・集積されていく。

監査調書の作成とレビュー――証拠の事後評価

　監査調書とは，監査契約の締結から終結に至る監査において，監査人が被監査会社との間で取り交わした監査契約関連書類，監査計画の策定に際して入手した資料やさまざまな情報，監査手続を通じて監査人が被監査会社から入手した資料，被監査会社の取引先や外部関係者から入手した資料，監査人自身が作成した分析資料や監査メモ，経営者確認書，監査人が必要に応じて作成した備忘記録，監査法人内の第三者審査を受けるために作成した書類などを総称したものである。監査調書は紙媒体および電子媒体で記録され，一定の方式・体系に従って整理・保存される。

　監査調書は，それを作成した監査責任者や監査補助者が理解できれば十分というものではなく，後日，監査チームにおける上位者や監査責任者さらには審査担当者が監査手続の内容を理解できるように作成されていなければならない。それに加えて，日本公認会計士協会が行う品質管理レビューや金融庁（公認会計士・監査審査会）による検査に利用される場合もあり，監査訴訟に至った場合の裁判資料ともなる。それゆえ，監査調書の作成については，真実性，網羅性，秩序性，明瞭性といった要件をまず満たすことが必要である。

　監査調書にはさまざまな機能がある。監査調書は，監査責任者や監査補助者が入手した監査証拠，その分析結果，監査判断の過程，結論（所見）を記録するという固有の機能を有している。監査調書に収録された重要な監査情報は次期の監査計画を策定する際に利用され，あるいは十分に斟酌されなければならない。その意味において，監査調書は監査計画策定のためのデータベースとして役立つ。さらに，監査人の責任が問われる事態に至ったときに，自己の監査業務が「一般に公正妥当と認められる監査の基準」に準拠して適切に実施されたことを証明する資料としての機能を有している。監査調書に記載されていなければ，監査責任者や監査補助者が特定の監査手続や判断を行ったと主張しても，第三者に訴えることはできない。監査調書に記載されていることが，監査

責任者や監査補助者が実施した監査手続や監査判断・決定のすべてである。だからこそ，監査調書の作成・管理が重要なのである。

監査調書は，とりわけ監査補助者の実施した監査手続の内容とその結果を監査チーム内の上位者に伝達・報告するという極めて重要な機能を果たす。監査責任者は，監査補助者の作成した監査調書をレビュー（査閲）することによって，そこに記録されている当該監査補助者の判断結果などを自己の信念に転化し，それを通じて財務諸表の適正表示についての監査意見の基礎を少しずつ固めていく。その転化のプロセスが**監査調書のレビュー**にほかならない（図表12-1におけるC）。

監査立証プロセスにおいて監査計画の策定とともに，最も重視すべきものは監査調書のレビューである。監査調書のレビューは，監査責任者に対して，監査補助者が入手した監査証拠が質的にも量的にも十分であるか，監査手続の追加や監査計画の修正を必要とする重要な問題やその端緒が検出されていないかどうか，そして監査補助者の行使した監査判断が当該監査状況のもとで合理的であったかどうかを見直す機会を提供する。監査調書のレビューは監査証拠の事後評価を行うことにほかならない。監査調書のレビューを行った結果，入手した監査証拠の質に問題があったり，監査手続の実施に制約が生じていたり，あるいは不自然な関係が検出されたりしたことにより，当該アサーションが十分に裏づけられていないと判断するに至った場合には，監査人は，監査手続の追加や試査範囲の拡大（図表12-1のA→D），あるいは監査計画の修正（A→P）などの対応をとる必要がある。

さらに，監査調書のレビューは監査補助者を指導・監督する際の重要な手段となる。監査補助者の指導・監督の中心は，監査調書を通じた現場教育にある。監査補助者の作成した監査調書には，不正な財務報告を示唆する「氷山の一角」が検出されている場合がある。監査調書をレビューしないことは，監査補助者への監査の丸投げであり，監査補助者の指導・監督にならないだけでなく，監査責任者にとって極めて危険でもある。

監査調書のレビューの究極的な目的は，監査が一般に公正妥当と認められる

第12章

243

第12章 監査意見の表明を支える合理的な基礎

監査の基準に準拠して実施されていることを，監査人自身が確かめることにある。後述するように，監査報告書の監査意見の根拠区分において，「一般に公正妥当と認められる監査の基準に準拠して監査を行った。」との事実の記載をすることが求められている。監査訴訟において監査人が原告に対してまず主張し立証しなければならないことは，監査チームの実施した監査が一般に公正妥当と認められる監査の基準に準拠していたことである。第8章で言及したように，この挙証責任は，金融商品取引法監査においては，監査人に転換されている。

4　意見表明の合理的な基礎――個別信念と総合信念

　監査人が財務諸表の適正表示について結論（監査意見）を表明するためには，数多くのアサーション（監査要点）を識別し，それについて監査証拠を入手・評価し，適切な監査技術を適用することが必要である。意見表明の「合理的な基礎」は，個々のアサーションの立証に従事した監査補助者のレベルにおいて形成される信念を基礎としている。たとえば，監査人が貸借対照表上の売掛金残高の適正表示を立証するために，10個のアサーションを監査計画において設定し，監査補助者（スタッフ会計士と仮定する）にその立証を指示したとしよう。この場合，監査補助者の信念はアサーションごとに形成され，合計10個の信念――アサーション1つについて1つの信念――が形成されることになる。このレベルでの信念を**個別信念**と称する。図表12-2は，アサーションと監査人の信念との関係を示したものである。

　個々のアサーションについて形成されたスタッフ会計士の結論と信念（個別信念）は，基本的には監査調書のレビューを通じて監査チーム内の上位者（たとえばシニア会計士）によって客観的に評価され，その評価結果（個別信念）はさらに上位の者（マネジャー）によって評価される。このようなプロセスを経て，個々のアサーション・レベルで形成された監査補助者の結論と信念（個

244

■**図表12-2　アサーションと信念の統合**

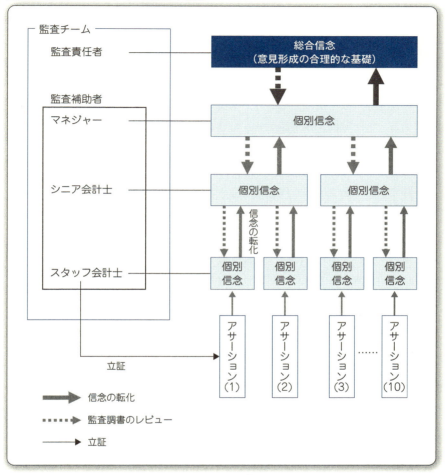

別信念）は統合され，最終的には財務諸表の適正表示についての監査人（監査責任者）の監査意見の表明を支える「合理的な基礎」（**総合信念**）に統合されていく。「どのような証拠を実際に入手し，どのように評価したのか」，「実施した監査手続は，その質と範囲において十分であるのか」，そして「財務諸表の適正表示に影響を与えるような齟齬・矛盾・不整合が検出されているか」に

第12章　監査意見の表明を支える合理的な基礎

ついての一連の証拠判断は，監査調書のレビューにおける最も重要な監査判断
である。

　ただし，監査補助者が監査手続を通じて形成した特定のアサーションの確から
しさについての信念の程度は同じではないことには注意をしなければならな
い。確からしいとの強い信念を形成する場合もあれば，反対に，確からしくな
いとの信念を形成する場合もあり，あるいは，そのいずれとも判断できない場
合もある。監査補助者が当該アサーションについて形成する信念の程度は，当
該監査補助者自身の個人的な特性（traits）だけでなく，その担当者を取り巻
く状況によっても影響される。また，たとえば2人の監査補助者が同一の監
査条件で同一の監査手続を実施しても，当該アサーションの確からしさについ
て彼らが形成する信念の程度は必ずしも同じとは限らない。「立証の方向」と
いう点では非個人的（impersonal）であるが，どの程度アサーションを立証で
きたかという「立証の程度」（信念の程度）は個人的（personal）である。そ
して，この監査立証プロセスにおける「個人性」がしばしば監査の失敗に結び
ついているのである。

　もちろん，監査補助者の信念は，常に，アサーションの確からしさを支持す
る「正の信念」とは限らない。監査手続によって当該アサーションの確からし
さが否定される場合も当然ありうる。この場合には，当該アサーションについ
て「負の信念」が形成されたことになる。ただ，負の信念が形成されたからと
いって，それが監査責任者のレベルにおいて究極的立証命題の否定に直ちに結
びつくとは限らない。当該アサーションの重要性の程度によっては，監査補助
者が形成した負の信念は当該アサーションのレベルにとどまり，究極的立証命
題の立証に影響を与えるレベルには発展しない場合もあるからである。また，
何よりも，否定されたアサーションに関連して，経営者が監査責任者の助言を
受けて本来あるべき正しい表示に訂正する場合もあるからである。

　監査責任者の信念はまず個々のアサーションのレベルで形成され，最終的に
はそれらが究極的立証命題の確からしさについての信念（総合信念）に収斂し
統合される。究極的立証命題について総合信念を形成できる者は，いうまでも

なく，監査報告書において意見を表明する立場にある監査責任者だけである。

　監査責任者の立証プロセスの起点はアサーションの識別である。監査責任者が意見表明の基礎となる「十分かつ適切な監査証拠[1]」を入手できるかどうかは，アサーションが適切に設定されたかどうかによって大きく影響を受ける。アサーションは基本的には監査計画の策定段階で設定されるが，監査手続の結果を受けて監査補助者によって監査現場において追加される場合もある。また，監査調書のレビューを受けて，さらには第9章第3節で説明した最終の審査プロセス（**総括レビュー**）において追加される場合もある。重要なことは，監査補助者が監査手続を通じて形成した個別信念が，財務諸表全体についての監査意見の表明を支える「合理的な基礎」（総合信念）として十分であるかどうかについての総合的判断が必要である，ということである。

　意見表明の「合理的な基礎」は，単に「十分かつ適切な監査証拠」を入手したかどうかだけで得られるものではなく，アサーションの設定やその見直しを含む監査立証プロセス活動の全体が適切に実施されたことをもって得られるものである。監査意見表明のための「合理的な基礎」とは，さまざまな監査上の制約（監査時間・監査補助者・利用可能なツール）のもとで，監査人（監査責任者）が監査立証プロセスにわたって独立性を保持し，職業的専門家としての正当な注意を十分に払うことを通じて得られた，財務諸表の適正表示についての監査人の総合信念である。

　しかしながら，「意見表明のための合理的な基礎を得た」と記載する監査報告実務は変更されて，現行制度では「監査意見の根拠」区分において，「当監査法人は，意見表明の基礎となる十分かつ適切な監査証拠を入手した」なる文言が用いられている。「合理的な基礎」という表現は表に出てこなくなっていることに注意されたい。

---

　1)「十分」とは量的に十分という意味であり，「適切」とは入手した証拠がアサーションに対して適合（関連）性をもち，かつそれ自体が信頼できるものであることを意味している。本章第2節を併せて参照されたい。

第12章　監査意見の表明を支える合理的な基礎

5　本章のまとめ

　本章では，財務諸表の適正表示についての監査意見の表明を支える「合理的な基礎」が，監査資源の制約と試査に基づく監査のもとで，どのように形成されるのかを，監査立証プロセスとの関係で考察した。監査計画と監査調書それ自体はほとんど説明を要しないと思われるが，重要なのは監査計画の策定と監査調書のレビューが監査立証プロセスにおいて果たす機能である。前者は監査意見に必要な監査証拠の総体をアサーションとの関係で質と量の両面から事前に評価することであり，後者は監査手続を通じて形成された個別信念が十分かつ適切であるか，また個別信念の総体が全体として「合理的な基礎」を形成しているかどうかを事後に評価することである。また，監査立証プロセスに組み込まれている証拠の評価が職業的懐疑心を十分に働かせながら適切に行われていることは，監査法人が整備・運用している品質管理システムによって担保されなければならない。意見表明のための「合理的な基礎」が確かめられ，かつ，監査法人による第三者審査（総括レビュー）が無事終了すると，監査報告書の作成という段階に移る。

補論　監査調書の閲覧について

　監査調書の所有権は公認会計士法第49条によって公認会計士または監査法人（以下，監査法人の場合を取り上げる）にあることが明示されている。監査調書の取り扱い・整理・保存には，職業的専門家としての正当な注意が必要であり，監査の品質管理においても重要な位置を占めている。監査法人は，監査調書を体系的に整理し，監査期間中はキャビネットに保存して利用し，運搬具のセキュリティを高め，また監査終了後は堅牢な倉庫や監査調書保存室に保管し，監査法人所属者といえども自由にそこに立ち入ることができないよう，閲

覧に対する所定の手続を確立すべきである。

　ところで，監査調書の扱いに関して１つ厄介な問題がある。状況によっては監査調書の閲覧を被監査会社以外の第三者に認めなければならないことが起こりうる。たとえば以下のような場合である。監査調書の所有権は監査法人にあるものの，いずれの場合であれ，被監査会社に対して了解を求めておくことは契約上の信義であろう。

・連結財務諸表監査に関連して，主たる監査法人から監査調書の閲覧を求められた場合
・監査人の交代に関連して，新任監査法人から監査調書の閲覧を求められた場合
・日本公認会計士協会が実施する品質管理レビューに関連して，監査調書の閲覧を求められた場合
・監督官庁（金融庁：公認会計士・監査審査会と証券取引等監視委員会）の検査（調査）に関連して，内閣総理大臣から監査調書の提出命令があった場合
・監査訴訟に関連して，裁判所からの提出命令により訴訟資料として裁判所に提出する場合
・監査訴訟に関連して，被監査会社から監査調書のコピーを求められた場合

第13章

監査報告書の構造と監査メッセージ

　監査プロセスの最後の段階は，監査報告書を作成するプロセスである。監査立証プロセスを経て形成された監査の主題（財務諸表）に対する監査人の信念を具体的な文言（メッセージ）として監査報告書に記載し，それを監査の依頼人（監査契約当事者）である代表取締役社長（代表執行役社長）に提出し，最終的には財務諸表利用者に提供するのである。

　現在の監査報告書は，2つの異なる考え方を併せもつ構造をなしている。1つは，監査人は，監査の実施や財務諸表に対する重要な不満足事項がない限り，監査結果を定型的なメッセージ通じて，簡潔明瞭に伝達しようとする考え方である。もう1つは，監査人は，監査の過程においてどのようなリスクを識別し，それらを被監査会社とコミュニケーションしたのか，年次報告書のうち，監査した財務諸表とその他の記載内容との間に重要な相違はないか，および財務諸表利用者が財務諸表または監査報告書を理解するうえで強調・説明した方がよいことはないかといった点について，被監査会社固有の情報として詳細に伝達しようとする考え方である。財務諸表監査制度において伝統的な考え方は保証機能を重視した前者であり，そのような考え方を反映した監査報告書を標準監査報告書と呼ぶ。対して，後者は，監査報告書をめぐる近年の制度改革により台頭した長文式の監査報告書を導く考え方であり，情報提供機能に価値をおく。

　職業会計士は，監査報告書のメッセージを通じて，何を財務諸表利用者に伝えようとしているのであろうか。本章ではまず，標準監査報告書を取り上げ，そこに記載されるメッセージの意味や体系について説明する。なぜ職業会計士

第13章 監査報告書の構造と監査メッセージ

は標準監査報告書様式を採用したのであろうか。標準監査報告書のメッセージがどのような考え方に基づいて組み立てられているのかを理解した後，監査報告書の情報提供機能と長文式監査報告書について説明する。

1 監査報告書の意義

監査報告書とは，一般的にいえば，①監査人が関与した監査の主題，②監査の主題について監査人が実施した監査手続の質，③その結果得られた監査の主題についての結論，および④監査人が実施した監査の質——とりわけ監査手続の質——と監査の主題についての結論に対する責任の所在と範囲を，監査用役の利用者に対して正式に伝達するためのメッセージの容器である。

監査報告書のメッセージは，監査の主題を特定せずに一般的に議論しても，ほとんど意味がない。監査報告書におけるメッセージの量（情報量）を増やすということも重要かもしれないが，情報量の問題だけに単純化できない難しい問題もある。とりわけ金融商品取引法のもとで実施される財務諸表監査のように，不特定多数の第三者（投資者）に対して財務諸表の信頼性についての合理的な保証（肯定的保証）を与える監査の場合には，メッセージのあり方は監査人の責任の問題とも関連し，極めて重要な問題となる。以下，金融商品取引法のもとでの財務諸表監査において作成される監査報告書について説明する。なお，わが国の会計プロフェッショナルが広く採用している監査報告書は，財務諸表監査の監査報告書と内部統制監査の監査報告書とを併せて表示する統合監査報告書であるが，本書では，財務諸表監査をもっぱら対象としているため，財務諸表監査の監査報告書のみを取り上げることにする。監査の主題はいずれの場合も言明であり，しかも，監査人は会計プロフェッショナルであるところから，監査報告書の基本的構造は同じである。

標準監査報告書の意義

　国際会計士連盟（IFAC）に所属する職業会計士が外部報告目的に関連して作成する監査報告書にみられる顕著な特徴は，標準監査報告書を採用していることである。もっとも，職業会計士が標準監査報告書を採用するに至るには，それなりの歩みと苦い経験があった。資料13-1は，監査メッセージがいまだ標準化されていなかった20世紀初頭に作成された監査報告書である。この監査報告書が示しているように，当時の職業会計士は，実施した監査の内容をできるだけ具体的に記載することによって，自分たちが実施した監査の質を伝えようとしたのである。しかし，これは潜在的に多くの問題を抱えていた。

　この監査報告書を一見すると，職業会計士がどのような監査を行っていたか，その中身をある程度知ることができる。しかし，以下のような問いを投げかけると，当時の職業会計士は戸惑うのではないだろうか。

① 　貴会計事務所の実施した監査手続全体の質はどのような水準にありますか。監査報告書に記載された監査手続がすべてですか。それとも，記載されている監査手続は単なる例示ですか。例示とすれば，貴事務所が実施した監査手続全体の水準はいかがですか。
② 　貴会計事務所は，貸借対照表に対する意見について，どの範囲で責任を負おうとしていますか。監査報告書に記載された監査手続の範囲においてですか。それとも，監査報告書に記載されていない監査手続についても責任を負うのですか。

　もちろん，当時の職業会計士に上記の質問を投げかけることはあまりに酷である。しかし，監査責任の範囲の問題は，20世紀初頭においても彼らの間で相当意識されていたようで，自己の責任の範囲をできるだけあいまいにするために，故意に難解な専門用語や不明確な表現を使用するなど，必ずしも適切と

第13章 監査報告書の構造と監査メッセージ

■資料13-1　監査報告書が標準化されていない時代の代表的な監査報告書

勅許会計士監査証明書

ニューヨーク
1903 年 3 月 12 日

United States Steel 株式会社　御中

　われわれは，United States Steel 株式会社およびその連結子会社の 1902 年 12 月 31 日をもって終了する事業年度にかかる会計帳簿を監査した。監査の結果，われわれは，同社の 1902 年 12 月 31 日現在の貸借対照表と損益計算書は会計帳簿に基づき正しく作成されていることを証明する。

　われわれは，固定資産勘定に計上された金額は，当期中になされた固定資産の取得と増築のための実際の支出額だけであること，減価償却および負債の消却に対しては十分な引当がなされていること，および "繰延費用" なる項目のもとで表示されているものは次期以降の営業活動に対して負担させるために合理的かつ適切な方法で繰り延べられた支出額であることを確かめた。

　手許在庫品の評価については，担当役員の在庫証明書を入手するとともに，かかる評価額が注意深くかつ正確に計算され，おおよそ原価で表示されていること，また請負工事契約については，材料費と労務費が慎重に計上され，かつ，かかる請負工事利益が適正そして合理的に計算されていることを確かめた。

　不良で回収の疑わしい売掛金とすべての確定負債に対しては，十分な引当が行われている。

　現預金と有価証券については，実査もしくは保管先からの証明書によって確かめた。その結果，われわれは，株式と社債は貸借対照表において表示されている価値を十分にもっていることを認める。

　そして，われわれの意見によれば，上記の貸借対照表は United States Steel 株式会社およびその連結子会社の真実の財政状態を示すように正確に作成され，かつ，損益計算書は同日をもって終了する当該会計年度の純利益を適正かつ正確に表示していることを証明する。

Price, Waterhouse 会計事務所

出所：United States Steel Corporation. 1903. *First Annual Report of the United States Steel Corporation, for the fiscal year ended December 31, 1902.*

はいえない監査報告実務がみられた。

　監査報告書は，「実施された監査手続全体の質はどのような水準にあるのか」，そして「監査人が負う責任の範囲はどこまでか」について明確な答えを示すものでなければならない。この2つの問いに明確な答えを示すことができない監査報告書は，とりわけ法律によって義務づけられた監査の場合には，監査に対する社会の人々の不信をただ増長させるだけである。職業会計士は，監査報告書に記載されるメッセージを職業会計士の個々の判断に任せるのではなく，それに代えて，ある標準的な記載文言を推奨あるいは採用する，という方向を模索し始めた[1]。しかし，上記の2つの問いに同時に答えることのできる監査報告書の誕生は，職業会計士が「一般に認められた監査基準」の設定に成功する時点まで待たなければならなかった。換言すれば，標準監査報告書様式が可能となったのは，一般に認められた監査基準の設定がなされたからである。

　標準監査報告書には，ある学習効果が期待されている。もしメッセージすべてを個々の職業会計士の自由に任せてしまうと，さまざまな文言を駆使した多様な監査報告実務が誕生する。財務諸表利用者がそのような監査報告実務に慣れてしまうと，職業会計士が財務諸表利用者に本当に伝えなければならない重要な事項を監査報告書に記載しても，財務諸表利用者がそれに気づかず，そのまま見過ごされてしまう可能性が出てくる。監査報告にとって重要なことは，監査報告書に重要な事項や問題点が記載された場合に，財務諸表利用者がそれを確実に，そして容易に識別できるようにすることである。いいかえれば，例外的な事項に対する財務諸表利用者の識別能力を高めるために，職業会計士は，監査の実施と監査の主題についての結論にまったく問題がなかった場合に出される監査報告書——無限定適正意見監査報告書という——を標準化し，そ

　1）わが国の状況を説明しておきたい。アメリカでみられたような監査報告書の推移をわが国では認めることはできない。それは，公認会計士監査制度が導入された当初から，監査報告書の様式は当局によって具体的に指示され，その意味ではすでに標準化されていたからである。

れに財務諸表利用者を慣れさせる，という一種の情報教育を行っているのである。

このように考えると，職業会計士が作成している監査報告書は「読むもの」というよりは，むしろ「見るもの」あるいは「パターン認識するもの」と性格づけたほうが正しいのかもしれない。標準監査報告書に慣れた財務諸表利用者については，通常の場合，監査報告書における定型的なメッセージ，およびその配置だけを確認し，通常のものとは異なる監査報告書を入手したときにだけ，メッセージを注意して読む，という行動様式が想定されているのである。これは，職業会計士が財務諸表監査に関連して作成する監査報告書について採用してきた基本的な考え方である★13-1。

3 監査メッセージの目的と意味

監査報告書が利用者の信頼を得るためには，メッセージがわかりやすい言葉を使って，かつ，整理された形で記載されている必要がある。しかし，最も重要なことは，

① 監査の主題が明確に識別されていること
② 監査の主題に関して監査人が実施した監査手続の全体の質が明らかであること
③ 監査の主題に対する監査人の結論（監査意見）が明確に識別できること
④ 監査人が実施した監査手続と表明した監査意見に対して，負うべき責任の範囲が明確に示されていること

である。いくら美辞麗句を連ねても，いかに説明のための文言を増やしても，上記の4つに関して明確でないメッセージを記載した監査報告書は不適格である。職業会計士が実施した監査手続を個々に記載する方式をとる限り，②と④を同時に解決することは容易ではない。

会計プロフェッショナルが金融商品取引法監査において作成する監査報告書

においては，①から③に関するメッセージは具体的な文言（**明示的メッセージ**）をもって記載されている。これらの明示的メッセージがそれぞれ有している意味を本書では**表の意味**と呼ぶことにする。これに対して，監査人の責任を直接限定するためのメッセージ④は，明示的なメッセージとしては監査報告書に部分的にしか記載されていない。それはむしろ，**黙示的メッセージ**として，上記の明示的メッセージに託された**裏の意味**として組み込まれている。通常の場合には，財務諸表利用者には明示的メッセージの意味が明らかであればまず十分である。しかし，監査人の法的責任を追及する事態になると，状況は一変する。監査人はどこまで責任を負うと監査報告書に明確に記載されていたのかがまず問題となり，その次に，当該監査の実施に過失があったのかどうかが問題となる。かくして，裏の意味が重要となる。

　監査報告書に記載されたメッセージには，基本的には，「表の意味」と「裏の意味」が組み込まれている。そして，どのようなメッセージにすれば両方の意味を誤解なく監査報告書の読者に伝達することができるか，という問題に直面する。しかし，この問題を解くことは必ずしも容易ではない。

　資料 13-1 の監査報告書では，当時の職業会計士の実施した監査手続が具体的に列挙され，その意味では，監査報告書の読者にとって比較的わかりやすいものとなっている。しかし，列挙された監査手続がどのような判断によって監査報告書に記載されたのかは明らかではない。彼らが実施した監査手続の内容を，部分的であれ明らかにしようとしたものであろう。しかし，たとえ監査手続を具体的に列挙したとしても，実施した監査手続の全体的な質の水準を示すことにはならない。ましてや，監査人がその監査に対していかなる範囲で責任を負おうとしているかは，まったく不明である。監査報告書に記載されるメッセージを詳しく，わかりやすく表現することは，監査報告書に対する読者の理解度を高めるという意味では重要である。しかし，メッセージの情報量を増やすことは，監査人の責任の範囲を明確にするということには必ずしも結びつかない。

　現在の会計プロフェッショナルの作成する監査報告書は，「一般に公正妥当

と認められる監査の基準に準拠して監査を行った。」ことを**事実として**記載することによって,

① 当該会計プロフェッショナルの実施した監査は,一般に公正妥当と認められる監査の基準が要求している財務諸表監査全体の質の水準を満たしていること(表の意味)

② 当該会計プロフェッショナルが実施した監査の質については,一般に公正妥当と認められる監査の基準の範囲内で責任を負うこと(裏の意味)

を財務諸表利用者に伝えている。前者においては**財務諸表監査の品質基準**としての監査基準が,後者においては**責任基準(免責基準)**としての監査基準がそれぞれ言及されていることに注意されたい。このように,監査報告書の近代化は,会計プロフェッションが監査基準と一般に称されている専門職業基準をもつようになったことと深く関係している。監査基準については,第6章を参照されたい。

現在の監査報告書の構造

資料13-2は,監査報告書の実例である。現在の監査報告書は標準監査報告書を範としつつ,後述する情報提供機能を取り入れた結果,長文式監査報告書の特徴を併せもっている。以下,その基本構造を説明する。

監査報告書におけるメッセージ区分

図表13-1は,金融商品取引法のもとでの財務諸表監査の監査報告書の基本構造を,監査証明府令第4条を基礎に示したものである[2]。この監査報告書は,

---

2) 監査証明府令第4条を基礎とした監査報告書と,国際監査基準を受けて日本公認会計士協会が採用している標準監査報告書とは,次の2つの点で異なっている。
 a. 監査証明府令第4条では監査の対象が区分として識別されているが,協会の監査報告書では監査の対象に対する区分名称がない。

■資料13-2　監査報告書（東日本旅客鉄道）

独立監査人の監査報告書及び内部統制監査報告書

2023年6月22日

東日本旅客鉄道株式会社
　取締役会　御中

有限責任　あずさ監査法人

東京事務所

指定有限責任社員 業務執行社員	公認会計士	薊		和	彦
指定有限責任社員 業務執行社員	公認会計士	吉	田	秀	樹
指定有限責任社員 業務執行社員	公認会計士	斉	藤	直	樹

＜財務諸表監査＞

監査意見

　当監査法人は、金融商品取引法第193条の2第1項の規定に基づく監査証明を行うため、「経理の状況」に掲げられている東日本旅客鉄道株式会社の2022年4月1日から2023年3月31日までの連結会計年度の連結財務諸表、すなわち、連結貸借対照表、連結損益計算書、連結包括利益計算書、連結株主資本等変動計算書、連結キャッシュ・フロー計算書、連結財務諸表作成のための基本となる重要な事項、その他の注記及び連結附属明細表について監査を行った。

　当監査法人は、上記の連結財務諸表が、我が国において一般に公正妥当と認められる企業会計の基準に準拠して、東日本旅客鉄道株式会社及び連結子会社の2023年3月31日現在の財政状態並びに同日をもって終了する連結会計年度の経営成績及びキャッシュ・フローの状況を、全ての重要な点において適正に表示しているものと認める。

監査意見の根拠

　当監査法人は、我が国において一般に公正妥当と認められる監査の基準に準拠して監査を行った。監査の基準における当監査法人の責任は、「連結財務諸表監査における監査人の責任」に記載されている。当監査法人は、我が国における職業倫理に関する規定に従って、会社及び連結子会社から独立しており、また、監査人としてのその他の倫理上の責任を果たしている。当監査法人は、意見表明の基礎となる十分かつ適切な監査証拠を入手したと判断している。

監査上の主要な検討事項

　監査上の主要な検討事項とは、当連結会計年度の連結財務諸表の監査において、監査人が職業的専門家として特に重要であると判断した事項である。監査上の主要な検討事項は、連結財務諸表全体に対する監査の実施過程及び監査意見の形成において対応した事項であり、当監査法人は、当該事項に対して個別に意見を表明するものではない。

第13章 監査報告書の構造と監査メッセージ

固定資産の減損損失の認識の要否に関する判断の妥当性	
監査上の主要な検討事項の 内容及び決定理由	監査上の対応
東日本旅客鉄道株式会社の当連結会計年度の連結貸借対照表において、有形固定資産7,214,561百万円及び無形固定資産198,805百万円が計上されている。（重要な会計上の見積り）注記の（固定資産の減損）に記載されているとおり、これには、東日本旅客鉄道株式会社の鉄道事業固定資産5,190,551百万円及び建設仮勘定275,880百万円が含まれており、当該金額は連結総資産の58.5%を占めている。 　これらの固定資産については、減損の兆候があると認められる場合、資産グループから得られる割引前将来キャッシュ・フローの総額と帳簿価額を比較することによって、減損損失の認識の要否を判定する必要がある。判定の結果、減損損失の認識が必要と判定された場合、帳簿価額を回収可能価額まで減額し、帳簿価額の減少額は減損損失として認識される。 　鉄道事業においては、新型コロナウイルス感染症の影響により、鉄道事業固定資産を使用した営業活動から生ずる損益が継続してマイナスとなっており、鉄道事業固定資産について減損の兆候が認められている。このため、当連結会計年度において減損損失の認識の要否の判定を実施したが、見積もられた割引前将来キャッシュ・フローの総額が資産の帳簿価額を上回ったことから、減損損失を認識していない。当該判定に用いられる将来キャッシュ・フローの見積りは、経営者が作成した鉄道事業の業績予測及び資産の回収可能価額を基礎として見積もられる。また、業績予測に当たっての主要な仮定は、鉄道運輸収入の回復の見通しであり、新型コロナウイルス感染症からの回復時期及び回復水準の影響などの高い不確実性を伴うものであり、経営者による判断が将来キャッシュ・フローの見積りに重要な影響を及ぼす。 　以上から、当監査法人は、固定資産の減損損失の認識の要否に関する判断の妥当性が、当連結会計年度の連結財務諸表監査において特に重要であり、監査上の主要な検討事項の一つに該当すると判断した。	当監査法人は、固定資産の減損損失の認識の要否に関する判断の妥当性を評価するため、主に以下の監査手続を実施した。 ●割引前将来キャッシュ・フローの算定に使用された業績予測における主要な仮定である、鉄道運輸収入の回復の見通しについて経営者に質問するとともに、関連する内部資料の閲覧及び突合並びに利用可能な外部情報との比較を行い、経営者の仮定の適切性を評価した。 ●割引前将来キャッシュ・フローの算定に使用された業績予測について、取締役会で承認された業績予測及び関連する内部資料との整合性を検証した。 ●経営者の見積りプロセスの有効性を評価するために、過年度における事業計画とその後の実績を比較した。 ●資産の回収可能価額に関して、主に価格指標との整合性を検討した。

260

繰延税金資産の回収可能性に関する判断の妥当性	
監査上の主要な検討事項の 内容及び決定理由	監査上の対応
東日本旅客鉄道株式会社の当連結会計年度の連結貸借対照表において、繰延税金資産432,011百万円が計上されている。（税効果会計関係）注記に記載されているとおり、繰延税金負債相殺前の繰延税金資産の金額は492,434百万円であり、その大半を占める東日本旅客鉄道株式会社における計上額が特に重要である。 　繰延税金資産は、税務上の繰越欠損金及び将来減算一時差異のうち、将来にわたり税金負担額を軽減することが認められる範囲内で認識する。なお、会社は、国土交通大臣より事業適応計画の認定を受けており、税務上の繰越欠損金の将来の税金負担額の軽減効果の見積りにおいて課税の特例措置の適用を考慮している。 　将来の税金負担額を軽減する効果を有するかどうか、すなわち繰延税金資産の回収可能性は、「繰延税金資産の回収可能性に関する適用指針」（企業会計基準委員会企業会計基準適用指針第26号）に基づき判断されるが、その妥当性は、会社分類の適切性や収益力に基づく一時差異等加減算前課税所得の見積りに依存する。特に将来の一時差異等加減算前課税所得は、業績予測を基礎として見積もられるが、その業績予測に当たっての主要な仮定は、鉄道運輸収入の回復の見通しであり、新型コロナウイルス感染症からの回復時期及び回復水準の影響などの高い不確実性を伴うものであり、経営者の重要な判断が当該見積りに重要な影響を及ぼす。 　以上から、当監査法人は、繰延税金資産の回収可能性に関する判断の妥当性が、当連結会計年度の連結財務諸表監査において特に重要であり、監査上の主要な検討事項の一つに該当すると判断した。	当監査法人は、繰延税金資産の回収可能性に関する判断の妥当性を評価するため、主に以下の監査手続を実施した。 ●「繰延税金資産の回収可能性に関する適用指針」に基づく会社分類について、重要な税務上の欠損金が生じた原因や業績予測に基づく将来の一時差異等加減算前課税所得の見積りを勘案し、その妥当性を評価した。 ●業績予測における主要な仮定である、鉄道運輸収入の回復の見通しについて、経営者に質問するとともに、関連する内部資料の閲覧及び突合並びに利用可能な外部情報との比較を行い、経営者の仮定の適切性を評価した。 ●繰延税金資産の回収可能性の判断に使用された将来の一時差異等加減算前課税所得の見積りについて、取締役会で承認された業績予測及び関連する内部資料との整合性を検証した。 ●繰延税金資産の回収可能性の判断に使用された事業適応計画に基づく各年度の投資額について、国土交通省へ申請した投資計画との整合性を検証した。

第13章

261

第13章　監査報告書の構造と監査メッセージ

旅客運輸収入に関する収益認識の正確性	
監査上の主要な検討事項の 内容及び決定理由	監査上の対応
東日本旅客鉄道株式会社の当連結会計年度の連結損益計算書の営業収益2,405,538百万円のうち、運輸事業セグメントの外部顧客への売上高は1,618,551百万円であり、全体の67.3%を占めている。その大半を占める東日本旅客鉄道株式会社の旅客運輸収入は、特に重要である。 　旅客運輸収入の計上に当たっては、現金、電子マネー、クレジットカード等の多様な形態で発売される乗車券の発売額を集計したのち、鉄道情報システム株式会社に業務委託するJR他社との料金通算計算やJR他社及び連絡運輸会社との清算等の複雑なプロセスを経ることとなる。これらのプロセスでは、複数のITシステムが相互連携する仕組みが構築されており、旅客運輸収入の計上は、ITシステムに高度に依拠している。 　旅客運輸収入の収益計上が正確に行われるためには、関連するITシステムが適切に整備され、かつ運用されることが極めて重要であり、その有効性の検討に当たっては、IT専門家の関与が必要と判断した。 　以上から、当監査法人は、旅客運輸収入に関する収益認識の正確性が、当連結会計年度の連結財務諸表監査において特に重要であり、監査上の主要な検討事項の一つに該当すると判断した。	当監査法人は、旅客運輸収入に関する収益認識の正確性を評価するため、監査法人内のITの専門家と連携して、主に以下の監査手続を実施した。 ●駅収入管理システム、SuicaのID管理システム、会計システム等の旅客運輸収入の収益認識に関連するITシステム間のデータの整合性を確認することにより、インターフェースに関する業務処理統制の有効性を評価した。 ●上記の業務処理統制が監査期間を通じて一貫して運用されていることを確認するため、関連するITシステムに係るユーザーアクセス管理、システム変更管理、システム運用管理等のIT全般統制の有効性を評価した。 ●駅収入管理システムの数値の正確性を検証する会社の活動である、駅における当日現金有高と売上高の照合に関する内部統制の整備及び運用状況の有効性を評価した。 ●鉄道情報システム株式会社の監査人による「受託会社のシステムに関する記述書並びに内部統制のデザイン及び運用状況に関する独立受託会社監査人の保証報告書」を閲覧するとともに、当該監査人に実施した評価手続について理解し、委託業務に係る内部統制の整備及び運用状況の有効性を評価した。 　また、以上のITシステムの相互連携処理の正確性を検討する監査手続に加えて、旅客輸送の指標の一つである輸送人キロと旅客運輸収入の相関性を検討した。

その他の記載内容

　その他の記載内容は、有価証券報告書に含まれる情報のうち、連結財務諸表及び財務諸表並びにこれらの監査報告書以外の情報である。経営者の責任は、その他の記載内容を作成し開示することにある。また、監査役及び監査役会の責任は、その他の記載内容の報告プロセスの整備及び運用における取締役の職務の執行を監視することにある。

　当監査法人の連結財務諸表に対する監査意見の対象にはその他の記載内容は含まれておらず、当監査法人はその他の記載内容に対して意見を表明するものではない。

　連結財務諸表監査における当監査法人の責任は、その他の記載内容を通読し、通読の過程において、その他の記載内容と連結財務諸表又は当監査法人が監査の過程で得た知識との間に重要な相違があるかどうか検討すること、また、そのような重要な相違以外にその他の記載内容に重要な誤りの兆候があるかどうか注意を払うことにある。

　当監査法人は、実施した作業に基づき、その他の記載内容に重要な誤りがあると判断した場合には、その事実を報告することが求められている。

　その他の記載内容に関して、当監査法人が報告すべき事項はない。

連結財務諸表に対する経営者並びに監査役及び監査役会の責任

　経営者の責任は、我が国において一般に公正妥当と認められる企業会計の基準に準拠して連結財務諸表を作成し適正に表示することにある。これには、不正又は誤謬による重要な虚偽表示のない連結財務諸表を作成し適正に表示するために経営者が必要と判断した内部統制を整備及び運用することが含まれる。

　連結財務諸表を作成するに当たり、経営者は、継続企業の前提に基づき連結財務諸表を作成することが適切であるかどうかを評価し、我が国において一般に公正妥当と認められる企業会計の基準に基づいて継続企業に関する事項を開示する必要がある場合には当該事項を開示する責任がある。

　監査役及び監査役会の責任は、財務報告プロセスの整備及び運用における取締役の職務の執行を監視することにある。

連結財務諸表監査における監査人の責任

　監査人の責任は、監査人が実施した監査に基づいて、全体としての連結財務諸表に不正又は誤謬による重要な虚偽表示がないかどうかについて合理的な保証を得て、監査報告書において独立の立場から連結財務諸表に対する意見を表明することにある。虚偽表示は、不正又は誤謬により発生する可能性があり、個別に又は集計すると、連結財務諸表の利用者の意思決定に影響を与えると合理的に見込まれる場合に、重要性があると判断される。

　監査人は、我が国において一般に公正妥当と認められる監査の基準に従って、監査の過程を通じて、職業的専門家としての判断を行い、職業的懐疑心を保持して以下を実施する。

・　不正又は誤謬による重要な虚偽表示リスクを識別し、評価する。また、重要な虚偽表示リスクに対応した監査手続を立案し、実施する。監査手続の選択及び適用は監査人の判断による。さらに、意見表明の基礎となる十分かつ適切な監査証拠を入手する。

・　連結財務諸表監査の目的は、内部統制の有効性について意見表明するためのものではないが、監査人は、リスク評価の実施に際して、状況に応じた適切な監査手続を立案するために、監査に関連する内部統制を検討する。

・　経営者が採用した会計方針及びその適用方法の適切性、並びに経営者によって行われた会計上の見積りの合理性及び関連する注記事項の妥当性を評価する。

・　経営者が継続企業を前提として連結財務諸表を作成することが適切であるかどうか、また、入手した監査証拠に基づき、継続企業の前提に重要な疑義を生じさせるような事象又は状況に関して重要な不確実性が認められるかどうか結論付ける。継続企業の前提に関する重要な不確実性が認められる場合は、監査報告書において連結財務諸表の注記事項に注意を喚起すること、又は重要な不確実性に関する連結財務諸表の注記事項が適切でない場合は、連結財務諸表に対して除外事項付意見を表明することが求められている。監査人の結論は、監査報告書日までに入手した監査証拠に基づいているが、将来の事象や状況により、企業は継続企業として存続できなくなる可能性がある。

・　連結財務諸表の表示及び注記事項が、我が国において一般に公正妥当と認められる企業会計の基準に準拠しているかどうかとともに、関連する注記事項を含めた連結財務諸表の表示、構成及び内容、並びに連結財務諸表が基礎となる取引や会計事象を適正に表示しているかどうかを評価する。

・　連結財務諸表に対する意見を表明するために、会社及び連結子会社の財務情報に関する十分かつ適切な監査証拠を入手する。監査人は、連結財務諸表の監査に関する指示、監督及び実施に関して責任がある。監査人は、単独で監査意見に対して責任を負う。

　監査人は、監査役及び監査役会に対して、計画した監査の範囲とその実施時期、監査の実施過程で識別した内部統制

第13章

263

第13章　監査報告書の構造と監査メッセージ

の重要な不備を含む監査上の重要な発見事項、及び監査の基準で求められているその他の事項について報告を行う。

監査人は、監査役及び監査役会に対して、独立性についての我が国における職業倫理に関する規定を遵守したこと、並びに監査人の独立性に影響を与えると合理的に考えられる事項、及び阻害要因を除去又は軽減するためにセーフガードを講じている場合はその内容について報告を行う。

監査人は、監査役及び監査役会と協議した事項のうち、当連結会計年度の連結財務諸表の監査で特に重要であると判断した事項を監査上の主要な検討事項と決定し、監査報告書において記載する。ただし、法令等により当該事項の公表が禁止されている場合や、極めて限定的ではあるが、監査報告書において報告することにより生じる不利益が公共の利益を上回ると合理的に見込まれるため、監査人が報告すべきでないと判断した場合は、当該事項を記載しない。

利害関係

会社と当監査法人又は業務執行役員との間には、公認会計士法の規定により記載すべき利害関係はない。

以　上

■figure 13-1　監査報告書の基本構造

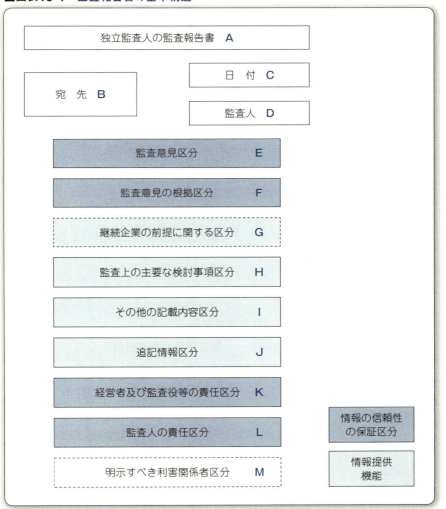

b.　監査証明府令第4条では明示すべき利害関係について区分認識があるが，協会の監査報告書では区分名称がない。
　実際の監査報告書ではa.は監査意見区分に含めて記載されることから（資料13-2），図表13-1ではa.を別区分として独立させていない。

第13章　監査報告書の構造と監査メッセージ

① 会計プロフェッショナルが従事する財務諸表の信頼性の保証に関する
　メッセージを記載する区分（図表13-1の保証に関する部分）
② 保証に関するメッセージのほかに，追加的なメッセージを記載する区分
　（図表13-1の情報提供に関する部分）
③ 明示すべき利害関係区分

に分けられる。①は財務諸表監査における監査人の基本的な役割である「保証
機能」のためのメッセージ区分であり，一方，②は財務諸表監査における補助
的機能である「情報提供機能」のためのメッセージ区分である。それゆえ，両
区分に記載されるべきメッセージを峻別しなければならず，これを混同しては
ならない。③は，監査証明府令第4条第1項①号（チ）が要求している記載
事項で，わが国固有の報告実務である。本章では①と②のみを取り上げる。

　保証に関する部分は，標準監査報告書の場合，さらに以下の4つの区分に
分けて記載される。

（1）財務諸表について会計プロフェッショナルが表明する意見を記載する
　　ためのメッセージ区分……**監査意見区分**
（2）（1）の根拠を説明する区分……**監査意見の根拠区分**
（3）監査の主題たる財務諸表に対する経営者および監査役等の責任を明示
　　するためのメッセージ区分……**経営者及び監査役等の責任区分**
（4）会計プロフェッショナルが実施した監査に対する責任を明示するとと
　　もに，実施した監査手続の内容についての概説的な説明を記載するための
　　メッセージ区分……**監査人の責任区分**

　また情報提供に関する部分は，以下の4つの区分に分けられる。

（1）財務諸表に継続企業の前提に関する重要な不確実性が認められる場合
　　の注記がなされていることを追記する区分……**継続企業の前提に関する区
　　分**

266

（2）当年度の財務諸表の監査の過程で監査役等と協議した事項のうち，職業的専門家として当該監査において特に重要であると判断した事項……**監査上の主要な検討事項区分**

（3）監査した財務諸表を含む開示書類のうち当該財務諸表と監査報告書とを除いた部分の記載内容に関する事項……**その他の記載内容区分**

（4）財務諸表の記載について強調する必要がある事項及び説明を付す必要がある事項……**追記情報区分**

以下，監査報告書に記載されるメッセージを個別に説明する。

A．監査報告書の表題　会計プロフェッショナルが財務諸表監査において作成する監査報告書の表題については，国際的な監査報告実務を反映し，かつ，内部監査人などの作成する監査報告書と区別する目的で，「独立監査人の」という修飾句を加えている。

B．監査報告書の宛先　「監査報告書の宛先を誰にするか」という問題に対する答えは，監査契約を前提にして記載するか，監査報告書の実質的な利用者を念頭において記載するか，コーポレート・ガバナンスを踏まえて記載するかによって異なる。かつてのわが国の報告実務では，監査契約を重視し「代表取締役社長」となっていたが，国際的な監査報告実務では，監査報告書の実質的な利用者である「株主各位」，米国型コーポレート・ガバナンスのもとで監査人を選任する「取締役会」，あるいはその両者「株主各位及び取締役会」となっていた。現在，監査基準報告書 700 および監査・保証実務委員会実務指針第 85 号は通常「取締役会」とすることを示している。しかし，これは欧米のコーポレート・ガバナンスに無理に合わせたものであり，日本のコーポレート・ガバナンスの状況を踏まえていない。日本の会社の仕組みを尊重するのであれば，「代表取締役社長」（代表執行役社長）ではなかろうか [3]。

第13章　監査報告書の構造と監査メッセージ

C．監査報告書の日付　監査報告書に記載される日付は，監査報告書の体裁を整えるためのアクセサリーではない。それは，当該監査に対して監査人が法的な責任を認める時間的限界を示している。日付を前にずらせば，監査人が責任を負うこととなる時間の幅は短くなり，その分だけ責任は軽減される。一方，日付を後ろにずらせば，その分だけ監査人の責任は大きくなる。監査・保証実務委員会実務指針第 85 号および監査基準報告書 700 は，監査報告書の作成日としていた従来の実務を見直し，「財務諸表に対する意見表明の基礎となる十分かつ適切な監査証拠を入手した日」以降の日付，および「関連する審査を完了した日」以降の日付とした。

D．監査人の署名　国際的には，通常，監査に対する責任は会計事務所（パートナーシップ）全体が負うため，会計事務所名で記載する慣行をもつ国もある。他方，わが国では，法令による制約があり，法定監査（監査法人）の場合には，監査契約当事者である監査法人の代表者と当該監査証明に係る業務を執行した社員（業務執行社員）が，それぞれ自署・押印する必要がある。しかし，監査法人が「指定証明」を定めている場合には，「監査法人の代表者」に代えて当該指定証明にかかる「指定社員」である業務執行社員が，自署・押印することも可能である。たとえば，東日本旅客鉄道の監査報告書（資料 13-2）では「指定有限責任社員」が使われている。

E．監査意見区分のメッセージ　この区分には 2 種類の内容を異にするメッセージが含まれる。第 1 は，監査人が監査証明の対象となった財務諸表（監

3）監査報告書の宛先を取締役会ではなく，代表取締役社長とした監査報告書（日本製鉄：有限責任あずさ監査法人），代表取締役社長執行役員とした監査報告書（帝人：有限責任あずさ監査法人），代表執行役・執行役会長とした監査報告書（日立金属：EY 新日本有限責任監査法人），執行役社長とした監査報告書（三菱電機：有限責任あずさ監査法人，日立製作所：EY 新日本有限責任監査法人），代表執行役 CEO とした監査報告書（エーザイ：有限責任監査法人トーマツ，東芝：PwC ジャパン有限責任監査法人）もすでに登場している。

268

査の主題）を識別し，その範囲を限定する以下のメッセージである。

> 　当監査法人は，金融商品取引法第193条の2第1項の規定に基づく監査証明を行うため，「経理の状況」に掲げられているABC株式会社の20X1年4月1日から20X2年3月31日までの連結会計年度の連結財務諸表，すなわち，連結貸借対照表，連結損益計算書，連結包括利益計算書，連結株主資本等変動計算書，連結キャッシュ・フロー計算書，連結財務諸表作成のための基本となる重要な事項，その他の注記及び連結附属明細表について監査を行った。

　ここでは，会計プロフェッショナルが実施した財務諸表監査の法律上の根拠と監査の主題が具体的に識別される。特に監査の主題については，その範囲を具体的に限定し，かつ，時間的に限定するメッセージが記載される。「連結財務諸表，すなわち，連結貸借対照表，連結損益計算書，連結包括利益計算書，連結株主資本等変動計算書，連結キャッシュ・フロー計算書，連結財務諸表作成のための基本となる重要な事項，その他の注記及び連結附属明細表」は，監査の主題の内容を特定し，「20X1年4月1日から20X2年3月31日までの連結会計年度の」は，監査の主題の範囲を時間的に限定している。なお，このメッセージが過去形になっていることに注意されたい。それは，何を監査の主題として監査したのかを，監査人が事実として確定したことを意味している。

　監査意見区分に記載される第2のメッセージは，上記の監査の主題にかかる監査人の意見を伝達するメッセージである。記載されるメッセージは，『監査基準』「第四　報告基準」「三　無限定適正意見の記載事項」の「(1) 監査人の意見」によって規制されており，標準監査報告書の場合，ただ次の一文のみである。

> 　当監査法人は，上記の連結財務諸表が，我が国において一般に公正妥当と認め

られる企業会計の基準に準拠して，ABC株式会社及び連結子会社の20X2年3月31日現在の財政状態並びに同日をもって終了する連結会計年度の経営成績及びキャッシュ・フローの状況をすべての重要な点において適正に表示しているものと認める。

　証拠に基づいて形成された監査の主題に対する監査人の信念をメッセージ化したものを監査意見という。「当監査法人は，……と認める。」という構文形式で，財務諸表の適正表示についての監査人の信念を表している。財務諸表を利用する時点において，財務諸表利用者が監査意見に依拠できるよう，監査意見は現在形で示されている。監査人は，財務諸表について上記の意見を表明することによって財務諸表の信頼性を保証している。この財務諸表の信頼性の保証こそが監査人に求められている基本的役割にほかならない。すなわち，このメッセージを通じて，監査人は，

① 　財務諸表は「我が国において一般に公正妥当と認められる企業会計の基準」に準拠して作成されていること（表の意味）4)

② 　上記の財務諸表に対して表明された意見については，「我が国において一般に公正妥当と認められる企業会計の基準」の範囲内において責任を負うものであること（裏の意味）

を財務諸表利用者に伝えているのである。

F．監査意見の根拠区分のメッセージ　監査意見の根拠区分は，平成30（2018）年の『監査基準』改訂で設けられた新しい区分である。しかしその内容は，従来の監査報告書で「監査人の責任区分」に記載されていた内容と本質

---

4) この意味のほかに，「財務諸表には重要な虚偽表示はない」という意味を会計プロフェッショナルが加えていると理解することも可能である。監査人の責任区分において，そのような理解を可能とする文言が記載されていること，さらに会計プロフェッショナルが採用している監査リスク・アプローチは，「財務諸表に重要な虚偽表示はない」ことについて合理的な保証を与えることを目的しているからである。監査訴訟においては，監査意見の解釈は「財務諸表に重要な虚偽表示はない」という観点からなされるものと思われる。

的には同一である。すなわち，以下の文言である。

> 当監査法人は，我が国において一般に公正妥当と認められる監査の基準に準拠して監査を行った。監査の基準における当監査法人の責任は，「連結財務諸表監査における監査人の責任」に記載されている。当監査法人は，我が国における職業倫理に関する規定に従って，会社及び連結子会社から独立しており，また，監査人としてのその他の倫理上の責任を果たしている。当監査法人は，意見表明の基礎となる十分かつ適切な監査証拠を入手したと判断している。

この文言は 3 種類の重要なメッセージを含んでいる。

① 監査人は一般に公正妥当と認められる監査の基準に準拠して監査を行ったこと

② 監査人が監査を行うにあたり，職業倫理に関する規定が要求する事項を遵守していること

③ 監査人が監査の結果として入手した監査証拠は意見表明の基礎を与える十分かつ適切なものであること

①および②はそれぞれ監査基準および職業倫理に関する規定への準拠にかかる記載であり，③は監査人が行った立証プロセスの実質に触れる文言である。とりわけ重要なことは，①当該監査が一般に公正妥当と認められる監査の基準に準拠していることを監査人自身が事実として確定していることである。メッセージが過去形（事実の記載）になっていることに注意されたい。「一般に公正妥当と認められる監査の基準に準拠して監査を行った」かどうかは，その監査を行った会計プロフェッショナル自身が承知していることである。監査の基準に準拠したことを事実として記載することによって，監査人は，実施した監査の全体的な質について説明するとともに，文言上そのことを確定し，もって財務諸表監査に対する責任は，会計プロフェッショナルが準拠した「一般に公正妥当と認められる監査の基準」の枠内で負うことを明確にするのである。後述する監査人の責任区分（L）と合わせて，この記載は，監査人の責任の範囲

第13章　監査報告書の構造と監査メッセージ

を定める意義を有している。

　無限定適正意見の場合に記載される監査意見の根拠区分のメッセージは常に同じである。一方，無限定適正意見以外の場合には，監査意見の根拠区分には，上記Eの監査意見区分で記載した監査の結論の根拠を，当該結論であると判断した理由とともに，個別の監査契約の状況に応じて十分かつ適切に記載しなければならない。この記載は監査意見区分と合わせて，監査人に求められている財務諸表の信頼性の保証に関わる重要な役割である。なお，具体的なメッセージについては第14章を参照されたい。

G.　継続企業の前提に関する区分のメッセージ　継続企業の前提に関する区分はすべての監査報告書に記載されるわけではなく，該当する場合にのみ区分が設けられ追記される。該当する場合には，この区分に記載される事項は財務諸表利用者にとって重要な情報となりうる。しかしながら，当該記載事項があるからといって監査人の意見に直接的に影響を及ぼすとは限らない。基本的には監査人による情報提供機能の一環として理解しておくべきである。継続企業の前提（ゴーイング・コンサーン）については第15章において詳述する。

H.　監査上の主要な検討事項区分のメッセージ　監査上の主要な検討事項区分もまた，平成30（2018）年の『監査基準』改訂で設けられた新しい区分であり，導入前から導入後に至るまで利害関係者から高い注目を集めている。監査上の主要な検討事項（Key Audit Matters: KAM）とは，監査人が監査の過程で監査役等と協議した事項のなかから，特に注意を払った事項を決定したうえで，当年度の財務諸表の監査において，職業的専門家として特に重要と判断した事項をいう。この区分の記載は，財務諸表利用者に対して，監査人が実施した監査の内容に関する被監査会社固有の情報を提供するものであるが，保証に関する部分に記載されるメッセージとは明確に区別される。この区分は情報提供機能に関わるため，次節において別個に取り上げる。

272

I. その他の記載内容区分のメッセージ　その他の記載内容区分は，令和2 (2020) 年の『監査基準』改訂で設けられた新しい区分である。その他の記載内容は従来，後述する追記情報の一部として位置づけられていたが，改訂により，追記情報から独立した別個の区分が設けられることとなった。その他の記載内容とは，監査人が監査した財務諸表を含む開示書類のうち，当該財務諸表と監査報告書とを除いた部分の記載内容をいう。通常，財務諸表およびその監査報告書を除く，企業の年次報告書に含まれる財務情報および非財務情報を指す。重要なことは，その他の記載内容自体は監査人が意見を表明する対象ではないが，監査報告書において記載を求められているということである。この区分は情報提供機能に関わるため，次節において別個に取り上げる。

J. 追記情報区分のメッセージ　追記情報とは，監査人が監査報告書において監査意見とは別に記載する情報であり，強調事項とその他の事項からなる。監査人は，財務諸表に適切に表示または開示されている事項について，財務諸表利用者が財務諸表を理解する基礎として重要であるため，当該事項を強調して注意喚起する必要があると判断した事項（強調事項），または財務諸表に表示または開示されていないが，監査人の責任または監査報告書についての財務諸表利用者の理解に関連するため，説明する必要があると判断した事項（その他の事項）を，区分を設けて記載する。追記情報の内容として何を認めるかは，監査の保証機能との関係において極めて重要である。この区分は情報提供機能に関わるため，次節において別個に取り上げる。

K. 経営者及び監査役等の責任区分のメッセージ　経営者及び監査役等の責任区分は，従来は「経営者の責任区分」と称されていた区分であり，平成30 (2018) 年の『監査基準』改訂により名称変更された。経営者及び監査役等の責任区分に記載されるメッセージを通じて，監査の主題たる財務諸表を作成する第一義的責任は経営者にあること，および統治責任者（監査役，監査役会，監査等委員会または監査委員会）はコーポレート・ガバナンスの仕組み（取締役

第13章　監査報告書の構造と監査メッセージ

の職務の執行に対する監視）を通じて，適正な財務諸表の作成に間接的な責任を負っていることを明示している。以下のメッセージである。

> 　経営者の責任は，我が国において一般に公正妥当と認められる企業会計の基準に準拠して連結財務諸表を作成し適正に表示することにある。これには，不正又は誤謬による重要な虚偽表示のない連結財務諸表を作成し適正に表示するために経営者が必要と判断した内部統制を整備及び運用することが含まれる。
> 　連結財務諸表を作成するに当たり，経営者は，継続企業の前提に基づき連結財務諸表を作成することが適切であるかどうかを評価し，我が国において一般に公正妥当と認められる企業会計の基準に基づいて継続企業に関する事項を開示する必要がある場合には当該事項を開示する責任がある。
> 　監査役及び監査役会の責任は，財務報告プロセスの整備及び運用における取締役の職務の執行を監視することにある。

　上記のメッセージは，次の監査人の責任区分における冒頭の文章と相俟って，いわゆる「二重責任の原則」を明らかにし，強調している。いずれも，財務諸表利用者に対して，経営者および統治責任者と監査人がそれぞれ負っている責任の対象は異なっていることを明らかにすることを目的とした啓蒙的メッセージである（現在形になっていることに注意されたい）。すべての監査報告書において等しく標準化された文言で記載されるものではあるが，会計プロフェッショナルが一般に公正妥当と認められる監査の基準のもとで財務諸表監査に従事する限り，監査報告書において必ず記載しなければならない重要なメッセージである。

L. 監査人の責任区分のメッセージ　監査人の責任区分のなかで，監査人は性質の異なる3種類のメッセージを記載している。第1は，上の経営者及び監査役等の責任区分における記載に対応して，監査人の責任が財務諸表に対する意見の表明にあることを明らかにしている以下の文言である。二重責任の原則の意味を監査人側から説明したものであり，これも啓蒙的メッセージである。

274

監査人の責任は，監査人が実施した監査に基づいて，全体としての連結財務諸表に不正又は誤謬による重要な虚偽表示がないかどうかについて合理的な保証を得て，監査報告書において独立の立場から連結財務諸表に対する意見を表明することにある。虚偽表示は，不正又は誤謬により発生する可能性があり，個別に又は集計すると，連結財務諸表の利用者の意思決定に影響を与えると合理的に見込まれる場合に，重要性があると判断される。

　監査意見の根拠区分（F）において上述したとおり，監査人は，実施した監査が「一般に公正妥当と認められる監査の基準」に準拠して行われたことを文言上，確定させている。これは，財務諸表監査に対する責任は，会計プロフェッショナルが準拠した「一般に公正妥当と認められる監査の基準」の枠内で負うことを明確にしているものと理解しておくべきである。

　第2のメッセージは，監査人が従事する立証プロセスの内容を概説したものである。

　監査人は，我が国において一般に公正妥当と認められる監査の基準に従って，監査の過程を通じて，職業的専門家としての判断を行い，職業的懐疑心を保持して以下を実施する。
・　不正又は誤謬による重要な虚偽表示リスクを識別し，評価する。また，重要な虚偽表示リスクに対応した監査手続を立案し，実施する。監査手続の選択及び適用は監査人の判断による。さらに，意見表明の基礎となる十分かつ適切な監査証拠を入手する。
・　連結財務諸表監査の目的は，内部統制の有効性について意見表明するためのものではないが，監査人は，リスク評価の実施に際して，状況に応じた適切な監査手続を立案するために，監査に関連する内部統制を検討する。
・　経営者が採用した会計方針及びその適用方法の適切性，並びに経営者によって行われた会計上の見積りの合理性及び関連する注記事項の妥当性を評価する。
・　経営者が継続企業を前提として連結財務諸表を作成することが適切であるかどうか，また，入手した監査証拠に基づき，継続企業の前提に重要な疑義を生

第13章　監査報告書の構造と監査メッセージ

> じさせるような事象又は状況に関して重要な不確実性が認められるかどうか結
> 論付ける。継続企業の前提に関する重要な不確実性が認められる場合は，監査
> 報告書において連結財務諸表の注記事項に注意を喚起すること，又は重要な不
> 確実性に関する連結財務諸表の注記事項が適切でない場合は，連結財務諸表に
> 対して除外事項付意見を表明することが求められている。監査人の結論は，監
> 査報告書日までに入手した監査証拠に基づいているが，将来の事象や状況によ
> り，企業は継続企業として存続できなくなる可能性がある。
> ・　連結財務諸表の表示及び注記事項が，我が国において一般に公正妥当と認め
> られる企業会計の基準に準拠しているかどうかとともに，関連する注記事項を
> 含めた連結財務諸表の表示，構成及び内容，並びに連結財務諸表が基礎となる
> 取引や会計事象を適正に表示しているかどうかを評価する。
> ・　連結財務諸表に対する意見を表明するために，会社及び連結子会社の財務情
> 報に関する十分かつ適切な監査証拠を入手する。監査人は，連結財務諸表の監
> 査に関する指示，監督及び実施に関して責任がある。監査人は，単独で監査意
> 見に対して責任を負う。

　実施された監査手続の説明としては概説的ではあるが，財務諸表監査におけ
る監査人の立証の内容に対する読者の理解を深めるために追加された啓蒙的
メッセージである。もちろん，これらのメッセージも標準化されているが，な
かでも，以下のメッセージは特に重要である。

1）監査基準は，監査人に対して，不正又は誤謬による重要な虚偽表示リス
　クを識別し評価すること，および重要な虚偽表示リスクに対応した監査手
　続を立案し実施することを求めていること。このメッセージは，財務諸表
　の適正表示についての監査意見は，いいかえれば，財務諸表に重要な虚偽
　表示がないことについて合理的な保証を与えていることを示唆している。
2）財務諸表監査は，内部統制の有効性について保証を与えるものではない
　が，リスク評価に際して，状況に応じた適切な監査手続を立案するために
　内部統制の検討が行われていること。このメッセージは，財務諸表監査に

おいて内部統制の評価を行うことの意味を，リスク評価に関係づけて説明
している。

　第3のメッセージは，監査人が監査の過程で統治責任者に報告する，また
は統治責任者と協議する事項に関する以下の文言である。

　監査人は，監査役及び監査役会に対して，計画した監査の範囲とその実施時期，
監査の実施過程で識別した内部統制の重要な不備を含む監査上の重要な発見事項，
及び監査の基準で求められているその他の事項について報告を行う。
　監査人は，監査役及び監査役会に対して，独立性についての我が国における職
業倫理に関する規定を遵守したこと，並びに監査人の独立性に影響を与えると合
理的に考えられる事項，及び阻害要因を除去又は軽減するためにセーフガードを
講じている場合はその内容について報告を行う。
　監査人は，監査役及び監査役会と協議した事項のうち，当事業年度の財務諸表
の監査で特に重要であると判断した事項を監査上の主要な検討事項と決定し，監
査報告書において記載する。ただし，法令等により当該事項の公表が禁止されて
いる場合や，極めて限定的ではあるが，監査報告書において報告することにより
生じる不利益が公共の利益を上回ると合理的に見込まれるため，監査人が報告す
べきでないと判断した場合は，当該事項を記載しない。

　一連の文言は，財務諸表監査において監査人と統治責任者とのコミュニケー
ションの重要性が高まっていることを反映している。同時に，財務諸表の適正
表示に向けて，コーポレート・ガバナンスの機能を一層重視する社会の見方を
反映しているといえよう。すでに述べたとおり，従来の「経営者の責任区分」
が「経営者及び監査役等の責任区分」へと名称変更されたこともその一環であ
る。

第13章

監査報告書における情報提供機能

　いうまでもなく，監査人に求められる重要な役割は財務諸表の信頼性の保証にこそある。監査報告書における保証機能に関係するメッセージは，日本だけでなく諸外国においても，標準監査報告書が採用されている。すなわち，被監査会社の財務諸表がすべての重要な点において適正に表示されていることを，監査人が監査証拠をもって裏づけた結果として選択される無限定適正意見の場合，監査報告書に記載されるメッセージは被監査会社を問わず，常に同じである。一方，無限定適正意見以外が選択された場合には，第14章で後述するとおり，監査人の判断の背景や根拠となった事情は，財務諸表利用者の意思決定に重大な影響を与えうるため，監査人は，監査報告書において意見の根拠を被監査会社個別の状況に応じて，十分かつ適切に記載するのである。

　しかし前節で示したとおり，現在の監査報告書には，保証機能に関係するメッセージのほか，情報提供機能を想定したメッセージの記載区分が多分に含まれている。これは，国内外の監査報告に関する議論，すなわち，「監査報告書の情報価値をどのように高めたらよいのか」を受けて，監査報告書の情報提供機能を強く意識する考え方を受けたものである。監査報告書の情報提供機能とは，保証に関するメッセージに加えて，財務諸表利用者の意思決定にとって重要であると監査人が判断した事項や情報を，保証の枠組みの外で記載することである。

　国際的な基準認定機関においても，監査報告書改革は大きな問題となっている。わが国では，過去において監査報告書に記載されていた，たとえば「付記事項」，「補足的説明事項」，「特記事項」が情報提供機能に関係していた。監査上の主要な検討事項区分を新設した平成30（2018）年の『監査基準』改訂，およびその他の記載内容区分を新設した令和2（2020）年の『監査基準』改訂は，わが国の監査報告書における情報提供機能を拡充した改革であった[5]。以下，継続企業の前提区分を除く，情報提供に関わる区分を取り上げる。

監査上の主要な検討事項

　監査上の主要な検討事項（以下，KAM）は，平成30（2018）年の『監査基準』改訂により導入され，令和3（2021）年3月決算にかかる財務諸表監査から適用開始された。KAMの決定プロセスは次のとおり要求されている。

> **『監査基準』「第四　報告基準」七　監査上の主要な検討事項**
>
> 1　監査人は，監査の過程で監査役等と協議した事項の中から特に注意を払った事項を決定した上で，その中からさらに，当年度の財務諸表の監査において，職業的専門家として特に重要であると判断した事項を監査上の主要な検討事項として決定しなければならない。

　ここで重要なのは，KAMを決定する過程で監査人と監査役等との協議が必要となることである。これは，監査人と被監査会社との間のコミュニケーションを充実させることにKAMが寄与しうることを示唆している。リスク・アプローチに基づく監査計画の策定段階から監査の過程を通じて監査役等と協議を行うなど，適切な連携が図られることにより，KAMは，被監査会社の側でのガバナンス強化や監査人とのリスク認識の共有につながることが期待されている。

　次に，決定されたKAMの記載に関する要求は次のとおりである。

> **『監査基準』「第四　報告基準」七　監査上の主要な検討事項**
>
> 2　監査人は，監査上の主要な検討事項として決定した事項について，関連する

5）わが国の監査報告書に問題があるとすれば，それは国際会計士連盟（国際監査基準）が抱えている問題でもあり，わが国固有の問題ではない。日本公認会計士協会が推奨する監査報告書様式は，国際監査基準が提示している様式をそのまま邦訳したものであるので，国際監査基準が抱えている問題がそのままわが国の監査報告実務に持ち込まれる結果となっている。

第13章　監査報告書の構造と監査メッセージ

> 財務諸表における開示がある場合には当該開示への参照を付した上で，監査の主要な検討事項の内容，監査人が監査上の主要な検討事項であると決定した理由及び監査における監査人の対応を監査報告書に記載しなければならない。ただし，意見を表明しない場合には記載しないものとする。

　すでに述べたとおり，KAM は，監査の過程を通じて，監査人が監査役等に対して行う報告内容を基礎として決定される。その意味で，記載される KAM は，被監査会社の監査のプロセスに関わる固有の情報を提供しうる。このため，KAM には，従来ブラックボックスと揶揄された監査を透明化する効果が期待されている。そのためにも，監査人には，KAM の記載にあたって，過度に専門的な用語の使用を控えてわかりやすく記載することが求められている。

その他の記載内容

　その他の記載内容は従来，財務諸表とともに開示される情報において，財務諸表の表示やその根拠となっている数値等との重要な相違がある場合に，監査人が当該相違を監査報告書に追記情報として記載することが求められていたものである。昨今，サステナビリティ情報や人的資本情報など，非財務情報の開示の充実が進んでいることに鑑み，令和 2（2020）年の『監査基準』改訂では，その他の記載内容に対する監査人の手続に言及すること，および監査報告書上，追記情報とは独立した区分を設けて記載を要求することによって，監査人の役割を明確化した。

『監査基準』「第四　報告基準」八　その他の記載内容

1　監査人は，その他の記載内容を通読し，当該その他の記載内容と財務諸表又は監査人が監査の過程で得た知識との間に重要な相違があるかどうかについて検討しなければならない。また，監査人は，通読及び検討に当たって，財務諸表や監査の過程で得た知識に関連しないその他の記載内容についても，重要な

誤りの兆候に注意を払わなければならない。

2　監査人は，その他の記載内容に関して，その範囲，経営者及び監査役等の責任，監査人は意見を表明するものではない旨，監査人の責任及び報告すべき事項の有無並びに報告すべき事項がある場合はその内容を監査報告書に記載しなければならない。ただし，財務諸表に対する意見を表明しない場合には記載しないものとする。

　重要なことは，その他の記載内容は監査の対象ではなく，その他の記載内容に関する新たな監査証拠の入手が求められるわけではないということである。監査人に求められるのは，その他の記載内容を通読し，その内容と財務諸表または監査人が監査の過程で入手した監査証拠やそこでの検討結果とを比較検討することにとどまる。その結果，監査人が，重要な相違やその他の記載内容についての重要な誤りに気づいた場合には，経営者や監査役等と協議を行うなどの追加手続の実施や，監査報告書上，その他の記載内容区分への記載が求められるが，そのことをもって，監査人がその他の記載内容に関する被監査会社の責任を代替するものではない。その他の記載内容においても，二重責任の原則は依然として堅持される。

追記情報

　追記情報には，強調事項とその他の事項が含まれる。その具体例は，『監査基準』において限定列挙されている。

『監査基準』「第四　報告基準」九　追記情報

監査人は，次に掲げる強調すること又はその他説明することが適当と判断した事項は，監査報告書にそれらを区分した上で，情報として追記するものとする。
　（1）会計方針の変更
　（2）重要な偶発事象

第13章　監査報告書の構造と監査メッセージ

（3）重要な後発事象

　『監査基準』が規制する追記情報の中心は，財務諸表に記載されている事項で，監査人が財務諸表利用者の注意を特に喚起する必要があると判断した事項を，監査人の立場で強調した事項であり，その本質は「注意喚起」にある。

　問題は，「その他の事項」の内容と範囲であろう。「適当と判断した」とあるが，「何」を「いかなる立場（視点）」から判断するかによって，その答えは異なりうるからである。監査人の責任を限定するという意味で監査人が「その他の事項」を捉えているとすれば本末転倒であろう。また，財務諸表利用者の経済的意思決定にとりわけ有用と監査人が判断した事項については，監査人は自己の責任のもとに自由に監査報告書に追記できるという意味でもない。二重責任の原則という制度上の枠組みによって当然制約を受ける。それゆえ，追記情報として「その他の事項」が健全な報告実務であるかどうかを注視していく必要がある。なお，『監査基準』は，「強調事項」と「その他の事項」とは区分して記載することを求めている。

6　本章のまとめ

　19世紀中ごろから今日までの財務諸表監査の発展過程において，職業会計士の作成する監査報告書の様式と記載文言は常に見直され，改善が加えられてきた。①標準監査報告書を採用していること，②財務諸表監査全体の質は監査基準によって規制されていること，そして③財務諸表の信頼性は会計基準によって規制されていること，という財務諸表監査の基本的構造が監査報告書に反映されている。これが，職業会計士が採用している監査報告書の特徴である。

　監査報告書は，監査の主題に対して実施された監査手続の質と監査の主題についての監査人の結論を伝えればよい，というものではない。監査報告書は，

同時に，実施された監査手続の質や表明された監査人の結論に対して監査人が負う責任の範囲を明確に示すものでなければならない。また，メッセージを単に増やせばよいという単純な量の問題ではない。このことをまずしっかりと押さえることが必要である。

　現代の監査報告書の抱えている第1の問題は，性質を異にするメッセージの混在である。監査人の役割（保証機能）に直結するメッセージと，その内容を概説する啓蒙的なメッセージとが混在しているという問題である。監査報告書の体系を，記載されるメッセージの性質に照らして改めて考え直す必要があるように思われる。

　第2の問題は，監査報告書の情報価値を高めてほしいとの財務諸表利用者の要求が一段と強くなっていることである。これは，監査報告書におけるメッセージの量的・質的拡充に対する社会の要請である。このような情報要求に対して，会計プロフェッションはどのように応えていけばよいのであろうか。これは第1の問題とも複雑に関係し，容易な問題ではないが，情報提供機能の拡充を目指して監査報告書に記載するメッセージの量を増やすことが果たして監査報告書の価値や有用性を高めているのかは必ずしも明確ではない。特に，監査報告書におけるメッセージのうち，何が本質的なメッセージであるのかという原点が見落とされると，監査報告書は徒らに量だけが増え，単なるメッセージの寄せ集めと化してしまう恐れがある。また会計プロフェッションが訴訟防衛的になればなるほど，メッセージの書き方に会計プロフェッションの立場が反映されてしまう危険性も高まる。

13-1　監査報告書の長文化

　国際監査基準が指向している監査報告書は，財務諸表利用者からの要求を受けて，長文化する傾向を強めている。しかしながら，①実施した監査の内容についての一般の理解を高める，②財務諸表監査全体の質を明らかにする，③監査人の責任の範囲を明らかにする，④監査報告書のメッセージを標準化する，そして⑤監査報告書の読みやすさを高める，といった要求を同時に満たす解はあるのだろうか。現在の状況がさらに進むと，注記が付された監査報告書が登場することにもなりかねない。今後の監査報告書に関する最も基本的な研究テーマである。

第14章

監査意見の類型と意見不表明

　財務諸表監査において会計プロフェッショナルが本来目標とするところは，経営者が作成した財務諸表について無限定適正意見を表明することである。経営者が一般に公正妥当と認められる企業会計の基準に準拠して財務諸表を誠実に作成し，会計プロフェッショナルが一般に公正妥当と認められる監査の基準に準拠してその財務諸表の適正表示を確かめ，それを保証する。この状況こそが，財務報告制度が求めている姿である。

　しかしながら，実際の企業会計においては，会計プロフェッショナルが常に無限定適正意見を表明できるとは限らない。財務諸表の適正表示に反するような会計処理や表示がなされたり，監査手続そのものが制約を受けたりする状況も起こりうる。

　無限定適正意見の場合を含め，会計プロフェッショナルが監査の主題についてどのような監査の結論を導けるかは，ひとえにどのような監査手続が行われたか，その結果どのような監査証拠が得られたかによって影響を受け，最終的には，監査意見の表明を可能とする「合理的な基礎」が確かめられたかどうか，およびどのような「合理的な基礎」が確かめられたかによって決定される。このことは，監査意見の表明に関する議論は，まず監査手続の議論を踏まえて行う必要があることを意味している。

　本章では，財務諸表に対する監査人の結論（意見）がどのような論理で選択され，監査報告書に記載されることになるのかを，とりわけ無限定適正意見以外の場合に焦点を当てて説明する。

第14章　監査意見の類型と意見不表明

 除外事項の意義と機能

　財務諸表についての意見は，個々のアサーションについて，会計プロフェッショナルがいかなる監査証拠をどのように入手・評価したか，しかるべき監査手続を実施したかどうか，さらに，個々のアサーションについて形成された信念が全体として監査意見の表明を支える「合理的な基礎」の形成を可能とするものであるかどうかによって決定される。会計プロフェッショナルが質的にも量的にも十分な監査証拠を確かめることができ，かつ，設定したアサーションについて得られた個別信念が全体として究極的立証命題（財務諸表の適正表示）が成立することを裏づけるのに十分な証明力を有し，その結果，監査人が「合理的な基礎」を得たと判断した場合には，無限定適正意見を表明することができる。

　しかし，現実には，入手した監査証拠がすべてアサーションを支える証拠（正の証拠）であるということはないであろうし，状況によっては，アサーションを否定する重要な証拠（負の証拠）が検出されるかもしれない。また，設定したアサーションについて，監査人が監査証拠を入手することを困難にする状況や制約があり，アサーションの確からしさについての信念が形成できない場合も起こりうる。そのような不満足事項があった場合に，会計プロフェッショナルはこれらを除外事項として監査報告書において取り上げるとともに，その重要性の程度に応じて無限定適正意見以外の監査意見あるいはその他の監査の結論（意見不表明）を監査報告書において記載するのである。

除外事項の定義

　無限定適正意見監査報告書以外の監査報告書においては，会計プロフェッショナルが保証の枠組みのなかで，財務諸表利用者に伝える必要があると判断した，監査上の重要な不満足事項——これを一般に**除外事項**（exceptions）と称する——が記載される。除外事項とは，監査報告書に関連する概念であ

る。会計プロフェッショナルが監査立証プロセスにおいて直面するさまざまな監査上の不満足事項が，直ちに除外事項となるわけではない。その不満足事項が監査報告書において明示された場合に，それを除外事項と呼ぶのである。

除外事項がある場合の監査報告書は標準監査報告書とは異なる形をとり，その記載内容は，除外事項の内容とそれが財務諸表に与えている影響の重要性（とりわけ金額的重要性）と広範性によって決まる。除外事項が記載される場合の監査報告書の基本構造は標準監査報告書（図表13-1）と同じであるが，監査意見区分に特定の意見または結論を記載した後，監査意見の根拠区分の見出しを「限定付適正意見の根拠」「不適正意見の根拠」あるいは「意見不表明の根拠」とし，かかる根拠区分において除外事項の内容が記載される。重要なことは，除外事項が監査手続に関係している場合には「十分かつ適切な監査証

Coffee Break　重要性判断について

　重要性判断がなされる最終局面は，監査意見の形成段階である。監査手続上の制約，会計処理方法の選択・適用に関する不適切な事項，財務諸表の表示に関する不適切な事項などが存在している場合に，それらを「重要でない」と判断するか，「重要である」と判断して当該事項を監査報告書において除外して限定付適正意見を表明するか，「重要かつ広範である」と判断して不適正意見を表明するか，監査意見そのものの表明を差し控えるかを判断しなければならない。ここに関わるのが重要性の判断である。通常の場合，金額的重要性が適用され，これに質的重要性が加味されるという過程をたどるであろう。しかしながら，たとえば検出された財務諸表項目の虚偽表示が意図的な会計操作あるいは経営者による財産不正（横領）に関係している場合には，質的重要性が優先されるべきであろう。

　当該財務諸表項目の虚偽表示の金額的重要性を判断する場合でも，虚偽表示額を単年度で判断する場合もあれば，過年度からの累積金額で判断する場合もある。また，重要性を判断する際の単一指標として営業利益・経常利益・当期純利益・資本金・純資産額などがあるが，これらの指標がウエイトづけされた総合的な重要性判断指標が採用される場合もある。

第14章　監査意見の類型と意見不表明

拠」に関連づけて，また除外事項が財務諸表に関係している場合には「一般に公正妥当と認められる企業会計の基準」に関連付けて説明されることである。

除外事項の種類

　監査立証プロセスにおいて，会計プロフェッショナルは，適切な証拠あるいは十分な証拠の入手を妨げる監査手続上の制約，監査手続の選択・適用を妨げる経営者からの圧力や干渉，内部統制の重大な欠陥，不正の可能性，一般に公正妥当と認められる企業会計の基準に違反した会計処理や表示などに直面することがある。会計プロフェッショナルはこれらの事項に直面した場合には，当該事項の重要性（または重大性）を判断しつつ，被監査会社の経営者，状況によっては監査役会に対して協力を求め，必要な助言を行い，適正な財務諸表の公表と無限定適正意見の表明が可能となるように，プロフェッショナリズムを十分に発揮して問題解決に臨まなければならない。

　しかし，経営者や会計プロフェッショナルの努力にもかかわらず，特定の懸案事項が双方にとって納得いく形で解決されず，結果として，無限定適正意見の表明に結びつかない場合も現実には起こりうる。無限定適正意見の表明を困難とする会計プロフェッショナルにとっての除外事項は，大別して次の2つの範疇に分けられる。

　第1は，監査手続上の制約があったため，監査人が満足のいく形で監査を実施できなかったという意味での除外事項である。たとえば以下のような場合である。

① 被監査会社から監査手続に対する干渉や制約を受けた場合
② 財産不正の重大な疑いに対する会社側の対応が不十分（不誠実）であった場合
③ 当局による書類の押収によって監査手続が制約を受けた場合
④ 被監査会社の内部統制が著しく不備であるため基礎的な会計記録の信頼性が欠如している場合

288

⑤　自然災害，火災などによって重要な書類や記録媒体が失われたり破壊されたりした場合

⑥　重要な監査手続（売掛金の確認，棚卸の立会など）が実施できず，他の監査手続によっても十分な証拠を入手することができなかった場合

⑦　企業の継続的事業担当能力（ゴーイング・コンサーン）問題に関して監査手続上の制約が生じた場合（この問題は次章において取り扱う）

第2は，財務諸表が一般に公正妥当と認められる企業会計の基準に準拠して作成されておらず，そのため財務諸表の表示が（著しく）歪められているという意味での除外事項（会計上の不満足事項）である。たとえば，以下のような場合である。

①　会計処理方法または財務諸表上の表示方法が一般に公正妥当と認められる企業会計の基準に準拠していない場合

②　会計処理方法の変更が正当な理由に基づいておらず，一般に公正妥当と認められる企業会計の基準に準拠していない場合

監査の主題に対する監査人の結論は，当該除外事項の重要性に応じて，いくつかの型に分けられる。図表14-1はその全体的構図を示したものである。重要な点は，除外事項が「監査手続」に関係するものであれ，「監査の主題」（財務諸表）に関係するものであれ，財務諸表の表示――通常の場合には，財務諸表項目の金額――に結びつけて記載されなければならないということである。たとえば，監査人が重要と判断した監査手続（たとえば，売掛金の残高確認）が実施されなかった場合であっても，そのことだけをもって，監査意見を表明する際の除外事項としてはならない。監査手続の実施できなかった対象が財務諸表に及ぼす影響の大きさ（重要性）を判断することが求められるためである。

289

第14章　監査意見の類型と意見不表明

■図表14-1　除外事項の内容と監査報告書上の記載

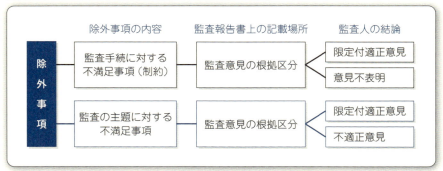

2　標準監査報告書以外の監査報告書の作成

　標準監査報告書以外の監査報告書の記載は，除外事項の内容によって異なる。除外事項が記載される場所は監査意見の根拠区分（図表13-1のF）である。以下，当該除外事項が監査手続に関係する場合と監査の主題に関係する場合に分けて監査報告書の記載を説明する。

1）アサーションの立証を妨げる監査手続上の制約があった場合

　会計プロフェッショナルがアサーションを立証するための証拠を入手することができない場合（たとえば被監査会社が契約書原本の提供を拒否した場合），あるいはしかるべき監査技術を適用することができない場合（棚卸の立会が実施できなかった場合）など，監査手続上の制約を受けた場合には，当該アサーションの確からしさについて信念を形成することが難しくなる。もし当該アサーションが重要である場合には，監査手続上の制約があったことによって特定の財務諸表項目の適正表示について信念が形成できなかったことを，監査意見に関係づけて記載する必要が出てくる。監査手続上の制約があった財務諸表項目の重要性（金額的・質的）およびそれが財務諸表に与える影響の広範性を総合

的に判断して，会計プロフェッショナルは，

・限定付適正意見

・意見不表明

のいずれかを選択しなければならない。

限定付適正意見　監査手続上の制約があったために，一部の重要な財務諸表項目について監査証拠を確かめることができず，当該財務諸表項目について信念を形成することができなかった場合，会計プロフェッショナルは当該財務諸表項目を監査報告書において除外事項として記載したうえで，財務諸表全体の適正表示を認める監査意見を表明することがある。この意見を**限定付適正意見**（あるいは単に，**限定意見**）と称する。具体的には，会計プロフェッショナルは，

① 監査報告書の監査意見区分（図表13-1のE）において，その見出しを「限定付適正意見」とし，監査の主題（たとえば，連結財務諸表）を示したうえで，以下のように監査意見を記載する。

> 当監査法人は，上記の連結財務諸表が，**「限定付適正意見の根拠」に記載した事項の連結財務諸表に及ぼす可能性のある影響を除き**，我が国において一般に公正妥当と認められる企業会計の基準に準拠して，ABC株式会社及び連結子会社の20XX年X月X日現在の財政状態並びに同日をもって終了する連結会計年度の経営成績及びキャッシュ・フローの状況を，全ての重要な点において適正に表示しているものと認める。

② 次に監査意見の根拠区分（図表13-1のF）において，その見出しを「限定付適正意見の根拠」として，監査手続上の制約が生じた理由，監査手続上の制約があった財務諸表項目，財務諸表に与えている影響，および意見不表明ではなく限定付適正意見とした理由（重要性はあるが広範性は認められない理由）を説明する。そのうえで，「当監査法人は，限定付適正意見表明の基礎となる十分かつ適切な監査証拠を入手したと判断している。」と記載する。

第14章

291

第14章 監査意見の類型と意見不表明

　資料14-1は，2020年10月12日付の限定付適正意見監査報告書の実例（関連部分のみ掲載；監査人名・会社名省略）である。

意見不表明　監査手続の制約に関する除外事項の財務諸表に与える影響が重要かつ広範にわたっており，限定付適正意見の表明はかえって財務諸表利用者に誤解を与える可能性があると判断した場合には，当該監査手続の制約によって影響を受けた財務諸表項目の重要性と広範性を理由として，財務諸表自体に対する意見表明を差し控える。これが**意見不表明**である。一部の監査書や財務会計書では，意見不表明をもって「意見不表明という意見」と説明している。これは詭弁である。意見不表明は会計プロフェッショナルが選択した監査判断であり監査の結論であることは間違いないが，これを監査意見と理解してはならない。監査意見は証拠によって裏づけられた財務諸表についての監査人の信念をメッセージ化したものである。意見不表明は，会計プロフェッショナルが財務諸表の適正表示について証拠に基づいた信念の形成ができなかったことを意味している。

　監査手続上の重大な制約があったために，会計プロフェッショナルが監査意見を表明するために必要な監査証拠を確かめることができず，財務諸表全体についての意見の表明を支える「合理的な基礎」を形成することができなかった場合には，

①　監査報告書の監査意見区分（図表13-1のE）に相当する区分において，その見出しを「意見不表明」とし，監査の主題（たとえば，連結財務諸表）を示したうえで，以下のような意見不表明の旨を記載する。

> 　当監査法人は，「意見不表明の根拠」に記載した事項の連結財務諸表に及ぼす可能性のある影響の重要性に鑑み，連結財務諸表に対する意見表明の基礎となる十分かつ適切な監査証拠を入手することができなかったため，監査意見を表明しない。

■資料14-1　限定付適正意見監査報告書の実例

限定付適正意見

　当監査法人は，金融商品取引法第193条の2第1項の規定に基づく監査証明を行うため，「経理の状況」に掲げられている○○の2019年4月1日から2020年3月31日までの連結会計年度の連結財務諸表，すなわち，連結貸借対照表，連結損益計算書，連結包括利益計算書，連結株主資本等変動計算書，連結キャッシュ・フロー計算書，連結財務諸表作成のための基本となる重要な事項，その他の注記及び連結附属明細表について監査を行った。

　当監査法人は，上記の連結財務諸表が，「限定付適正意見の根拠」に記載した事項の連結財務諸表に及ぼす可能性のある影響を除き，我が国において一般に公正妥当と認められる企業会計の基準に準拠して，○○及び連結子会社の2020年3月31日現在の財政状態並びに同日をもって終了する連結会計年度の経営成績及びキャッシュ・フローの状況を，全ての重要な点において適正に表示しているものと認める。

限定付適正意見の根拠

　当監査法人は，前連結会計年度の連結財務諸表に対する監査における重要な拠点の見直しにより重要な拠点となった連結子会社については，前連結会計年度末の棚卸資産の実地棚卸に立ち会うことができず，また，代替手続によって当該棚卸資産の数量を検証することができなかった。そのため，前連結会計年度末の一部の連結子会社の棚卸資産（2019年3月31日現在500百万円）については，その実在性に関して，十分かつ適切な監査証拠を入手することができなかった。この影響は前連結会計年度の棚卸資産，売上原価等及び当連結会計年度の売上原価等の特定の勘定科目に限定され，他の勘定科目には影響を及ぼさないことから，連結財務諸表全体に及ぼす影響は限定的である。したがって，連結財務諸表に及ぼす可能性のある影響は重要であるが広範ではない。

　当監査法人は，我が国において一般に公正妥当と認められる監査の基準に準拠して監査を行った。監査の基準における当監査法人の責任は，「連結財務諸表監査における監査人の責任」に記載されている。当監査法人は，我が国における職業倫理に関する規定に従って，会社及び連結子会社から独立しており，また，監査人としてのその他の倫理上の責任を果たしている。当監査法人は，限定付適正意見表明の基礎となる十分かつ適切な監査証拠を入手したと判断している。

第14章

293

第14章　監査意見の類型と意見不表明

② 次に監査意見の根拠区分（図表13-1のF）に相当する区分において，その見出しを「意見不表明の根拠」として，監査手続上の重大な制約が生じた理由を記載する。

2）アサーションを否定する会計基準違反が検出された場合

　財務諸表項目に関する重要なアサーションを否定する監査証拠が入手され，財務諸表の表示が一般に公正妥当と認められる企業会計の基準に準拠していない（会計基準違反）と判断した場合には，当該財務諸表項目の重要性（金額的・質的）およびそれが財務諸表に与える影響の広範性を総合的に判断して，

・限定付適正意見
・不適正意見

のいずれかを選択しなければならない。いうまでもないが，正当な理由のない会計処理方法の変更は一般に公正妥当と認められる企業会計の基準に反するものであるので，同様に，会計基準違反として扱われる。なお，注意すべきは正当な理由による会計処理方法の変更である。これについては，「補論」を参照されたい。

限定付適正意見　限定付適正意見とは，一部の重要な財務諸表項目の表示が一般に公正妥当と認められる企業会計の基準に準拠していない場合において，当該財務諸表項目を監査報告書において**除外事項**として記載したうえで，財務諸表全体の適正表示を認める監査意見である。構文的には，「財務諸表は，……を除き，……を適正に表示していると認める。」という形式で記載される。特定の財務諸表項目の会計処理や表示について会計基準違反が証拠づけられているのであるから，会計プロフェッショナルの信念は「合理的な基礎」に基づいている。会計プロフェッショナルが財務諸表について不満足事項を検出した場合には，まず，当該事項を経営者に伝え，適正な財務諸表が作成されるよう協力を求めるべきである。しかし，当該不適切な会計処理あるいは関連の表示の訂正がなされない場合には，

294

①　監査報告書の監査意見区分（図表 13-1 の E）において，その見出しを「限定付適正意見」とし，監査の主題（連結財務諸表）を示したうえで，以下のような監査意見を記載する。

　当監査法人は，上記の連結財務諸表が，「限定付適正意見の根拠」に記載した事項の連結財務諸表に及ぼす可能性のある影響を除き，我が国において一般に公正妥当と認められる企業会計の基準に準拠して，ABC株式会社及び連結子会社の20XX年X月X日現在の財政状態並びに同日をもって終了する連結会計年度の経営成績及びキャッシュ・フローの状況を，全ての重要な点において適正に表示しているものと認める。

---

②　次に監査意見の根拠区分（図表 13-1 の F）において，その見出しを「限定付適正意見の根拠」として，除外事項と認められる会社の行った会計処理または財務諸表上の表示の内容，それを除外事項とした理由，当該除外事項が財務諸表に与えている影響（通常の場合，当期純利益への影響），または本来あるべき財務諸表上の表示，および不適正意見ではなく限定付適正意見とした理由（重要性はあるが広範性は認められない理由）を説明する。そのうえで，「当監査法人は，限定付適正意見表明の基礎となる十分かつ適切な監査証拠を入手したと判断している。」と記載する。

　以下の事例は，会計基準違反を理由として限定付適正意見を表明する場合の監査報告書における関連部分を示したものである。

事 例

　XYZ監査法人は，ABC株式会社の期末監査に関連して，製品在庫の棚卸の立会を行った。棚卸の手続は会社側によって事前に適切に準備され，組織的に実施された。監査人は棚卸現場に立ち会い，また，監査人自身も特定の製品をテスト・カウントするなど，必要な証拠の入手に努めた。

第14章 監査意見の類型と意見不表明

　棚卸の立会後，会社が作成した棚卸結果集計表と監査人自身が直接実査した結果を照合した結果，一部の製品（製造原価2億円）が会社の集計表には計上されていないことが判明した。会社側は，当該在庫製品は期末時点で大口得意先2社に販売したものであるが，得意先の受入事情により，一時預かっているものである，と説明した。

　監査人には送り状控と請求書控が提示されたが，当該製品に関する正式な注文書はこれまで作成されたことはなく，また，上記2社との間にこれまでトラブルは一度も起こったことはない，との会社側の説明がなされた。

　監査人は，当該製品販売に関して発生した売掛金について積極的確認を直ちに実施した。先方から送られてきた確認回答書は，当該製品にかかる売掛金（3億円：先方は買掛金）の存在を認めるものであったが，「摘要欄」に「製品の引き取りの時期は協議する」との但し書きがあった。なお，上記2社による当該製品の引き取りはまったくなされていない。この場合の監査報告書原案を作成しなさい。なお，ABC株式会社の当期の売上高は100億円，期末売掛金残高は20億円，期末棚卸資産額は30億円，当期純利益は15億円である。

【解答例】

> 限定付適正意見
> 　当監査法人は，ABC株式会及び連結子会社の社の20XX年X月X日から20XX年X月X日までの連結会計年度の連結財務諸表について監査を行った。
> 　当監査法人は，上記の連結財務諸表が，**「限定付適正意見の根拠」に記載した事項の連結財務諸表に及ぼす可能性のある影響を除き**，我が国において一般に公正妥当と認められる企業会計の基準に準拠して，ABC株式会社及び連結子会社の20XX年X月X日現在の財政状態並びに同日をもって終了する連結会計年度の経営成績及びキャッシュ・フローの状況を，全ての重要な点において適正に表示しているものと認める。
>
> 限定付適正意見の根拠
> 　ABC株式会社が期末時点で行った大口得意先2社に対する売上（3億円：売上原価［2億円］）は，実態的には在庫売上であり，我が国において一般に公正妥当と認められる企業会計の基準に準拠していれば，実現した収益として売上を計上することは認められない。それゆえ，連結貸借対照表に記載された売掛金は3

億円過大に，棚卸資産は2億円過少に表示されており，また，連結損益計算書に表示されている売上高，売上総利益，営業利益及び税引等調整前当期純利益は1億円過大に表示されている。当該事項の影響は棚卸資産，売掛金及び売上高等の特定の項目に限定され，その他の項目には影響を及ぼさないことから，連結財務諸表全体に及ぼす影響は限定的である。したがって，連結財務諸表に及ぼす可能性のある影響は重要であるが広範ではない。

当監査法人は，限定付適正意見表明の基礎となる十分かつ適切な監査証拠を入手したと判断している。

不適正意見　監査手続の結果，特定の財務諸表項目について会計基準違反が検出され，しかも当該会計基準違反が財務諸表に与えている影響が重要かつ広範であると判断した場合には，当該財務諸表項目の重要性と広範性を理由にして，財務諸表は会社の財政状態，経営成績およびキャッシュ・フローの状況を適正に表示していないと認めた監査意見を表明する。これが**不適正意見**である。不適正意見が選択される場合には，当該財務諸表項目の金額的重要性だけでなく，その項目が影響を及ぼす他の財務諸表項目への広がりも考慮される。たとえば，現金の過大計上と売掛金の過大計上を比較した場合，一般的には，売掛金のほうが広範性は高いといえるであろう。売上高の過大計上につながるだけでなく，仕入高や棚卸資産期末残高，さらには売上原価にも影響を及ぼすからである。不適正意見は「財務諸表は，……を適正に表示していないものと認める。」という構文形式で，財務諸表の適正表示を否定する形式で表明される。したがって，「財務諸表は，……を適正に表示しているとは認めない。」という構文形式は許されない。

不適正意見を表明する場合には，

①　監査報告書の監査意見区分（図表13-1のE）において，その見出しを「不適正意見」とし，監査の主題（連結財務諸表）を示したうえで，以下のような監査意見を記載する。

> 　当監査法人は，上記の連結財務諸表が，**「不適正意見の根拠」に記載した事項の連結財務諸表に及ぼす影響の重要性に鑑み**，我が国において一般に公正妥当と認められる企業会計の基準に準拠して，ABC株式会社及び連結子会社の20XX年X月X日現在の財政状態並びに同日をもって終了する連結会計年度の経営成績及びキャッシュ・フローの状況を，適正に表示していないものと認める。

② 次に監査意見の根拠区分（図表 13-1 の F）において，その見出しを「不適正意見の根拠」として，不適正意見を表明する理由を記載し，そのうえで，「当監査法人は，不適正意見表明の基礎となる十分かつ適切な監査証拠を入手したと判断している。」と記載する。

なお，限定付適正意見監査報告書の場合と異なり，不適正意見監査報告書の場合には，財務諸表に与えている影響の記載は求められていない（監査証明府令第4条第4項④号）。不適正意見を表明することによって，監査人は，当該財務諸表全体の信頼性が著しく低く，利用できる状態にないことを財務諸表利用者に伝えようとしているからである。

3　限定付適正意見が表明された場合において除外事項が財務諸表に与えている影響を記載することの意味——情報価値

すでに説明したように，財務諸表項目について会計基準違反が検出された場合には，その重要性と広範性の程度に応じて，限定付適正意見または不適正意見が表明される。限定付適正意見が表明される場合には，監査報告書の監査意見の根拠区分において，

① 除外事項と認められる会社の行った会計処理または財務諸表上の表示の内容
② それを除外事項とした理由
③ 当該除外事項が財務諸表に与えている影響

④　不適正意見ではなく限定付適正意見とした理由

を記載することが求められている。監査証明府令第4条は，以下のように規定している（強調著者）。

監査証明府令　第4条

3　第一項①号イ(2)の意見は，次の各号に掲げる意見の区分に応じ，当該各号に定める事項を記載するものとする。

一　無限定適正意見（省略）

二　**除外事項を付した限定付適正意見**　監査の対象となつた財務諸表等が，除外事項を除き一般に公正妥当と認められる企業会計の基準に準拠して，当該財務諸表等に係る事業年度の財政状態，経営成績及びキャッシュ・フローの状況を全ての重要な点において適正に表示していると認められる旨

三　**不適正意見**　監査の対象となつた財務諸表等が不適正である旨

4　第一項①号ロの意見の根拠は，次に掲げる事項について記載するものとする。

一，二（省略）

三　第一項①号イ(2)に掲げる意見が前項②号に掲げる意見の区分である場合には，次のイ又はロに掲げる事項

イ　**除外事項及び当該除外事項が監査の対象となった財務諸表等に与えている影**響並びにこれらを踏まえて前項②号に掲げる意見とした理由

ロ　実施できなかつた重要な監査手続及び当該重要な監査手続を実施できなかつた事実が影響する事項並びにこれらを踏まえて前項②号に掲げる意見とした理由

四　第一項①号イ(2)の意見が前項③号に掲げる意見の区分である場合には，**監査の対象となつた財務諸表等が不適正である理由**

上記の規定のうち特に注意を要するのは，財務諸表に与えている影響の記載が限定付適正意見を表明する場合と不適正意見を表明する場合とでは異なっている点である。問題は，「財務諸表に与えている影響」を記載することの意味をどう考えるかである。上記の監査メッセージのうち①から④のうち③のみが監査報告書に記載されていなかった場合を考えてみよう。この場合には，監査

第14章　監査意見の類型と意見不表明

人が財務諸表利用者に対して伝えていることは，「……の理由により，財務諸表には重要な欠陥がある」（限定付適正意見の場合）という，財務諸表の質（信頼性）についての評価結果である。①と②の監査メッセージだけでも，財務諸表利用者は財務諸表の質（信頼性）についての評価情報を得ることができる。しかし，それだけでは，当該財務諸表の利用は大きな制約を受ける。③のメッセージが与えられることにより，財務諸表利用者はこれを手掛かりにして本来あるべき財務諸表──無限定適正意見が表明された場合の財務諸表──に修正することが可能となる。財務諸表の有用性は，それが財務諸表利用者の経済的意思決定に利用されてはじめて意味をもつことになるが，③がなければ，財務諸表の利用可能性は大きな制約を受ける。換言すれば，除外事項①によっていったん失われかけた財務諸表の価値（有用性）を，③が回復させるという機能を果たしている，とみることができる。保証の枠組みのなかで記載される監査メッセージには，このように，財務諸表の質（信頼性）の保証に関係するメッセージ（情報の質の評価情報）のほかに，財務諸表の有用性を担保するメッセージがあることがわかる。

　議論が分かれるところは，財務諸表の利用可能性を担保するためのこのようなメッセージを，不適正意見が表明された監査報告書においても認めてよいかという問題である。日本公認会計士協会の立場のようにこれを認めると，限定付適正意見と不適正意見の情報効果にはほとんど違いがなくなる，ということになるであろう[1]。

1）監査証明府令の扱いとは別に，監査基準報告書705においては，不適正意見を表明する場合にも，算定することが困難でない限り，金額的な影響の記載が求められている（20項）。また監査・保証実務委員会実務指針第85号に示されている不適正意見の文例18では，財務諸表に与えている影響の記載が例示されている。「財務諸表に与えている影響」を監査報告書に記載するかどうかは，監査報告書の情報価値の問題とも関係し，議論は単純ではない。この問題は，次節においても取り上げる。

財務諸表の信頼性の格付けと監査意見

　財務諸表監査における会計プロフェッショナルの役割は，監査意見を通じて，被監査会社の作成した財務諸表の信頼性の程度を明らかにすることである，と一般に説明されている。しかし，「信頼性の程度を明らかにする」といっても，○○％といった連続変量を使って財務諸表の信頼性の程度を表しているのではない。会計プロフェッショナルは，すでに言及した3種類の監査意見を使って，「財務諸表の信頼性の格付け」をしているのである（図表14-2）。いずれの監査意見が表明されていようと，監査人が達成した保証の水準は同じであることに注意されたい。

　一番高い信頼性を保証するのは無限定適正意見であり，この意見を表明することにより，「この財務諸表は一般に公正妥当と認められる企業会計の基準が要求する水準を満たしている」ことを保証している。監査人は「この財務諸表の信頼性は一般に公正妥当と認められる企業会計の基準の枠内で保証します。安心してご利用ください。」（青信号）と黙示的に伝えているといえるであろう。

　無限定適正意見に次いで高い信頼性を保証するのは限定付適正意見であり，この意見を表明することにより「この財務諸表は，一部会計上の不満足事項を除き，一般に公正妥当と認められる企業会計の基準が要求する水準を満たしている」ことを保証している。「この財務諸表には，一般に公正妥当と認められる企業会計の基準に照らして重要と考える会計上の不満足事項がありますが，それを除けば，全体としては問題ありません。財務諸表を利用する際には，この不満足事項に注意してください。」（黄信号）と黙示的に伝えているといえるであろう。

　財務諸表の信頼性が著しく低いことを保証する監査意見は不適正意見であり，この意見を表明することにより「この財務諸表には，重要と考える会計上の不満足事項があり，その影響が広範にわたるため，一般に公正妥当と認められる企業会計の基準が要求する水準を全体として満たしていない」ことを保証

第14章　監査意見の類型と意見不表明

■図表14-2　監査意見による財務諸表の信頼性の格付け

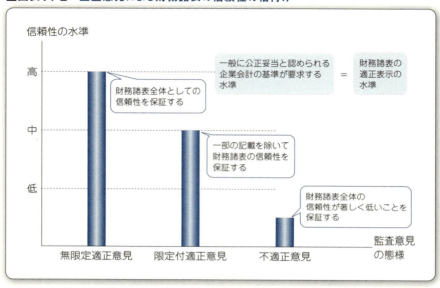

している。いいかえれば，「この財務諸表には，一般に公正妥当と認められる企業会計の基準に照らし重要かつ広範な影響を及ぼす会計上の不満足事項があります。この財務諸表の信頼性は全体として著しく低いことを監査人として認めます。」（赤信号）ということになるであろう。

なお，不適正意見が付された財務諸表を発行した上場企業については，東京証券取引所は旧来，上場廃止という制裁を課していた。しかし，現在では，2013年8月9日の有価証券の上場規程の一部改正で明確に示されているように，不適正意見の表明を直ちに上場廃止に結びつけるのではなく，「直ちに上場を廃止しなければ市場の秩序を維持することが困難であることが明らかであると当取引所が認めるとき」（『有価証券上場規程』第601条（8）），上場廃止を決定することとされている。証券取引所の従来の規程は，監査意見の選択が企業の上場廃止に直ちに影響を与えてしまうため，財務諸表の信頼性の保証に特化されている監査人の役割にブレーキを与えかねなかった。2013年の改正

によって，会計プロフェッショナルは本来の財務諸表の信頼性の保証に専念できるような環境が与えられたことになる。

5 本章のまとめ

　財務諸表監査の基本的枠組みがどのような考え方で構築されているのかを深く理解するには，標準監査報告書よりも，限定付適正意見監査報告書または不適正意見監査報告書の監査メッセージの構造に注意を向けたほうがよいかもしれない。標準監査報告書では，監査人は監査意見を通じて，もっぱら財務諸表の信頼性を保証しているが，限定付適正意見監査報告書や不適正意見監査報告書では，「情報の質の保証」だけでなく，「情報の利用可能性の担保」にもかかわっている。除外事項が財務諸表に与えている影響を監査報告書に記載すべきかどうかは不適正意見の場合には議論の分かれるところである。

　近年の国際的な監査報告実務は，監査報告書の記載内容を財務諸表利用者の立場に立ってもっとわかりやすくするとともに，情報量を増やすという方向に向かっている。これは，監査の情報提供機能と相通じるところがある。「情報提供機能」は非常に扱いの難しい概念である。

補論　会計方針の変更と継続性の原則

　ここにいう会計方針とは，財務諸表の作成者である経営者が財務諸表の作成に関連して採用した会計処理方法と財務諸表上の表示方法に関する基本方針をいう。会計方針の中心は会計処理方法であるが，「流動資産区分」から「固定資産区分」への項目の変更，あるいは「営業外損益区分」から「営業損益区分」への項目の変更など，財務諸表に重要な影響を与えている表示方法の変更も，ここにいう「会計方針の変更」に含まれる。その一方で，会計上の見積りの変

第14章　監査意見の類型と意見不表明

更（耐用年数の見積りの変更），重要性が増したことによる本来の会計処理方法への変更（現金主義による費用処理から発生主義による費用処理），そして新たな事実の発生に伴う新しい会計処理方法の採用は，ここにいう「会計方針の変更」には含まれない。しかし，これらの事項が会社の財政状態，経営成績及びキャッシュ・フローの状況に関する財務諸表利用者の判断にとって必要と認められる場合には，財務諸表の「追加情報」として注記することが求められている（財務諸表等規則第8条の5）。以下，会計処理方法の変更に限定して説明する。

　会計処理方法の変更とは，前期に採用した会計処理方法と異なる会計処理方法を当期の決算において採用した場合のすべてをいうのではなく，継続性の原則の対象となる会計処理方法の変更――すなわち，一般に公正妥当と認められる複数の会計処理方法のなかでの変更――をいう。最広義に企業が会計処理方法を変更する場合は，基本的に次の2つの態様に分けることができる。

①　企業において生起した経済的事象の変化，新たな経済的事象の発生などに対応して，会計処理方法の変更がなされる場合

②　企業の経済的事象には変化はないが，会計基準および法令の改正などに伴って，企業が新たな会計処理方法を採用した場合

　会計処理方法は，一般に公正妥当と認められる企業会計の基準の枠内で，企業の経済的事象を最も忠実に表現するという観点から選択されるべきものである。図表14-3を参照されたい。

　会計処理方法Aは経済的事象aに最も適合した会計処理方法であるとして選択されていたが，会計処理方法Aが前提としていた経済的事象aがbに変化した場合には，経営者は従来の会計処理方法Aを，新たな経済的事象bに適合した別の会計処理方法に変更しなければならない。厳格に考えれば，企業が従前の会計処理方法Aを継続した場合には，財務諸表の適正表示を歪めていることとなるため，監査人は，当該財務諸表に対する影響の重要性に応じて，限定付適正意見または不適正意見を表明しなければならない。したがっ

■図表14-3　会計処理方法の選択と経済的事象

て，監査人は，企業が採用している会計処理方法が，当該企業の状況に照らして引き続き最善なものであるかどうかを判断しなければならず，その意味において，現在の会計処理方法が前提としている経済的事象に重大な変化が起こっていないかどうかを，常に確かめなければならない。『監査基準』「第四　報告基準」は，会計処理方法の選択・適用が当該会社の状況に照らして適切であるかどうかの判断を監査人に求めている。重要な基準であるので，以下にそのまま掲載することにする（強調著者）。

> 『監査基準』「第四　報告基準」一　基本原則
> 2　監査人は，財務諸表が一般に公正妥当と認められる企業会計の基準に準拠して適正に表示されているかどうかの判断に当たっては，**経営者が採用した会計方針が，企業会計の基準に準拠して継続的に適用されているかどうかのみならず，その選択及び適用方法が会計事象や取引を適切に反映するものであるかどうか並びに財務諸表の表示方法が適切であるかどうか**についても評価しなければならない。

したがって，会計基準の背後にある経済的事象に変化が生じた場合には，経営者は従来の会計処理方法を止め，新たな会計処理方法Ｂを選択しなければならない。それゆえ，この場合に企業が会計処理方法をＡからＢに変更したとしても，厳密には「ＡをＢに変更した」（会計処理方法の変更）と考えてはならないのである。

■図表14-4　会計処理方法の変更

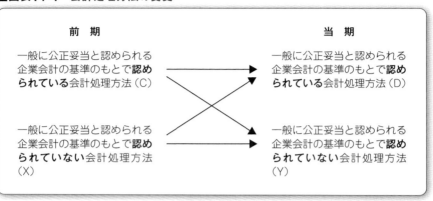

　もう1つの会計処理方法の変更は、経済的事象には変化がない場合の変更である。経済的事象に変化がない以上、会計処理方法の変更はありえないことになるが、もし変更が許されるとするならば、従来の会計処理方法に基づいた場合よりも、企業の経済的事象についての会計表示がより適正になる場合であろう。会計基準および法令の改正などがあった場合はこれにあたるが、その場合には、企業は新しい会計基準の採用が強制されることとなる。しかし、現実の企業会計実務では、企業業績の変動に応じて報告利益を経営者が裁量的に操作するということが起こりうる。その極端な場合が粉飾決算(不正な財務報告)である。図表14-4は、経済的事象に変化がない場合の会計処理方法の変化のパターンを示したものである。

　会計処理方法Xから会計処理方法Yへの変更は、一般に公正妥当と認められる企業会計の基準の枠内ではないので、いかなる意味でも認められず、財務諸表の適正表示は達成されない。会計処理方法Cから会計処理方法Yへの変更も、上記の場合と同様に取り扱われる。いずれの場合も監査報告書では「会計基準違反」として取り扱われ、重要性と広範性に応じて、限定付適正意見または不適正意見が表明される。

　会計処理方法Xから会計処理方法Dへの変更は注意を要する。会計処理方

法Ｘの重要性と広範性によっては，過年度の監査報告書において除外事項として記載されていることもありうる。この場合の変更は，過去の誤った会計処理方法を訂正し，あるべき本来の会計処理方法に改める，ということである。不適切な会計処理方法を適切なものにすることは当然なことであるので，このような状況のもとで経営者が会計処理方法Ｄを採用したとしても「当然の修正」として処理し，この変更を「正当な理由による会計処理方法の変更」と捉えてはならないのである。かくして，当年度の監査報告書においては当該会計処理方法の変更はいっさい触れられないこととなる。

　問題は，一般に公正妥当と認められる会計処理方法Ｃから一般に公正妥当と認められる会計処理方法Ｄへの変更である。「一般に公正妥当と認められる企業会計の基準の枠内での会計処理方法の自由な変更がなぜ悪いのか」という議論もあろうが，正当な理由のない会計処理方法の変更は，報告利益を恣意的に操作するものであり，「会計基準違反」として処理され，重要性と広範性に応じて，限定付適正意見または不適正意見が表明される。

　継続性の原則という考え方のもとで許容される会計処理方法の変更は，会計基準の変更を理由とするなど，会計処理方法の変更が正当な理由による場合の変更に限定されるのである。監査人にとって判断の難しい問題は「何をもって正当な理由による変更と判断するか」である。監査・保証実務委員会実務指針第78号（第8項）は，会計方針の変更における「正当な理由」を判断する基準として，以下の5つをあげている。

① 会計方針の変更が企業の事業内容又は企業内外の経営環境の変化に対応して行われるものであること
② 会計方針の変更が会計事象等を財務諸表に，より適切に反映するために行われるものであること
③ 変更後の会計方針が一般に公正妥当と認められる企業会計の基準に照らして妥当であること
④ 会計方針の変更が利益操作を目的としていないこと

⑤　会計方針を当該事業年度に変更することが妥当であること

　なお，会計処理方法の変更が正当な理由によるものかどうかによって，監査報告書上の扱いは異なるので注意を要する。

　まず，会計処理方法の変更がなされた場合には，経営者は，

①　当該会計方針の変更の内容

②　当該会計方針の変更を行った正当な理由

③　財務諸表の主な科目に対する前事業年度における影響額

④　前事業年度に係る一株当たり情報に対する影響額

⑤　前事業年度の期首における純資産額に対する累積的影響額

を財務諸表に注記しなければならない(財務諸表等規則第 8 条の 3 の 2)。一方，会計プロフェッショナルは，会計処理方法の変更が正当な理由によるものかどうかを判断し，その結果によって，異なる対応を監査報告書において行う。

　会計処理方法の変更が正当な理由によるものであると判断した場合には，監査意見区分において無限定適正意見を記載するとともに，追記情報区分において強調事項として変更の旨を記載する。その際，強調事項として記載する情報の量が，財務諸表に経営者が記載した情報の量を超えることのないように注意する必要がある（二重責任の原則)。

　会計処理方法の変更が正当な理由によらないものであると判断した場合には，当該会計処理方法の変更の重要性と影響の広範性の双方を考慮し，監査意見区分において限定付適正意見または不適正意見を記載するとともに，監査意見の根拠区分において，

・特定の財務諸表項目に関連して，会計処理方法が変更された旨

・財務諸表において注記されている当該会計処理方法の変更の理由を，正当な理由と認めない理由

・当該会計処理方法の変更が財務諸表に与えている影響

・当該会計処理方法の変更の影響が広範にわたっているか否か

を記載しなければならない。

第15章

財務諸表監査とゴーイング・コンサーン

　財務諸表の作成に深く関係している会計事項でありながら，財務会計の分野においてほとんど議論されることなく，むしろ財務諸表監査の分野において職業会計士（監査人）を悩ませる事項があった。財務会計における継続企業の公準の問題，すなわち，財務諸表監査における企業の継続的事業担当能力の問題（以下，**ゴーイング・コンサーン問題**）である。

　ゴーイング・コンサーン問題は，会計プロフェッションにとっては「パンドラの箱」であった。この問題がその頭をもたげ始めたのは，アメリカにおいては1970年代であったが，会計プロフェッションは，財務諸表監査における**監査人の役割は情報リスクの評価**であって，**ビジネス・リスクの評価**ではないという監査観を背景に，この箱を開けることを事実上禁止してきた。この立場を鮮明にしたのが，アメリカ公認会計士協会（監査人の責任委員会）が1978年に公表したコーエン委員会報告書であろう。これにより，同協会が「監査の期待ギャップ」に関連して，従来の監査基準書の大幅な見直しを行った1980年代後半まで，この問題を積極的に議論することは実質的に封じられてきた。

　この封印を破ったのは，アメリカでは監査基準書第59号（1988年）であり，わが国では平成14（2002）年に改訂された『監査基準』である。平成2（1990）年頃から始まったバブル経済の崩壊過程で，上場会社の経営破綻が社会問題となり，ゴーイング・コンサーン問題が財務諸表監査上の重要問題として注目を浴びるようになった。しかし，財務諸表監査の枠組みのなかでゴーイング・コンサーン問題をどのように位置づけるかは簡単ではない。ゴーイング・コンサーン問題は，本質的には監査とはそりが合わない。また，それは理論問題で

第15章

第15章 財務諸表監査とゴーイング・コンサーン

あるとともに，社会選択の問題でもある。

本章では，わが国の『監査基準』を踏まえながら，財務諸表監査におけるゴーイング・コンサーン問題の意味と監査報告との関係を説明することとする。

監査の期待ギャップ

「監査の期待ギャップ」（expectation gap）とは，財務諸表監査に従事している職業会計士に社会の人々が期待している役割と，職業会計士が財務諸表監査のもとで引き受けている役割との間に，乖離があることを表現する際にしばしば使用される用語である。

監査の期待ギャップが会計プロフェッションの間で意識され始めたのは，1970年代後半（アメリカとカナダ）である。アメリカではAICPAのコーエン委員会（1978）が，カナダではカナダ勅許会計士協会（Canadian Institute of Chartered Accountants：CICA）のマクドナルド委員会（1988）が，この問題への対応をめぐって，財務諸表監査の発展史において特筆すべき報告書を公表した。当時の両国において「乖離」があるとされた主たる領域は「不正」・「内部統制」・「ゴーイング・コンサーン問題」であった。当時の会計プロフェッションがいずれの領域に対しても極めて消極的な姿勢を頑なにとり続けていたことを考えると，現在の状況とはまさに隔世の感がある。財務諸表監査は，財務諸表利用者が監査人に対して期待する役割に応えるべく，時間をかけて発展し，強化されてきたといえるであろう。

なお，「監査の期待ギャップ」という場合には，職業会計士が現に引き受けている監査人の役割を果たさず，結果として監査に欠陥や重大な不備が存在していることを意味する場合（performance gap）と，社会の人々が監査人に求めている新たな役割に対して職業会計士が応えず，消極的な姿勢をとり続けていることを意味する場合（standards gap）とがある。

ゴーイング・コンサーン問題の本質

　財務諸表監査の理論において最もその位置づけの難しい問題の1つが，被監査会社のゴーイング・コンサーン問題である。財務諸表監査における監査人の役割をどのように規定するかという政策論に加えて，この問題への対応を財務諸表監査の枠組みにおいてどのように図るべきかという議論が起こり，しかも，その答えが本質的に鋭く対立するからである。

　しかしながら，現在，この問題のもつ本質的な側面が研究者の間で激しく衝突して議論されるということはない。『監査基準』が改訂され，すでに新しい時代に入っているからである。監査人の役割を「情報の信頼性の保証」に限定した伝統的な財務諸表監査観はすでにその現実的な立場を失い，現在は，各国の対応にこそ違いはあるものの，「ビジネス・リスクの評価」にも監査人が深く関与する方向にギアは入っている。その意味では，この問題の本質的な議論は制度的には決着している。

　しかし，ビジネス・リスクの評価を財務諸表監査の枠組みとの関係でどのように位置づけるかは，非常に本質的で重要な問題である。もちろん，その答えは，財務諸表監査が行われる国の企業社会のあり様によって決められる。換言すれば，「企業社会は，この問題に関連して，職業会計士に何を求めるか」という点に帰着する。本論に入る前に，財務諸表監査におけるゴーイング・コンサーン問題を少し理論的に整理することにしたい。

　ゴーイング・コンサーン問題に対する本質的立場は，以下の3つに分類される。実際に行われている監査実務は，アメリカの監査基準においても，国際監査基準においても，またわが国の『監査基準』においても，個別リスク開示主義を基本としたうえで，それにゴーイング・コンサーン・リスク（以下，GCリスク）開示主義とGCリスク評価主義が並存している，と総括してよいであろう。

第15章 財務諸表監査とゴーイング・コンサーン

・個別リスク開示主義（言明主義）
・GCリスク開示主義（言明主義）
・GCリスク評価主義

個別リスク開示主義

　開示主義とは，「監査の前に，当事者の言明あり」という財務諸表監査の前提に基づいて監査問題に接近する考え方である。換言すれば，監査人は，経営者によって開示された情報の質（信頼性）を評価し，それを保証するという枠組みのなかで行動すべき，とする立場である。この考え方をゴーイング・コンサーン問題に適用すれば，まず，「経営者がゴーイング・コンサーンの評価に役立つ情報を財務諸表に開示する」，そしてそのあとで，「監査人は，開示された情報が所定の会計基準に照らして適切であるかどうかを評価し，その情報の質（信頼性）を保証する」こととなる。財務諸表監査における監査人の役割を「情報の質の保証」に限定するという立場に立てば，この考え方が当然主張されることとなる。開示の内容と範囲は一般に公正妥当と認められる企業会計の基準によって規制される。

　この考え方で最も注意を要するところは，個々の経済的事象（取引）に伴うビジネス・リスク（個別リスク）のみが，会計における認識・測定・表示のプロセスを通じて財務諸表本体に反映されることであり，またそれらの測定が難しい場合には当該ビジネス・リスクの内容が財務諸表の注記を通じて開示されることである。したがって，個別リスク開示主義のもとでは，当該企業が継続的事業担当能力を有しているかどうかに関するビジネス・リスク（GCリスク）についての経営者の評価は財務諸表には記載されず，それについての判断はすべて財務諸表利用者に委ねられているのである。

　個別リスク開示主義は，ゴーイング・コンサーン問題を財務諸表の信頼性の保証という基本的な枠組みのなかで，すなわち財務諸表の適正表示という枠組みのなかで解決するものである。一方，この立場は，次のような問題（弱点）を潜在的に抱えている。すなわち，特定の企業が継続的事業担当能力を有して

312

いるか，将来においてもその能力を維持することができるかに関する判断，換言すれば，近い将来における倒産の可能性に関する判断は，財務諸表利用者が自己責任のもとで行わなければならないため，そのような判断を監査人に期待している利用者のニーズ（監査人に対する期待）に応えることにはつながらない。財務諸表利用者は，経営者が開示した個別リスクを参照して意思決定を行うこととなり，また監査人は，経営者による個別リスクの評価が適切であるか，そして個別リスクに関する情報が十分に開示されているかを監査することとなる。

GC リスク開示主義

個別リスク開示主義を拡張させた考え方が，GC リスク開示主義である。この考え方は，経営者に対して，継続企業という会計の前提が予見しうる期間内において成立するかどうか——企業の継続的事業担当能力——についての評価を求め，その結果を財務諸表の注記を通じて開示させるというものである。経営者は，個別リスクの開示のみならず，GC リスクの評価と開示も求められることとなる。

GC リスク開示主義は，GC リスクを財務諸表の開示の対象に含めることによって，ゴーイング・コンサーン問題を財務諸表の適正表示という枠組みのなかで解決するものである。したがって，経営者の責任は，個別リスク開示主義に比べて重大なものとなり，また監査人の監査の対象も同様に拡張されることとなる。GC リスク開示主義に対して指摘される問題点は，経営者自身に会社の倒産を予測させることが，企業の存続と従業員の雇用を守るため全力を尽くすという経営責任を担うことと矛盾する可能性があるため，経営者は GC リスクの開示を躊躇する，あるいは企業の継続的事業担当能力の評価に積極的に取り組まないということにある。そのため，GC リスク情報の開示を含む財務諸表の適正表示に関する責任を負う監査人に過重な役割が課せられる可能性がある。なお，わが国の監査制度はこの立場をとっているが，詳細は後述することとする。

第15章

GC リスク評価主義

　GC リスク開示主義の対極にある考え方が，GC リスク評価主義である。この考え方は，企業の継続的事業担当能力についての評価を，経営者にではなく監査人に求め，財務諸表についての監査意見あるいはそれ以外の方法を通じて監査報告書においてそれに言及させるという考え方である。しかし，この立場は，監査人は GC リスクを評価できる知識や経験を十分に備えた適格者であるかという問題のほかに，2 つの大きな問題を抱えている。以下，この問題を少し掘り下げてみることとする。

　第 1 の問題は，企業の継続的事業担当能力について，監査人が重要な疑義を有していない場合に起こりうる。GC リスク評価主義に立てば，財務諸表の前提である「継続企業の公準」は，監査人にとっては「公準」ではない。むしろ，監査人は GC リスクの評価に積極的に関与することになる。それゆえ，監査人が無限定適正意見を表明した場合には，監査人が予見した期間内については，被監査会社の継続的事業担当能力は（黙示的であれ）保証されていると財務諸表利用者が一方的に解釈してしまう可能性が高くなる。言明の監査としての財務諸表監査のもとで表明される無限定適正意見では，この種の保証はまったく想定されていないと監査人が強く主張したとしても，財務諸表利用者が財務諸表の適正表示についての監査意見の意味を解釈する際に，この種の保証をそこに付着させてしまう可能性は否定できない。

　第 2 の問題は，企業の継続的事業担当能力について，監査人が重要な疑義を有している場合に起こる。監査人が被監査会社の継続的事業担当能力について重要な疑義を抱く状況に直面した場合には，かつては，監査人は「条件付意見」（"subject to" opinion）を通じて監査報告書において言及する方法がとられていた。しかし，監査人が監査報告書で言及すること自体，結果として，GC リスクの評価に監査人が関与しているとの誤解を財務諸表利用者に与えることになるため，これは「危険な報告実務」として厳しく批判されていた。しかし，時代は変わり，現在では，上記の疑義を財務諸表利用者に伝えることが，

監査人の新たな役割として社会の求めるところとなった。監査人は財務諸表監査の枠組みのなかで、そのためのメッセージの伝達を行っている。このメッセージは一種の「警報」と性格づけられている。

ただし、ここにおいても問題が生ずる。このメッセージの伝達を財務諸表の信頼性の保証という枠組みのなかで行うのか、換言すれば、監査意見に連動させる方法で行うのか、それとも、監査意見とは切り離したところで行うのか、という問題である。いずれの場合であれ、本質を異にする監査メッセージ——「保証情報と非保証情報」——が監査報告書に混在するという問題が生じるこ

 Coffee Break　　**条件付意見**

　条件付意見は、アメリカにおいてもわが国においても現在の専門職業基準のもとでは認められていない監査報告実務である。この意見は「われわれは、……を条件として、財務諸表は会社の財政状態および経営成績を適正に表示していると認める。」という構文形式をとる。この監査報告実務が抱えていた最大の問題は、条件を付して財務諸表の適正表示を認めるという監査意見が意味するところのあいまいさとそれに起因する監査責任の不明確さである。さらに、監査報告実務の歴史からみれば、本来であれば除外事項として取り上げ監査意見を限定すべきである問題に直面したときに、職業会計士がその問題を監査報告書において取り上げることによって依頼人が受けることになるマイナスの影響を可能な限り小さくしたいとする実務的な配慮から、条件付意見が濫用されたということもあった。

　しかし、条件付意見の存続・廃止をめぐる最も激しい議論は、ゴーイング・コンサーン問題に限ってこの種の意見の効用を認めるか否かにあった。結局、アメリカの会計プロフェッションは条件付意見を廃止するとともに、説明区分を導入してゴーイング・コンサーン問題の存在を警報する、というゴーイング・コンサーン報告実務が採用されることとなった（監査基準書第59号［1988］）。わが国では、制度的に条件付意見を表明する実務が認められたことはない。

　この領域を対象とした研究書は極めて少ない。永見［2011］はわが国で唯一の研究書である。

第15章

315

第15章　財務諸表監査とゴーイング・コンサーン

■**図表15-1**　ゴーイング・コンサーン問題に対する3つの本質的立場

	個別リスク 開示主義	GCリスク 開示主義	GCリスク 評価主義
GCリスクを 評価する主体	財務諸表利用者	経営者	監査人
監査上の対応	財務諸表に適切かつ十分な個別リスクが開示されているかどうかを監査する。	経営者が行ったGCリスクの評価と開示について監査する。	個別リスクの開示に対する監査に加え，監査人自らがGCリスクを評価して監査報告書で指摘する。

ととなる。

　図表15-1は，ゴーイング・コンサーン問題に対する3つの本質的な立場をまとめたものである。

② ビジネス・リスク情報の開示とゴーイング・コンサーン問題

　財務諸表監査におけるゴーイング・コンサーン問題は，わが国ではGCリスク開示主義（言明主義）に従って処理される。企業の状況あるいは企業を取り巻く状況は刻々と変化し，また，その内容も多様化し複雑化している。これらの状況はすべてビジネス・リスクをもたらす要因となりうるが，わが国の『監査基準』および財務諸表等規則は，GCリスク情報の開示をビジネス・リスク情報一般の開示の枠組みに関係づけるアプローチを採用している。以下，GCリスク情報の開示において，経営者と監査人がそれぞれ果たす役割について説明する。

経営者の対応

　ビジネス・リスク情報一般の開示の枠組みは，ビジネス・リスクの存在をもって直ちに財務諸表上の開示（注記）を求めるというものではない。それは，

■図表15-2　継続企業の前提に関する経営者の注記判断

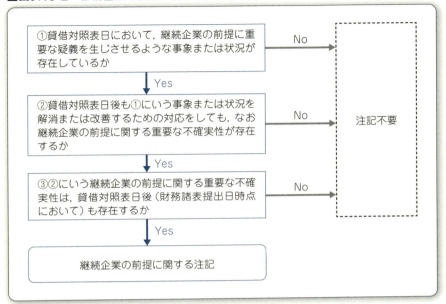

　当該ビジネス・リスクに関する事象や状況とそれを解消または改善するための対応についての評価結果を踏まえたうえで、財務諸表に注記が必要であるか否かについて経営者に判断を求めるという枠組みである。

　図表15-2は継続企業の前提に関する経営者の判断プロセスを示している。GCリスク情報の開示にかかる判断はまず、経営者が貸借対照表日において、継続企業の前提に重要な疑義を生じさせるような事象や状況を認識しているか否かから始まる（①）。重要な疑義を生じさせる事象や状況の存在のみをもって注記が求められるわけではないが、経営者が認識した「将来にわたって事業活動を継続するとの前提に重要な疑義を生じさせるような事象又は状況」（重要事象等）は、有価証券届出書（有価証券報告書）の「事業等のリスク」において、具体的かつわかりやすく開示することが求められている。合理的な経営者であれば、「事業等のリスク」に記載されるような重要事象等を認識した場

第15章　財務諸表監査とゴーイング・コンサーン

合，当該事象（たとえば，直面している財務上の問題）について分析や検討を行い，当該事象を解消または改善するために何かしらの対応策を講じるであろう。「事業等のリスク」では，経営者が行った分析や検討の内容および対応策についても具体的に記載し開示することが求められる [1]。

　経営者が講じた対応策によって，継続企業の前提に重要な疑義を生じさせるような事象または状況が解消または大幅に改善される場合があろう。その結果，経営者が継続企業の前提に「重要な不確実性」は存在しないと評価した場合には，財務諸表の注記は不要とされる（②）。一方，継続企業の前提に重要な疑義を生じさせるような事象や状況が存在し，経営者の側において対応策が講じられたにもかかわらず，依然としてそれら事象や状況の解消または大幅な改善に「重要な不確実性」が残る場合もあろう（②）。経営者が財務諸表提出日時点において継続企業の前提に重要な不確実性が存在すると評価した場合には（③），経営者は当該ビジネス・リスクの状況や経営者の対応策について，「事業等のリスク」において開示するとともに，ゴーイング・コンサーン情報とし

---

1)「企業内容等の開示に関する内閣府令」「第二号様式」の（31）は，ビジネス・リスクの開示について，以下の規定をおいている（強調著者）。

（31）事業等のリスク

a　届出書に記載した事業の状況，経理の状況等に関する事項のうち，経営者が連結会社の財政状態，経営成績及びキャッシュ・フロー（以下 a 及び（32）において「経営成績等」という。）の状況に重要な影響を与える可能性があると認識している主要なリスク（連結会社の経営成績等の状況の異常な変動，特定の取引先・製品・技術等への依存，特有の法的規制・取引慣行・経営方針，重要な訴訟事件等の発生，役員・大株主・関係会社等に関する重要事項，投資者の判断に重要な影響を及ぼす可能性のある事項をいう。以下 a において同じ。）について，当該リスクが顕在化する可能性の程度や時期，当該リスクが顕在化した場合に連結会社の経営成績等の状況に与える影響の内容，当該リスクへの対応策を記載するなど，具体的に記載すること。記載に当たっては，リスクの重要性や経営方針・経営戦略等との関連性の程度を考慮して，分かりやすく記載すること。

b　**提出会社が将来にわたって事業活動を継続するとの前提に重要な疑義を生じさせるような事象又は状況**その他提出会社の経営に重要な影響を及ぼす事象（以下 b において「重要事象等」という。）が存在する場合には，その旨及びその具体的な内容を分かりやすく記載すること。また，**当該重要事象等についての分析・検討内容及び当該重要事象等を解消し，又は改善するための対応策を具体的に，かつ，分かりやすく記載すること。**

c　（省略）

318

て財務諸表に注記しなければならない。注記の内容は，財務諸表等規則第8条の27により，以下のように規制されている。

財務諸表等規則

第8条の27　貸借対照表日において，企業が将来にわたつて事業活動を継続するとの前提（以下「継続企業の前提」という。）に重要な疑義を生じさせるような事象又は状況が存在する場合であつて，当該事象または状況を解消し，又は改善するための対応をしてもなお継続企業の前提に関する重要な不確実性が認められるときは，次に掲げる事項を注記しなければならない。ただし，貸借対照表日後において，当該重要な不確実性が認められなくなつた場合は，注記することを要しない。

① 当該事象又は状況が存在する旨及びその内容
② 当該事象又は状況を解消し，又は改善するための対応策
③ 当該重要な不確実性が認められる旨及びその理由
④ 当該重要な不確実性の影響を財務諸表に反映しているか否かの別

監査人の対応

監査人のゴーイング・コンサーン問題への対応は，経営者による継続企業の前提に関する判断（図表15-2）を踏まえて行われる。具体的には，継続企業の前提に重要な疑義を抱かせる事象や状況の有無，合理的な期間について経営者が行った評価，当該事象等を解消あるいは大幅に改善させるための経営者の対応策および経営計画について検討を行うことである。次節では，ゴーイング・コンサーン問題について監査人がとるべき監査手続について詳しく説明する。

ゴーイング・コンサーン問題と監査手続

　図表15-3は，ゴーイング・コンサーン問題に対する監査手続を監査判断と監査報告との関係から示したものである。図のなかのひし形は監査人がゴーイング・コンサーン問題に関して行うべき判断事項（ⅠからⅤの順で行われる）を，また実線に付されている英字（a－j）は上記の判断事項に対する監査人の判断を示している。

　すでに述べたとおり，監査人が関与するゴーイング・コンサーン問題は，まず，経営者の側において，開示にかかる判断プロセス（図表15-2）が適切に実施されていることを前提とするものであるが，監査人の側では次の2点にかかる評価が特に重要となる。以下，図表15-3に沿って，それぞれの場合を説明する。

1）継続企業の前提に重要な疑義を生じさせるような事象または状況が存在すると判断した場合における経営者の評価と対応策についての評価
2）継続企業を前提として財務諸表を作成することの適切性についての経営者の評価

1）にかかる監査上の対応と監査報告

　ゴーイング・コンサーン問題に関連する監査人の監査手続は，監査計画の策定に際して，継続企業の前提に重要な疑義を抱かせる事象や状況が存在しているか否かについて，その事実関係を確認することから開始される（Ⅰ）。『監査基準』は以下の規定をおいている。

■図表15-3　継続企業の前提と財務諸表監査との関係

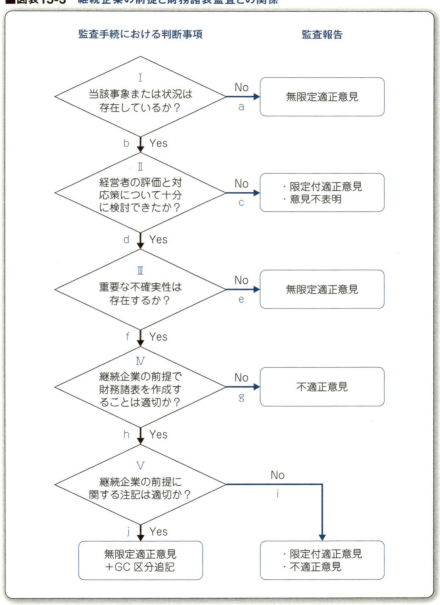

第15章 財務諸表監査とゴーイング・コンサーン

> **『監査基準』「第三 実施基準」二 監査計画の策定**
>
> 7 監査人は，監査計画の策定に当たって，財務指標の悪化の傾向，財政破綻の可能性その他継続企業の前提に重要な疑義を生じさせるような事象又は状況の有無を確かめなければならない。
>
> 8 監査人は，監査計画の前提として把握した事象や状況が変化した場合，あるいは監査の実施過程で新たな事実を発見した場合には，適宜，監査計画を修正しなければならない。

　会計プロフェッショナルが，この監査手続を実施した結果，継続企業の前提に重要な疑義を抱かせるような事象または状況を識別した場合（b）には，経営者の認識やその事象や状況を解消あるいは大幅に改善させるための経営者側での対応策について検討を行う（Ⅱ）ため，経営者に質問するとともに，対応策の実行可能性を検討し，経営者から確認書を入手すべきである。さらに，直面しているゴーイング・コンサーン問題に関して監査役等との協議を開始すべきである。

　次に，重要な疑義を生じさせるような事象または状況を解消あるいは改善するための対応を経営者がとってもなお，継続企業の前提に関する重要な不確実性が認められるかどうかについての実質判断を行う（Ⅲ）。これに関連して『監査基準』は以下の規定をおいている。

> **『監査基準』「第三 実施基準」三 監査の実施**
>
> 8 監査人は，継続企業の前提に重要な疑義を生じさせるような事象又は状況が存在すると判断した場合には，当該事象又は状況に関して合理的な期間について経営者が行った評価及び対応策について検討した上で，なお継続企業の前提に関する重要な不確実性が認められるか否かを確かめなければならない。

　会計プロフェッショナルは，たとえば以下の監査手続を実施することにより，重要な不確実性が認められるかどうかを判断するための十分かつ適切な監

322

査証拠を入手する必要がある。

・継続企業の前提に影響を及ぼす後発事象の識別
・予測財務情報や直近の財務情報の分析
・株主総会，取締役会，ならびに監査役会等の議事録の閲覧
・顧問弁護士への照会
・財務的支援を行っている金融機関や親会社に対する照会
・顧客からの受注に対応する企業の能力の検討
・借入枠の存在，条件および十分性の確認
・規制当局からの報告書や通知書の査閲
・計画されている資産処分の検討

　経営者が，講じた対応策を根拠に継続企業の前提に「重要な不確実性」はないと判断し，したがって財務諸表において当該事象や状況についての注記をしないと判断した場合には，監査人は当該対応策の内容について検討し（実質判断），「重要な不確実性」はないとする経営者の判断が適切であるかどうかを判断しなければならない。この段階の判断（III）は，ゴーイング・コンサーンに関する一連の判断事項のなかでもとりわけ重要である。監査基準報告書570（A16）は，図表15-4のような監査判断上の指針を示している。

　監査手続の結果，継続企業の前提に重要な疑義を抱かせる事象や状況が識別されない場合（a）には，他の除外事項がないことを前提として，財務諸表に対して無限定適正意見が表明される。当該事象や状況が識別された場合でも，監査人が経営者による対応策を検討した結果，継続企業の前提に重要な不確実性はないとの経営者の判断を受け入れる場合（b → d → e）には，財務諸表（当該事象や状況についての注記なし）について無限定適正意見が表明される。他方，当該事象や状況が存在しているにもかかわらず，経営者が当該事象や状況の評価を実施しない場合，あるいはそれへの対応策を提示しない場合（b → c）には，監査手続に制約があったことを理由に，限定付適正意見が表明されるか，意見不表明となる。

第15章　財務諸表監査とゴーイング・コンサーン

■図表15-4　継続企業の前提に重要な疑義を生じさせるような事象または状況を解消または改善するための経営者の対応策を監査人が判断する際の留意事項

① **資産の処分による対応策についての判断事項**
　・資産処分の制限（抵当権設定など）の有無
　・処分予定資産の売却可能性
　・売却先の信用力
　・資産処分による影響（生産能力の縮小など）
② **資金調達による対応策についての判断事項**
　・新たな借入計画の実行可能性（与信限度，担保余力など）
　・増資計画の実行可能性（割当先の信用力など）
　・その他資金調達の実行可能性（売掛債権の流動化，リースバックなど）
　・経費の削減・設備投資計画などの延期による影響
③ **債務免除による対応策についての判断事項**
　・債務免除を受ける計画の実行可能性（債権者との合意など）

　監査人が経営者側の評価と対応策を検討してもなお，継続企業の前提に重要な不確実性が存在する——「継続企業の前提についての重要な疑義が依然として払拭されない」といいかえてもよい——と判断する場合（b→d→f）において，後述する継続企業の前提に基づき財務諸表を作成することが適切であると判断した場合（h）には，継続企業の前提に関する注記が適切であるかを検討する（V）。これは本来の言明の監査である。適切な注記が開示されていると判断した場合（j）には，無限定適正意見に加えて，監査報告書において継続企業の前提に関する区分を設けて追記する。反対に，適切な開示がなされていないと判断した場合（i）には，当該不適切な開示の重要性と広範性の程度に応じて，限定付適正意見または不適正意見を表明する。

2）にかかる監査上の対応と監査報告

　監査実務で特に問題となるのは，継続企業の前提に重要な疑義を抱かせる事象や状況が識別された場合であろう（I）。その場合の監査上の対応は1）で示したとおりである。他方，継続企業としての前提がすでに客観的な事実として成立していない場合もありうる。『監査基準』の「第三　実施基準」「三　監査

324

の実施」は，監査人に対して，継続企業の前提に基づき財務諸表を作成することが適切かどうか（IV）を判断事項とすることを求めている。

> 『監査基準』「第三　実施基準」三　監査の実施
> 7　監査人は，継続企業を前提として財務諸表を作成することの適切性に関して合理的な期間について経営者が行った評価を検討しなければならない。

　監査手続の結果，継続企業の前提が成立していないことが，①会社更生法（民事再生法）に基づく更生（再生）手続開始決定の取り消し，②更生（再生）計画の不認可，③破産法に基づく破産申し立てなど，一定の事実をもって明らかな場合には，継続企業を前提として財務諸表を作成することはもはや適切ではない（b→d→f→g）。したがって，財務諸表が継続企業の前提に基づいて作成されている場合には，当該財務諸表に対して不適正意見を表明することになる。『監査基準』「第四　報告基準」は，この点に関して以下の規定をおいている。

> 『監査基準』「第四　報告基準」六　継続企業の前提
> 4　監査人は，継続企業を前提として財務諸表を作成することが適切でない場合には，継続企業を前提とした財務諸表については不適正である旨の意見を表明し，その理由を記載しなければならない。

4　ゴーイング・コンサーン情報の注記開示と監査報告書上の記載

　すでに述べたように，経営者が継続企業の前提に重要な疑義を抱かせる事象や状況の存在を認めた場合において，当該事象または状況を解消または改善するための対応策を講じたにもかかわらず，なお継続企業の前提に関する重要な

第15章　財務諸表監査とゴーイング・コンサーン

不確実性が認められる場合には，継続企業の前提に基づき財務諸表を作成することが適切であると認められたとしても，経営者は GC リスク情報を財務諸表に注記しなければならないというのが「GC リスク開示主義」の立場である。監査・保証実務委員会報告第74号「継続企業の前提に関する開示について」では，次のような開示の指針を示している。

> **監査・保証実務委員会報告第74号**（平成21年4月21日）
> 3. 一般に公正妥当と認められる企業会計の基準に準拠して財務諸表を作成する責任は経営者にある。したがって，経営者は，財務諸表の作成に当たり，継続企業の前提が適切であるかどうかを評価することが求められる。また，経営者は継続企業の前提に関する評価の結果，期末において，継続企業の前提に重要な疑義を生じさせるような事象または状況が存在する場合であって，当該事象または状況を解消し，又は改善するための対応をしてもなお継続企業の前提に関する重要な不確実性が認められるときは，継続企業の前提に関する事項を財務諸表に注記することが必要となる。

　監査人による監査報告は，すでに述べたとおり，経営者による注記が適切であるかどうかによって異なる。GC リスク開示主義の原則に従えば，経営者による注記が適切に行われている限り（図表15-3の j），財務諸表の適正表示に関する無限定適正意見以外に監査報告書において記載しなければならないメッセージは本来ないはずである。GC リスク情報が経営者によって十分かつ適切に開示されていれば，監査人は「監査意見」を通じて，注記を含む財務諸表の信頼性にかかる信念を表明すればよいのであって，財務諸表利用者が当該注記に気づき，財務諸表を注意して利用するか否かは，財務諸表利用者の自己責任に帰する問題である。しかし，『監査基準』は，監査人に対して，そのような無限定適正意見を表明する場合にあっても，監査報告書において継続企業の前提に関する区分を設けて追記することを求めている。次の規定である。

> **『監査基準』「第四　報告基準」六　継続企業の前提**
>
> 1　監査人は，継続企業を前提として財務諸表を作成することが適切であるが，継続企業の前提に関する重要な不確実性が認められる場合において，継続企業の前提に関する事項が財務諸表に適切に記載されていると判断して無限定適正意見を表明するときには，継続企業の前提に関する事項について監査報告書に記載しなければならない。

　なお，監査基準報告書570は，この場合において監査報告書に記載されるべき事項を以下のように規定している（21）。

- ・継続企業の前提に関する重要な不確実性が認められる旨
- ・当該重要な不確実性にかかる財務諸表の注記は監査意見に影響を及ぼすものではない旨

　以上の記載は，財務諸表利用者に重要なゴーイング・コンサーン情報が財務諸表に注記されていることについて注意を喚起することを目的とした一種の警報メッセージと特徴づけることができる。この種のメッセージは，情報提供機能に関わる情報であり，保証に関する他の区分（監査意見区分・監査意見の根拠区分・経営者及び監査役等の責任区分・監査人の責任区分）とは切り離した強調事項として理解しなければならない。いうまでもなく，継続企業の前提に「重要な疑義を生じさせるような事象又は状況」を解消または著しく改善させるための経営者側の対応策が不十分であるにもかかわらず，そのことを糊塗するような不適切または不十分な注記がなされた場合には，言明の監査の本則に従い，監査人は限定付適正意見もしくは不適正意見を表明することにより，本来の保証機能を発揮すべきである。

第15章

327

第15章　財務諸表監査とゴーイング・コンサーン

 本章のまとめ

　財務諸表作成の前提である「継続企業」の問題は，財務諸表の信頼性の保証という財務諸表監査の枠組みのもとでは，なかなか座りの悪い問題である。「個別リスク開示主義」,「GCリスク開示主義」および「GCリスク評価主義」の3つの立場がこの問題に取り組む場合の基本的選択肢であるが，いずれの選択肢をとっても，財務諸表の信頼性の監査を標榜する財務諸表監査の枠組みと完全に整合させることは難しい。わが国が採用する「GCリスク開示主義」においても，監査人が実質的には被監査会社の倒産リスクを評価していることに変わりはなく，GCリスク評価主義に近いことは確かである。

　ゴーイング・コンサーン問題は，監査人の役割をめぐる「期待のギャップ」として提起された問題であり，監査人にとって本来開けてはならない「パンドラの箱」である。監査人の立場を最優先に考えれば「個別リスク開示主義」がベストであるが，この枠組みに固執している限り，会計プロフェッションは社会の期待に応えることができない。しかし，「GCリスク開示主義」であれ，一度この箱を開けてしまうと，監査報告書に記載された関連メッセージの解釈をめぐって，さまざまな誤解（混乱）が生じうる。まさに，ゴーイング・コンサーン問題は会計プロフェッションにとって両刃の剣である。

参・考・文・献

永見尊．2011．『条件付監査意見論』．国元書房．

第16章

監査規制と品質管理

第3章で説明したとおり，制度として実施されている財務諸表監査の担い手は公認会計士であり，法の定めにより，公認会計士には財務諸表監査の独占業務権が与えられている。ただし，これは社会選択であることを忘れてはならない。すなわち，現在のところ，社会は公認会計士が行う財務諸表監査の質（監査の質または監査品質）を信頼し，その業務を任せているのである。万一，財務諸表監査に対する社会的信頼が大きく失墜するような事象が発生し，それによってもはや，社会が公認会計士による監査を許容できないレベルにまで事態が深刻化すると，公認会計士は独占業務権を返納しなければならない可能性もありうる。それゆえ，公認会計士（会計プロフェッショナル）は，社会からの信任と受容を勝ち得るため，個々に規律づけする必要があり，今日では，職業団体である日本公認会計士協会（会計プロフェッション）が『倫理規則』を含む，さまざまな自己規制の仕組みを設けている。第3章を再度振り返っていただきたい。

しかしながら，公認会計士も人である以上，大小さまざまな要因から誤りを免れ得ず，それらが時に監査の失敗を引き起こしうる（第8章）。ここに，監査市場で起こりうる失敗を是正する目的で，国（行政機関）による監査市場への介入，すなわち，監査規制の余地が生まれる。さらに，監査規制の存在は，財務諸表監査の公益性の高さから正当化される。

世界的に，監査規制は強化の一途を辿っている。最たるものは，アメリカにおいて，2000年代初頭の不正会計および監査の失敗を受けて制定された，米国企業改革法（Sarbanes-Oxley Act of 2002: SOX法）であり，同法により創

第16章　監査規制と品質管理

設された準公的機関の公開会社会計監視委員会（Public Company Accounting Oversight Board: PCAOB）である。これにより，監査の質を事前に規制する監査基準の設定権限は会計プロフェッション（アメリカ公認会計士協会）からPCAOBへと移管され，監査の質を事後的にチェックする体制も会計プロフェッションによるピアレビューからPCAOBによる検査へと様変わりした。わが国の場合，監査規制を掌るのは金融庁であり，多少の違いはあれど，金融庁による強い規制が働く構図に変わりはない。

さらに，監査の質を確保するため，監査事務所（監査法人）の役割と責任を強化する動きもある。品質管理である。これは，監査規制強化の一環とも捉えることができる。というのは，わが国では，平成17（2005）年10月28日に企業会計審議会から公表された『監査に関する品質管理基準』が規範として，監査事務所に対して品質管理に対応するよう義務づけたからである。平成29（2017）年3月31日に金融庁から公表された「監査法人の組織的な運営に関する原則」（監査法人のガバナンス・コード）は，監査事務所による主体的な取組みを一層促している。

現代的な重要性に鑑み，本章では，監査規制と品質管理について取り上げる。以下ではまず，金融庁による監査規制（外部規制）の仕組みを説明した後，わが国の監査法人制度とその内部で行われる品質管理について考察する。

金融庁による公認会計士制度の運営と規制

会計プロフェッションと会計プロフェッショナルに対する行政の規制は，わが国においては，基本的に公認会計士法と金融商品取引法に基づいている。金融庁が両法の執行を掌る行政機関であるところから，金融庁と会計プロフェッションとの関係のあり方がとりわけ重要となる。特に会計プロフェッショナルに対する規制という領域において，重要な役割を果たしている行政機関が金融庁（本庁），証券取引等監視委員会，および公認会計士・監査審査会である。

330

公認会計士法は，公認会計士という会計専門職業資格を根拠づける基本法であり，公認会計士試験，日本公認会計士協会への入会（公認会計士開業登録）から退会（業務廃止）までの過程を規制する法律である。文字どおり，公認会計士は公認会計士法によって，その「ゆりかごから墓場まで」を規制されている。公認会計士制度を全般にわたって1つの行政機関が厳しく規制するこのような仕組みは，先進諸国のなかではおそらく日本だけであろう。このような行政による規制の現状は，わが国の会計プロフェッションにとって，いわば「両刃の剣」である。

金融商品取引法は，それ自体，金融商品市場を対象とする規制法であり，公認会計士を規制するための法律ではない。しかし，公認会計士監査の中心は，歴史的にも，金融商品取引法監査（旧証券取引法監査）であった。公認会計士制度立ち上げの時代においては，公認会計士監査に対する需要は旧証券取引法によってほとんどすべて創出された。その後，会社法（旧商法特例法）を含む他の法律によって義務づけられた法定監査や経営者のニーズによる任意監査は増大してきたものの，公認会計士が行う財務諸表監査の中心は常に金融商品取引法監査（旧証券取引法監査）であった。このように，「生活の糧」を得る場においても，公認会計士は行政の規制の影響を強く受けている。その意味では，わが国の会計プロフェッションは「規制業種としての会計専門職業」という性格を色濃く有している。

会計プロフェッションおよび会計プロフェッショナルに対する規制は，金融庁（担当は企画市場局企業開示課），証券取引等監視委員会，および公認会計士・監査審査会によって実施されている。金融庁（本庁）が行う規制は，自らの調査に基づき行政処分その他の措置を講ずるほか，他の2つの行政機関からの行政処分その他の措置についての勧告を受けて，公認会計士・監査法人に対し必要な指示を発出し，あるいは法的制裁や行政的制裁を加えることであり，さらに状況によっては日本公認会計士協会に対して行政的制裁を加える，という形をとる。図表16-1は，現在の行政による会計プロフェッションに対する規制の構図を示したものである。

第16章 監査規制と品質管理

■図表16-1　金融庁と会計プロフェッションとの関係

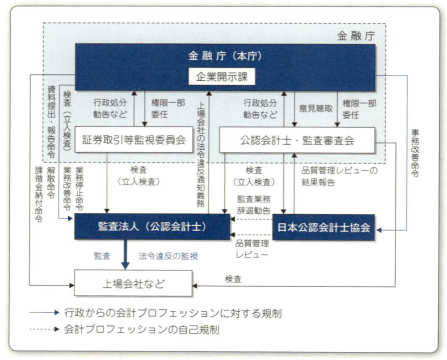

　規制は，それが狙いとする目的によって，事前規制と事後規制という態様をとりうる。事前規制とは，社会的または経済的に好ましくない状況が発現する前に，その状況を引き起こす可能性のある状況（原因）を抑制することを目的に，個人や法人の行為や行動に対して一定の制約をかける形で行われる。対して，事後規制とは，社会的または経済的問題が具体的に生じ，しかも，その結果が社会に悪い影響を与えている（与えた）ことが明らかになった場合に，その原因となる事象を抑制あるいは禁止し，同時に，そのような状況を生み出した個人や法人に対して処罰を含む処分を科す形で行われる。以下，事前規制と事後規制に関連づけて，金融庁（企画市場局企業開示課），公認会計士・監査審査会，および証券取引等監視委員会が行う規制の内容を概観することとしよう。

金融庁（企画市場局企業開示課）――監査規制を統括する行政機関

　金融庁は，内閣府の外局として内閣府設置法第49条第3項に基づき設置されている行政機関である（金融庁設置法第2条第1項）。会計プロフェッショナルおよび会計プロフェッションに対する監督権限は，公認会計士法における行政権限の主体である内閣総理大臣にあると規定されているが，その権限は，同法第49条の4第1項の規定により，金融庁長官に委任されている。金融庁長官に委任されている監督権限は，公認会計士・監査法人に対する資料提出・報告徴収，立入検査，課徴金納付命令，業務改善命令，戒告，業務停止命令，登録抹消・解散命令，日本公認会計士協会に対する事務改善命令の行使などであるが，その監督機能は，金融庁企画市場局企業開示課が担っている。

　監査の失敗のかどで公認会計士・監査法人を処分する権限を有しているという点で，金融庁はアメリカにおける SEC に相当する。しかし，処分に関する情報公開の面では日本はアメリカに及ばない。重大な監査の失敗が起こった場合，できるだけ当該監査の失敗が起こった時期またはそれにできるだけ近い時期に，実施された監査の内実が明らかにされ，とりわけ監査の強化に反映されることが重要である。アメリカでは，SEC の指摘した監査法人側の監査の失敗（不適切な監査・不十分な監査）について，当該公認会計士が個々に認否をするのではなく，無条件で受け入れることを条件に和解決着し，その結果が『会計・監査執行通牒』を通じて公表されている。わが国においてもそろそろ，不正会計や監査の失敗の内実を具体的に明らかにした詳細な処分通牒が模索されてもよいのではないかと思われる。

　金融庁長官に委任されている課徴金納付命令権限や行政処分権限を除く権限の一部は，公認会計士法第49条の4第2項および第3項の規定により，公認会計士・監査審査会に委任されている。すなわち，金融庁長官が会計プロフェッショナルに対して懲戒処分その他の措置を講ずるときは，聴聞を行った後に，公認会計士・監査審査会の意見を聴くこととされている。ただし，公認会計士・監査審査会の勧告に基づいて懲戒処分その他の措置を講ずる場合や監

査法人に対する課徴金納付命令を行う場合には、公認会計士・監査審査会の意見を聴くことは要しない（公認会計士法第32条）。さらに、金融庁の権限の一部は、証券取引等監視委員会にも委任されている。以下、公認会計士・監査審査会と証券取引等監視委員会の活動について説明する。

公認会計士・監査審査会──主に事前規制を担当する行政機関

平成15（2003）年5月の公認会計士法の改正によって、従来、金融庁におかれていた公認会計士審査会（旧審査会）は、平成16（2004）年4月1日、公認会計士・監査審査会として改組・拡充された。審査会は、後述するように、広範で強力な権限を有した常設の機関としての体制を整えた。審査会は、会長と9名の委員──会長と委員のうち1名は常勤の委員──、そして事務

『会計・監査執行通牒』

『会計・監査執行通牒』（Accounting and Auditing Enforcement Releases：AAER）は、SEC登録企業の財務報告およびSEC登録会計事務所の監査証明に関してSECが問題とした財務報告の質および財務諸表監査の質ならびに当該企業および会計事務所に対する行政処分や業務改善勧告など、SEC行政の内実を知るうえで最も重要な情報源である。同通牒は1937年に公表された『会計連続通牒』（Accounting Series Releases）第1号を嚆矢としているが、『会計連続通牒』では企業の財務報告と会計事務所の監査証明に関する規則および企業と会計事務所に対する処分などが一括して扱われていたために、1982年に、財務報告に関するSECの規則やその解説を扱う『財務報告通牒』（Financial Reporting Releases）と、企業と会計事務所に対する行政処分などを扱った『会計・監査執行通牒』に二分された。

監査人が特定の監査環境においてどのような監査判断を行い、それがどのように監査の失敗に結びついたのかを外部の第三者が知ることは、基本的には不可能である。その意味において、監査研究者が制度研究を行ううえでも実証研究を行ううえでも、同通牒は最も重要で信頼できる第一級の情報源である。

■図表16-2　公認会計士・監査審査会と公認会計士審査会の組織体制の比較

	公認会計士・監査審査会	公認会計士審査会
設立年月日	平成16（2004）年4月1日	昭和27（1952）年8月1日
設　　置	常設機関	非常設機関
根　拠　法	公認会計士法第35条	公認会計士法第35条
目　　的	①公認会計士・監査法人に対する処分に関する事項の調査審議 ②公認会計士・監査法人の業務の適正な運営を確保するために行うべき行政処分（業務改善命令）についての勧告 ③日本公認会計士協会の事務の適正な運営を確保するために行うべき行政処分（事務改善命令）についての勧告 ④公認会計士試験の実施	①公認会計士・監査法人に対する処分に関する事項の調査審議 ④公認会計士試験の実施
検査権限	・調査権 ・立入検査権	—
会　　長	1名（常勤）	1名（非常勤）
委　　員	9名（1名常勤）	1名（非常勤）

局で構成されている。旧審査会においては，会長も委員も非常勤で，事務は金融庁のスタッフ数人が兼務していた。

　図表16-2は旧審査会の組織体制と現在の審査会の組織体制との違いを要約したものである。重要な点は審査会に付与された目的（審査会が掌る事務）である。現行の公認会計士法によって審査会に付与されている事務のうち，①と④は旧審査会のもとでも規定されていた目的であり（公認会計士法第35条），②と③は平成15（2003）年の公認会計士法の改正によって新たに追加された目的である。②と③の内容に示されるよう，事前規制は予防的・是正的という性格を帯びている。これらの目的を達成するため，審査会には立入検査を含む強大な検査権限が認められている（公認会計士・監査審査会令第2条に基づく公

認会計士・監査審査会運営規程第6章）。審査会の検査権限は、令和4（2022）年5月の公認会計士法の改正により強化されており、現在では監査法人等の業務の運営状況に限定されない。④については，第3章「2. 国による公認会計士の資格認定制度」を参照されたい。

証券取引等監視委員会──主に事後規制を担当する行政機関

　証券取引等監視委員会は，「証券取引等の公正を確保するための証券取引法等の一部を改正する法律」（平成4年法律第73号）が施行された平成4（1992）年7月20日に，「証券会社の取引の公正性に係る検査」・「犯則事件の調査」・「犯則事件の告発」を目的に，行政部門から独立した合議制の機関として旧大蔵省に設置された委員会組織である。現在は金融庁のもとに設置され，高い独立性を有しているが，自ら行政処分を行う権限は与えられていない。「犯則事件」の範囲は取引の公正を害するものとして政令において定められており，このなかに「重要な事項につき虚偽記載のある有価証券報告書等の提出」がある。会計プロフェッショナルが証券取引等監視委員会と関係をもった場合の接点がこれである。

　証券取引等監視委員会が関与する公認会計士行政は，金融商品取引法監査に従事した会計プロフェッショナルを対象とし，その目的は金融商品取引法違反による検察官への告発（刑事案件），行政処分，および課徴金徴収のための金融庁長官への勧告を行うことにある。その意味において，極めて直接的な規制であり，制裁・懲罰的性格を有する。証券取引等監視委員会が重大な監査の失敗を引き起こした会計プロフェッショナルに対する責任追及を公正に行うことは，会計プロフェッショナルを，ひいては会計プロフェッションを正しく，かつ健全な形で育てるうえで非常に重要である。刑事案件の場合，起訴に向けての証拠要件が高いため，監査の失敗が生じても，会計プロフェッショナルに対する訴追はけっして容易ではない。この問題を現実的に解決したのが，平成17（2005）年4月から金融商品取引法で導入された「課徴金制度」であろう。これは，行政上の措置として金銭的負担を課す制度であり，東芝［2015］で

初めて適用された。

監査法人制度

　監査法人制度は，昭和41（1966）年6月改正の公認会計士法によって創設された制度である。昭和30年代後半から昭和40年代初頭に多発した上場会社の粉飾決算と公認会計士による虚偽証明は，個人事務所または共同監査形態で行われていた当時の監査体制が，巨大な企業の財務諸表監査の実効性を確保するという点で，あまりにも脆弱であったことを社会の人々に知らしめた。そして，複数の公認会計士の資金や知識・技能などを特定の組織体に結合させ，公認会計士間の緊密な協力・研鑽を通じて監査の組織化を図ることが強く求められるようになった。

　監査業務のために公認会計士が創設した共同組織体が**監査法人**である。最初の監査法人は，昭和42（1967）年1月に設立された監査法人太田哲三事務所——EY新日本有限責任監査法人の前身——である。令和5（2023）年12月31日現在で監査法人数は284に達している。監査法人をめぐる法的規制も，制度創設時と今日では相当異なっている。ここでは，令和元（2019）年6月26日改正の公認会計士法（法律第44号）に基づいて監査法人制度を説明する。

監査法人の設立と社員

　監査法人とは，厳密には，公認会計士法第2条第1項に規定する「監査又は証明」を組織的に行うことを目的に，業務停止処分を受けていることなど一定の事由に該当しない5人以上の公認会計士が共同して定款を作成し，設立登記をし，設立した旨を内閣総理大臣に届け出ることによって設置できる（届出制）。監査法人は，公認会計士同様，日本公認会計士協会の会員となる（公認会計士法第46条の2）とされ，協会の会則を遵守する義務を負う。監査法人

第16章　監査規制と品質管理

は，上記の「監査証明業務」のほか，それに支障のない範囲に限って，

① 　財務書類の調製，財務に関する調査若しくは立案，財務に関する相談

② 　公認会計士試験に合格した者に対する実務補習

を行うことが認められている（公認会計士法第 34 条の 5）。

　監査法人の運営は監査法人への出資者たる社員（パートナー）によって行われる。「監査又は証明」については，公認会計士である社員のみが当該業務を執行する権利と義務を負うが，それ以外の業務（たとえば公認会計士法第 34 条の 5）については，公認会計士でない者も**特定社員**として業務に従事することができる（公認会計士法第 34 条の 10 の 2 第 4 項）。たとえば，公認会計士でない者を特定社員として登用し，監査法人の経営や業務管理の一翼を担わせることも可能である。なお，上記の「監査又は証明」であっても，公認会計士でない者がその業務の補助者として従事することは可能である。

監査法人の種類と責任

　従来，監査法人制度は，すべての社員に業務執行権を付与するとともに，業務に関連して発生した債務（損害賠償金）の支払いについては無限連帯責任を負わせることによって，社員相互間の信頼を基礎にした相互監視のもとで，組織的監査の有効で適切な実施を担保するという体制を目指していた。しかし，この制度のもとでは，他の社員の過誤行為に対して全社員が連帯して損害賠償責任を負うことになるため，大規模化した監査法人においては，有限責任制の導入を求める声が強まった。また，有限責任制は，個人事務所の監査法人への移行，小規模監査法人の中規模化を含め，一定規模の監査法人を全体として確保することを促進するための仕組みとして有効であるとの認識もあった。

　このような認識に基づき，社員全員が無限責任社員から構成される従来型の**無限責任監査法人**のほかに，社員全員が有限責任社員である**有限責任監査法人**が誕生することとなった。ただ，パートナーシップを根幹におく監査法人（無限責任監査法人）が原則であるので，有限責任監査法人については，

① 　「財務書類の監査又は証明」および特定の業務（公認会計士法第 34 条の 5）

を行うには，内閣総理大臣の登録を必要とすること

② 社員の100分の75は公認会計士であること

③ 監査法人の名称中に有限責任である旨を明記すること

④ 有限責任監査法人の作成する計算書類については，収益が10億円以上である場合には，当該有限責任監査法人とは特別の利害関係のない公認会計士または監査法人による監査を受けなければならないこと

などの規制が加えられている（公認会計士法第5章の3）。ただ，現実には④が足かせになっているものと推察され，令和5（2023）年12月1日時点では，有限責任監査法人は36監査法人である。

指定社員制度

　上記の有限責任制の考え方を，無限責任監査法人の場合において，監査契約の当事者である被監査会社に対する損害賠償責任に限ってとり入れたのが指定社員制度である。その場合，監査法人は特定の監査証明業務について，それを担当する社員を指定する。特定の監査証明業務については，指定を受けた社員（指定社員）だけが当該業務を執行する権利を有し，かつ，法人を代表する。

　指定社員以外の社員は，業務執行の権限と代表権をもたないことから，その責任は監査法人への出資金の範囲に限定されることになる。すなわち，特定の監査証明業務に関して監査法人が被監査会社に対する損害賠償金を負担しなくてはならなくなった際には，その責任は監査法人への出資金の範囲に限定される。なお，監査法人の財産（出資金）をもってその債務を完済できない場合には，その完済できない部分について指定社員のみが無限連帯責任を負う（公認会計士法第34条の10の6第4項）。

　指定社員制度はあくまで契約当事者の被監査会社に対する損害賠償責任について設けられた制度であり，したがって，善意の第三者に対する損害賠償責任については，従来どおり，全社員が無限連帯責任を負う。

第16章 監査規制と品質管理

監査法人の社会に対する報告責任と経営の透明性

　監査法人の社会に対する報告責任は、今後、ますます重要視されるようになるであろう。現在、監査法人は、毎会計年度終了後2カ月以内に、計算書類と業務報告書を内閣総理大臣に提出することが義務づけられている（公認会計士法第34条の16）。さらに、平成19（2007）年の公認会計士法の改正により、「業務及び財産の状況に関する説明書類」を公衆の縦覧に供することが求められることとなった（第34条の16の3第1項）。監査に対する社会の人々の期待と関心が一段と高まっていることを考えると、監査法人の経営の透明性は、法律によって求められる前に、自己規制の一環としてさらに積極的に高められるべきであろう。「監査品質に関する報告書」は、監査法人側からの積極的な情報公開の姿勢である。

監査法人内で行われる品質管理

　監査の質はさまざまな要因によって影響を受けるが、『監査基準』「第二　一般基準」は以下のとおり、監査人に対して、監査の質を管理すること（品質管理）を要求している。ここにいう監査人には、2つのレベルがある。1つは監査事務所（監査法人）の責任者であり、もう1つは監査実施の責任者である。重要なことは、品質管理は個人の問題ではなく、組織の問題として扱われるべきことである。監査事務所の責任者は監査事務所という組織単位で、監査実施の責任者は個々の監査業務を遂行する監査チームという組織単位で、品質管理の責任を負う。

『監査基準』「第二　一般基準」
　6　監査人は、自らの組織として、全ての監査が一般に公正妥当と認められる監

査の基準に準拠して適切に実施されるために必要な質の管理（以下「品質管理」という。）の方針と手続を定め，これらに従って監査が実施されていることを確かめなければならない。
7　監査人は，監査を行うに当たって，品質管理の方針と手続に従い，指揮命令の系統及び職務の分担を明らかにし，また，当該監査に従事する補助者に対しては適切な指示，指導及び監督を行わなければならない。

監査事務所（監査法人）レベルの品質管理

　監査事務所（監査法人）の品質管理は，監査現場で遂行される監査の質を背後から支える品質基盤である。しかし，平成18（2006）年6月30日，公認会計士・監査審査会が公表した，当時の4大監査法人（あずさ監査法人，監査法人トーマツ，新日本監査法人，中央青山監査法人）に対する検査結果は，「4大監査法人のいずれについても，法人としての品質管理に関して，監査の品質管理のための組織的な業務運営が不十分と認められる」と，わが国の名だたる監査事務所の品質基盤が脆弱であったことを示した（公認会計士・監査審査会「4大監査法人の監査の品質管理について」）。具体的に指摘された不備は，業務運営全般，職業倫理および独立性，研修等，監査契約の新規締結・更新，監査業務の遂行，監査調書，監査業務に係る審査，品質管理システムの監視，共同監査，組織的監査など，多岐にわたっていた。

　もちろん，上記の不備はすでに改善がなされている。それは，検査結果を受けて，監査事務所の自助努力がなされたからであり，また，平成17（2005）年に『監査基準』から独立した基準として設定された『監査に関する品質管理基準』によるところも大きいであろう。その後，国際的にも品質管理の重要性は高まっており，国内外で基準改訂の動きがある。その結果現在は，品質管理のあり方として，監査事務所が品質目標を定め，その達成を阻害しうるリスク（品質リスク）を識別したうえ，当該品質リスクに対処するというリスク・アプローチに基づく考え方が採用されている。

第16章　監査規制と品質管理

『監査に関する品質管理基準』（令和6年3月12日時点）は，全体として以下の内容を定めている。

第一　目的
第二　品質管理システムの整備及び運用
第三　品質管理システムの構成
第四　監査事務所のリスク評価プロセス
第五　ガバナンス及びリーダーシップ
第六　職業倫理及び独立性
第七　監査契約の新規の締結及び更新
第八　業務の実施
第九　監査事務所の業務運営に関する資源
第十　情報と伝達
第十一　品質管理システムのモニタリング及び改善プロセス
第一二　監査事務所が所属するネットワークへの対応
第一三　品質管理システムの評価
第一四　監査事務所間の引継
第一五　共同監査
第一六　中間監査，期中レビュー及び内部統制監査への準用

『監査に関する品質管理基準』の詳細は基準そのものに，各監査事務所の品質管理の実態は「業務及び財産の状況に関する説明書類」や「監査品質に関する報告書」を含む公開情報に譲ることとし，以下では，監査事務所の品質管理において重要な役割を果たす，品質管理部門とその業務について取り上げた後，平成29（2017）年に公表された「監査法人のガバナンス・コード」に触れる。

品質管理部門　図表16-3は監査事務所のうち，大手および準大手監査法人がとる一般的な組織体制のイメージである。図中，品質管理部門に注目されたい。品質管理部門は，『監査に関する品質管理基準』の設定を受けて，品質管理システムの整備及び運用のため監査法人内で設置された，品質管理に専門化

■図表16-3　監査事務所（大手および準大手監査法人）における組織体制のイメージ

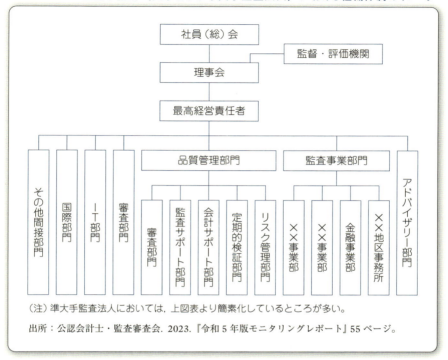

(注) 準大手監査法人においては，上図表より簡素化しているところが多い。

出所：公認会計士・監査審査会. 2023.『令和5年版モニタリングレポート』55ページ。

した部門である（小規模法人の場合，部門ではなく担当者の場合もある）。大手監査法人の場合，品質管理部門に平均100人以上の専門要員が配置されており，業務の適正性を担保するために，契約管理部門，定期的検証部門，会計サポート部門，監査サポート部門，審査部門，IT部門，海外対応部門，リスク管理部門等が設置されている。

一連の部門は，『監査に関する品質管理基準』に定められる幅広い項目に準拠するために重要な役割を果たす。たとえば，リスク管理部門は，職業倫理や独立性に関する問合せ対応やリスク情報の収集・分析，不正リスクへの対応サポート等を，契約管理部門は，監査契約の締結等の承認等を行うことによってである。この他，監査現場での監査の質を事前・事後に支える重要な業務があ

第16章　監査規制と品質管理

る。

専門的な見解の問合せ（監査事務所レベル）　専門的な見解の問合せとは，監査業務に関して，監査事務所内外の専門的な知識，経験等を有する者から，専門的な事項に係る見解を得ることをいう。監査チームが遂行する監査業務は日々，様々な性質の判断の連続である。判断を要する事項には時に，専門性が高いために監査チームで判断することが難しいものや，新しい基準の公表時などには，監査事務所内でもまだ見解の定まっていない事項がありうる。

　このような時，監査チームから相談を受け，その対応窓口となるのが，図表16-3のうち，会計サポート部門や監査サポート部門である。会計サポート部門は，会計基準・会計処理に関する専門的な問合せ対応を，監査サポート部門は，監査基準・マニュアルの対応，監査手続に関する専門的な問合せ対応等を行う。監査チームは，得られた見解を監査業務の実施および監査意見の形成において検討することにより，当年度の判断の質を一層高めることができる。

監査業務の定期的な検証　監査業務の定期的な検証とは，監査事務所が定めた品質管理の方針及び手続に準拠して監査チームが監査業務を実施したことを確かめるために，完了した監査業務に対して実施する手続をいう。個々の監査業務に責任を負う監査責任者（業務執行社員）ごとに，少なくとも一定期間（たとえば3年）に一度は対象となるよう，1つの完了した監査業務について検証が実施される。これに関与するのが，図表16-3のうち，定期的検証部門である。

　検証結果や発見された不備事項は，監査事務所内の研修等において伝達され，注意喚起が行われる他，一部の監査事務所では，検証結果が業務執行社員の評価に反映される仕組みが設けられている。これは，次年度以降の監査の質を改善させることを狙いとする品質管理のモニタリングである。

　さらに，国際的なネットワークに加入する監査事務所の場合には，グローバルレビューを受け入れている。これは，グローバルネットワークで共通する水

準の品質管理のために実施される品質管理のモニタリングの仕組みであり，大手監査法人の場合には毎年，海外レビューアーが直接，日本で実施された監査業務がグローバルネットワークで規定された品質管理の基準や監査マニュアルに準拠しているかを確かめている。

「監査法人のガバナンス・コード」　東芝［2015］などの監査の失敗を受けて，今日，監査の質は，監査事務所内の品質管理の問題にとどまらず，より上層の組織マネジメントの問題として捉えられるようになっている（図表16-3）。金融庁は，平成29（2017）年3月31日，「監査法人の組織的な運営に関する原則（監査法人のガバナンス・コード）」を公表した。法令や規則とは異なるコードであることから，本来は，監査事務所に対して一律に採用が義務づけられるものではない。しかし，令和4（2022）年の公認会計士法改正により，現在は，上場企業等を監査する監査事務所に適用が義務づけられている（公認会計士法施行規則第96条）。

　「監査法人のガバナンス・コード」（令和5［2023］年3月改訂）は，組織として監査の質を確保するため，監査法人が果たすべき役割，組織体制（経営機能，監督・評価機能），業務運営，および透明性の確保に関する5つの原則と，当該原則を適切に履行するための指針から構成される。適用にあたっては，十分に説明する限り，監査事務所の規模や特性を踏まえて一部の原則・指針を実施しないことを認める「コンプライ・オア・エクスプレイン」の考え方が採用されており，大手および準大手監査法人を含む複数の監査事務所が，その適用状況を「監査品質に関する報告書」やWEBサイトで情報開示している。なお，網羅的ではないが，日本公認会計士協会のWEBサイトによれば，令和5（2023）年時点で，29監査事務所の適用状況を確認できる。

　「監査法人のガバナンス・コード」を理解するうえで重要なことは，監査の質を担保するために，監査事務所のガバナンスやトップのリーダーシップがますます重要視されていることである。これには，監査事務所経営の基本哲学，監査プロフェッショナリズム，監査事務所の組織構造や教育・研修，パート

第16章 監査規制と品質管理

■図表16-4 大手監査法人における監査チーム編成の例

		職階	主な役割
監査責任者3人		パートナー	監査業務全体の統括，被監査会社の経営陣のコミュニケーション
監査補助者	公認会計士A	シニアマネージャー・マネージャー	監査チームの統括，監査業務の統括
	公認会計士B	シニアマネージャー・マネージャー	海外構成単位の監査業務の統括
	公認会計士10人	マネージャー・シニアスタッフ	重要な監査領域の監査手続
	その他の監査補助者13人（公認会計士試験合格者等）	スタッフ	内部統制の整備運用評価手続，重要な監査領域以外の監査手続
	その他の監査補助者（監査アシスタント）4人	アシスタント	データ加工，事務的な証憑突合等重要な判断を伴わない作業，残高確認状の発送・回収管理，監査調書の管理
	内部専門家7人（注2）	パートナー，マネージャー，シニア等	被監査会社のIT統括の評価，法人税等の処理の検証，退職給付債務の妥当性の検証

(注1) 被監査会社の連結売上高約1.6兆円，監査時間約15,000時間の監査チームの事例
(注2) 内部専門家は必要に応じて監査チームに配置される。
出所：公認会計士・監査審査会．2023．『令和5年版モニタリングレポート』69ページ。

ナー人事を含む監査スタッフ管理などが含まれ，いわば監査事務所の統制環境に該当する部分を強調するものであろう。

監査チームレベルの品質管理

　監査現場で監査の質に直接触れるのが監査チームである。監査チームは，監査業務とその実施および発行する監査報告書に対する責任を負う監査責任者（業務執行社員）と，当該責任者のもと監査を実施する監査補助者から構成される。図表16-4は，大手監査法人における監査チーム編成の例である。

　日本の上場会社を対象とする監査では，監査責任者は通常複数名おり，監査

補助者の人数やメンバー構成は，数名から数百名まで，被監査会社の規模や事業の複雑性によって異なる。監査チームでは一般的に，経験を積んだ公認会計士等の監査補助者が重要な監査領域の監査手続を，経験の浅い監査補助者（公認会計士試験合格者を含む）がそれ以外の監査手続を担当する。また，監査アシスタントは事務作業を通じて監査業務をサポートし，監査チームによっては，IT専門家や税務専門家，企業価値評価の専門家や不正の専門家等が監査チームに加わることもある。

　監査責任者は，『監査に関する品質管理基準』の要求により，監査チームで遂行する監査業務を品質管理する責任を負っている。これには，被監査会社の状況や品質リスクに応じて，いかなる規模とメンバーから成るチームを編成するかの責任も含まれるが，以下では，チーム編成後の監査業務において行われる３つの品質管理の仕組みについて取り上げる。

監査補助者に対する指揮（指示）・監督　監査チームは，パートナーと呼ばれる監査責任者を筆頭に，スタッフからマネージャーまで，異なる職階の監査補助者（チームメンバー）から成る階層的構造をとることを特徴とする。『監査に関する品質管理基準』は，監査責任者に対して，監査補助者を指揮（指示）・監督するよう求めている。しかし，数名の監査責任者が数百名の監査補助者すべてを指揮・監督することは，スパンオブコントロールの観点からも実施困難である。そこで，監査チームでは通常，チームの階層性を踏まえた指揮・監督が行われている。すなわち，スタッフに対してはシニアスタッフが，シニアスタッフに対してはマネージャーが，マネージャーに対してはシニアマネージャーが，シニアマネージャーに対してはパートナーがという具合に，職階が上の者が下の者を指揮・監督するのである。

　監査補助者が実施した監査手続，そこで入手した監査証拠や発見事項，およびその過程で下した職業的専門家としての判断等は逐一，監査調書に記録し文書化される。監査チーム内での指揮・監督は，口頭やメールなどによりインフォーマルに行われるものもあるが，フォーマルには監査調書の作成とその査

第16章　監査規制と品質管理

閲（レビュー）により行われる。

　現在，大手および準大手監査法人を中心に，監査調書は電子化が進んでいる。これにより，上位者は場所を問わず，適時にチームメンバーの進捗管理や監査調書の査閲（レビュー）を行うことが可能となり，下位者は，上位者が電子的に残したレビューコメントへ対応し，その結果を電子的に記録することができる。

専門的な見解の問合せ（監査チームレベル）　すでに「監査事務所（監査法人）レベルの品質管理」で述べたとおり，監査事務所には，特定の領域に長けた専門部門が必要に応じて，監査チームに対して監査上の注意を促したり，監査チームからの専門的な見解の問合せに答える体制が整えられている。監査責任者は，監査事務所の定める方針または手続に従って，専門的な見解の問合せを行う責任を負い，専門的な見解を得た場合には，その内容を適切に記録し，得られた見解が監査業務の実施および監査意見の形成において十分かつ適切に検討されているかを確かめなければならない。再度，上述の「専門的な見解の問合せ（監査事務所レベル）」を参照されたい。

審　査　『監査基準』の「第四　報告基準」は，監査人（監査責任者）に対して，監査意見の表明に先立ち，審査を受けることを要求している。審査とは，監査報告書日またはそれ以前に，監査チームが行った監査手続，監査上の重要な判断，および監査意見の形成を客観的に評価するために実施する手続をいう。監査事務所によって，審査を行うのに十分かつ適切な経験と職位等の資格を有する，審査担当者（または会議体を含む審査チーム）が監査業務ごとに選任される。

『**監査基準**』「**第四　報告基準**」―　**基本原則**

5　監査人は，意見の表明に先立ち，自らの意見が一般に公正妥当と認められる

監査の基準に準拠して適切に形成されていることを確かめるため，意見表明に関する審査を受けなければならない。この審査は，品質管理の方針及び手続に従った適切なものでなければならない。品質管理の方針及び手続において，意見が適切に形成されていることを確認できる他の方法が定められている場合には，この限りではない。

審査は，監査業務を監査責任者のみに任せない仕組みである。監査責任者は，監査中に識別した重要な事項について審査担当者と討議しなければならない。審査担当者は，監査チームの業務に直接関与していない者の視点から客観的に，監査調書を査閲し，監査チームが到達した監査意見を評価し，監査報告書案が適切であるかどうかの検討を行う。

監査チーム内で，監査チームと専門的な見解の問合せとの間で，または監査責任者と審査責任者との間で，監査上の判断の相違が生じた場合，審査はいわば，適切な意見表明を行う最後の砦となる。このような場合，監査チームは，監査事務所の方針および手続に従って，監査上の判断の相違に対処し，解決しなければならない。監査事務所の審査担当者が承認するまで監査報告書は発行されないという点で，審査担当者は監査責任者とともに監査の質を管理する責任者でもある。監査プロセスにおける審査の役割については，第9章第3節を併せて参照されたい。

4 本章のまとめ

財務諸表監査が制度として実施される以上，その質に対しては，会計プロフェッショナル（監査事務所と監査人個人）と会計プロフェッション（専門職業団体：会計士協会）だけでなく，監督官庁（行政）も関心を寄せ，それぞれが監査の質を規制している。本章では，監督官庁（行政）による監査規制と，監査事務所による品質管理について取り上げた。本章で説明したとおり，これらの

第16章　監査規制と品質管理

規制は重層的なものとなっている。

　金融庁が行う監査規制（外部規制）は，専門職業団体（日本公認会計士協会）が定めた自律規範に基づく自己規制とのバランスの点で問題なしとはいえない。とりわけ，公認会計士・監査審査会が検査権限をどのように行使するかが，日本公認会計士協会が行う自己規制（品質管理レビュー）との関係において重要な問題となる。公認会計士・監査審査会による検査は，基本的には，日本公認会計士協会による自己規制（品質管理レビュー）を受けて実施される。とはいえ，このような監査法人に対する二重の規制はアメリカにおいてさえも実施されておらず，その意味ではわが国の会計プロフェッショナルにとって過重負担である可能性がある。現在以上の外部規制を防ぐためにも，日本公認会計士協会は，品質管理レビューの意味について会員の理解を一段と深めるとともに，同制度に対する自発的な協力を促し，品質管理レビューの強化とその結果の社会一般への開示に取り組むことが必要である。

　監査事務所が行う品質管理は，大型の監査の失敗の代償として，失墜した信頼を回復すべく，強化されてきた。その取組み自体は評価されるものであるが，残念であるのは，その取組みを促した契機が，会計プロフェッショナルの自発性のみによらず，金融庁による監査基準の改訂や検査結果の公表，コードの策定と，常に外部規制の影響を伴うものであったことである。もちろん，この問題は，わが国独自の問題ではなく，国際的な監査規制動向とも相俟って，複雑な様相を呈する。しかしながら，あまりにも過度な規制は，会計プロフェッションとしての自律性を奪うどころか，現実的には「規制疲れ」によるさまざまな悪影響を及ぼしかねないのではないだろうか。

参・考・文・献

秋月信二，岡嶋慶，亀岡恵理子，小宮山賢，鳥羽至英，内藤文雄，永見尊，福川裕徳．
　　2021．『監査の質に対する規制：監査プロフェッション vs 行政機関』．

索　引

欧　文

account analysis	227
account checking	226
Accounting and Auditing Enforcement Releases（AAER）	
☞『会計・監査執行通牒』（SEC）	
accounting statement (s)	34
advocacy threat	52
arm's length	212
assertion	☞アサーション
assertion oriented	181
assurance services	42
A Statement of Basic Auditing Concepts（ASOBAC）	7
asymmetry of information	29
audit（auditing）	1
audit evidence	207
auditing procedure	207
auditing standards　103. 105.	115
audit norms	110
audit objectives	176
audit quality	125
audit risk（AR）	183
audit risk approach	181
audit service	24
audit techniques	207
audit working papers	241
certified public accountants（CPA）	40
computation	227
Computer-Assisted Audit Techniques（CAAT）	227
confirmation	219

continuing professional education（CPE）	☞継続的専門研修制度
control risk（CR）	☞統制リスク
detection risk（DR）	☞発見リスク
economic information	29
Electronic Disclosure for Investors' NETwork（EDINET）	88
engagement quality reviewers	170
expectation gap	
performance gap	310
standards gap	310
familiality threat	52
Financial Reporting Releases	
☞『財務報告通牒』（SEC）	
footing	227
fraud	59. 60
bribe	60
misappropriation fraud	60
misuse	60
survival fraud for the good of the company	64
tax fraud	60
Generally Accepted Accounting Principles（GAAP）	
☞一般に認められた会計原則	
Generally Accepted Auditing Standards（GAAS）	
☞一般に認められた監査基準	
illegal acts	60
independence	
independence in fact	142
independence in mental attitude	126
independence perceived	142

索　引

inherent risk（IR）　☞固有リスク
initial public offering（IPO）　22，89
intimidation threat　52
inquiry　221
　International Financial Reporting
　　Standards（IFRS）
　　　　　　　　☞国際財務報告基準
International Standards of Auditing
　（ISA）　　　　☞国際監査基準
irregularities　59
Key Audit Matters（KAM）
　　　　　☞監査上の主要な検討事項
management services　☞ MS 業務
managerial stewardship　1
material misstatements　182
materiality　76
merger and acquisition（M & A）　2
negligence　136
non-statement audit　35
observation　217，223
physical inspection　216
posting checking　226
potential conflict of interests　29
principles-based accounting
　　　　　　　☞原則に基づく会計
professional competence　43
professional due care　123
professional skepticism　125
neutrality view　140
presumptive doubt view　140
professional standards　114
professionalism　46
public accounting　47
reconciliation　228
Regulation S-X　103
related party　212
re-performance　229

review　223
Risk of Material Misstatement（RMM）
　　　　　　☞重要な虚偽表示リスク
Sarbanes-Oxley Act of 2002 ☞ SOX 法
scanning　228
self-interest threat　52
self-review threat　52
statement (s)
　financial statements　34
　statement audit　34
Statements on Auditing Standards
　（SAS）　　　　☞監査基準
subject to opinion　314
substance over form　71
threats　　　　　☞阻害要因
vouching　224

邦　文

あ　行

アサーション　7，8，163-180，209，
　　　　　237-241，244-247，286
財務諸表項目レベルのアサーション　178
アサーション
　――の識別　164
　――の設定　168
　――の確からしさ　248
意見表明（形成）のための合理的な基礎
　　　　　　　　☞合理的な基礎
意見不表明　290，292，323
委託受託関係　1，21，31，37
著しい（特別の）利害関係
　　　　　　　129，131，165
一般に公正妥当と認められる監査の基準
　　　　　17，39，101，102，
　　　　　107，111，122，135

☞『監査基準』（金融庁）	
監査基準報告書	118，121
監査基準の改訂及び監査における不正リスク対応基準の設定に関する意見書	
☞不正リスク対応基準	
品質管理基準報告書	118，122
一般に公正妥当と認められる企業会計の慣行	14
一般に公正妥当と認められる企業会計の基準	10
一般に認められた監査基準	101，255
一般に認められた会計原則	10
違法行為（の監査手続）	57，58，62，70-74，77

意味

裏の意味	257，258
表の意味	257，258
会計上の意味	12，178
インサイダー取引	82，88
影響の広範性	308
MS業務（経営指導業務・コンサルティング業務）	127

か　行

『会計・監査執行通牒』（SEC）	139，336
会計監査人監査	☞監査（定義）
会計検査院検査	1
会計上の主張	175
会計処理方法の変更	304，306
会計専門職業（会計プロフェッション）	40，55

会計帳簿	210
主要簿	210
補助簿	210
会計プロセス	176
会計プロフェッショナル	41
会計プロフェッション	41

開示	
定期開示	82
適時開示	82
開示主義	312
開示書類	85
会社財産危殆罪	63
会社の利益	64
会社法	63，71
概念的枠組み	52
確認	
消極的確認	220
積極的確認	219
確認回答書	212
確認書	86，89，94
確立された規準	7-14，19
基準（規準）の硬度	9
過失	134-137，145
過失責任	136
過失相殺	151，152
課徴金制度	336
監査（定義）	6，11
会計監査人監査	100
会計帳簿の監査	22
環境監査	18
監査委員監査	2，18
監事監査	18
金融商品取引法監査	100
計算書類監査	14
継続監査	164
言明（情報）の監査（言明立証型監査）	13，14，29，34，99
行為の監査	35
個人情報保護監査	18
コンプライアンス監査	35
事業報告（書）監査	35
システム監査	18
情報セキュリティ監査	18

索引

353

索　　引

初度監査　　　　　　　　164，165
政治資金監査　　　　　　　　　18
貸借対照表監査　　　　　　　　22
統合監査　　　　　　　　　　　208
内部統制監査　　　　　　　　　35
内部統制報告書監査　　　　14，98
任意監査　　　　　　　2，21，164
非言明の監査　　　　　　　　　35
法定監査　　　　　　　2，21，164
法令・規則準拠性監査　　　　　35
監査
　――の基本型　　　　　　　　34
　――の質　　　　　　　　　125
　――の失敗　　　　　21，62，121，
　　　　　　124，138，146，158
　――の有効性　　　　　　　205
監査意見
　限定付適正意見（限定意見）　290，
　　291，294，298，301，308，323
　条件付意見　　　　　　314，315
　不適正意見　　　　290，297，308
　無限定適正意見　　　　　　301
監査意見の態様　　　　　　　302
監査技術　　　　　　　207，215
　異常点検出のための監査技術　230
　閲覧　　　　　　　　　　　223
　確認（売掛金の残高確認）
　　　　　219-221，234，235，289
　　消極的確認　　　　　　　220
　　積極的確認　　　　　　　219
　勘定突合　　　　　　　　　226
　勘定分析　　　　　　　　　227
　計算突合　　　　　　　　　227
　再実施　　　　　　　　　　229
　視察　　　　　　　　　　　223
　実査　　　　　　　　　　　216
　質問　　　　　　　　　　　221

証憑突合　　　　　　　　　　224
立会（棚卸の立会）　217，220，235
調整　　　　　　　　　　　　228
帳簿突合　　　　　　　　　　226
通査　　　　　　　　　　　　228
転記突合　　　　　　　　　　226
独立的計算　　　　　　　　　227
複合技術　　　　　　　217，224
分析的手続　　　　　　215，229
監査基準　　　101，102，107，158
　『監査基準』（金融庁）　　102，105
　監査実務指針（日本公認会計士協会）
　　　　　　　　　　　　　　118
監査基準書　　　　　　104，114
監査基準
　――の失敗　　　　　　　　121
　――の設定権限　　　　　　119
　――の設定主体　102，105，115，119
　――論争　　　　　　　　　103
監査基準の基本的性格　　　　107
　監査人の行為・判断を規制する基準109
　財務諸表監査の品質基準　　258
　責任基準　　　　108，111，258
　専門職業基準　　　　108，114
　免責基準　　108，111，176，258
　役割基準としての監査基準　108
　利害調整の基準　　　108，114
監査業務の定期的な検証　　　344
監査計画　　　　　　　　　　238
　――定式　　　　　　　　　193
　――の策定　169，197，198，238
　――の修正　　　　203，204，241
監査契約　　　　　　　　　　164
監査契約書　　　　　　　　　166
監査契約リスク　　　　　　　165
監査証拠（証拠）　　　　　　207
　口頭的証拠　　　　　　　　213

十分かつ適切な監査証拠　203，247
真正性　　　　　☞監査証拠の評価
正の証拠　　　　　　　　　　286
強い証明力を有する監査証拠　199
適合性　　　　　　☞監査証拠の評価
物理的証拠　　　　　　　　　213
負の証拠　　　　　　　　　　286
文書的証拠　　　　　　　　　210
リスク評価のための監査証拠　208
立証の材料としての監査証拠　210
監査証拠の評価　　　　　　211
　真正性　　　　　　　　　　241
　事後評価　　　　　　　　　239
　事前評価　　　　　　238-240
　信頼性　　　　　　　　　　241
　適合性　　　233-235，241，305
監査（又は）証明業務　　　　41
監査証明業務の独占権　　　　156
監査証明府令　　　　　　　　120
監査スタッフ（監査チーム）170，346
監査責任者　　　　　　　　　172
　――のローテーション　128，129
監査訴訟　　　　　　　　　　113
監査調書　　　　　　　169，242
　――の閲覧　　　　　　　　248
　――の査閲（レビュー／総括レビュー）
　　　　　　　　239，242，243
　――の所有権　　　　　　　248
監査手続
　――上の制約　　　　288-292
　――の効率性　　　　　　　239
　――の全体の質　　　　　　256
　――の有効性　　　　　　　239
監査に関する品質管理基準（品質管理基
　準）　　　　　　　　　　　116
監査人
　――の役割（保証）　　　　283

☞併せて「保証」も参照
監査判断　　　　　　　　　　174
監査人の法的責任　155，158，161
　挙証責任　　　　　　153，154
　　――の転換　　　　　　　154
　刑事責任　　　　　　　　　156
　第三者（投資家）に対する法的責任　153
　民事責任　　　　　　　　　150
　無過失責任　　　　　　　　161
監査人の独立性（概念）123，126，128
　外観的独立性　　　　　51，128
　監査判断の独立性　　　　　128
　精神的独立性（公正不偏の態度）
　　　　51，126，134，142，150
　精神的独立性の欠如　　　　142
監査の主題　9，11，33，166，251，256
監査費用　　　　　　　　　　26
監査プロセス　　　　　163，164
　監査契約プロセス　　　　　164
　監査報告プロセス　　　179，185
　監査立証プロセス　　　138，168
監査報告書　　　　　　251，252
　標準監査報告書　　　　　　253
　監査報告書
　　――の情報価値　　　　　283
　　――の長文化　　　　　　284
　　――の日付　　　　　　　268
　　――のメッセージ（区分）　252
監査報告書の構造　　　　　258
　監査意見区分　　　　　266，268
　監査意見の根拠区分
　　　　266，270，290，295
　監査上の主要な検討事項区分267，272
　監査人の責任区分　　　266，274
　経営者及び監査役等の責任区分
　　　　　　　　　　266，273
　継続企業の前提に関する区分266，272

索　　引

その他の記載内容区分	267，273
追記情報区分	267，273
監査上の主要な検討事項	272，279
監査法人（制度）	337
無限責任監査法人	338
有限責任監査法人	338
監査法人のガバナンス・コード	345
監査法人の審査機能	128
監査補助者	
112，116，241-247，346，347	
——に対する指揮（指示）・監督	347
監査メッセージ	256
警報メッセージ	327
監査用役	24，114
監査要点	175，179，180，244
☞併せて，アサーションおよび命題（立証命題）も参照	
監査リスク AR（audit risk）	183，184
結合リスク	196
合理的に低い（AR の）水準	
183-186，240	
固有リスク（IR：inherent risk）	
183，186	
社会的に許容される監査リスクの水準	
198	
統制リスク（CR：control risk）	
183，188	
発見リスク（DR：detection risk）	
183，192	
監査リスク・アプローチ	181
監査リスク・モデル	183
勘定吟味役	23
勘定奉行	23
関連当事者	212
企業内容開示制度（ディスクロージャー制度）	79，81，84，88
発行市場における企業内容開示制度 89	

流通市場における企業内容開示制度　91	
企業の継続的事業担当能力	289，309
規制	
外部規制	56，130
自己規制	44，47，130，132
事後規制	332，336
事前規制	332，334
『基礎的監査概念報告書』	☞ ASOBAC
期待（の）ギャップ	31，32，310
期中レビュー	94，99
規範	
監査規範	110
規範性	120
財務諸表監査の規範	110
職業規範	49，111
自律規範	49，148
他律規範	148
基本原則	50，51
客観性	50
守秘義務	51
職業的専門家としての行動	51
職業的専門家としての能力及び正当な注意	51
誠実性	50
行政処分（権限）	155
強調事項	273，327
虚偽証明	153
金融商品取引法	
73，80，83，89，96，100	
金融庁	
金融庁設置法	333
公認会計士行政	336
金融庁検査（権限）	113
戒告	156
解散命令	157
業務改善命令	157
業務停止（命令）	156

356

立入検査	335	**さ 行**	
偶発事象	281		
経営者確認書	221, 242	在庫証明書	221
継続性の原則	303, 304	**財務諸表**	28
継続的専門研修制度	53, 56	基本財務諸表	97
決算短信	91	**財務諸表の基本的性質**	
原始記録	210, 224	会計責任報告書	28, 31
原則に基づく会計	69	経済的情報	29, 31
言明	13, 34	財務諸表	
会計的言明	13, 34	——に与えている影響	291, 295
非会計的言明	14	——に重要な虚偽表示がないこと	276
言明主義	312	——の適正表示	238
言明不正	60, 62, 64	——の利用可能性	300
故意　62, 126, 142, 145, 159, 161		財務諸表監査	13
公共会計	47	——の質（の水準）	17, 146
公認会計士	40	——の生成基盤	21, 24
——の独占業務	41	——の目的	57
公認会計士制度	40, 42, 330	財務諸表等の監査証明に関する内閣府令	
会員登録	44		111
強制加入制度	45	財務諸表の質（信頼性）の保証	17
公認会計士試験	43	財務諸表の重要な虚偽表示	
公認会計士法	40-49, 133, 330		57, 66, 74, 182
公認会計士法施行令	42, 131	財務諸表の信頼性の格付け	301
後発事象	282	財務書類の調製	41
合理的な基礎		『財務報告通牒』（SEC）	334
	17, 214, 237, 245, 285, 292	財務報告に係る内部統制	92
合理的（な）保証　☞保証（機能）		**GC リスク**	311
ゴーイング・コンサーン	289, 309	——開示主義	
——監査手続	320		311, 313, 316, 326, 328
——情報の開示	325	——情報の開示	316
コーエン委員会報告書	309	——の評価と開示	313
コーポレート・ガバナンス	10, 190	——評価主義	311, 314, 316
国際監査基準	99, 110	自己責任の原則	80
国際財務報告基準	99	試査	193
COSO 報告書	189	——範囲の拡大	239
誤謬	57, 67	**事象**	
		経済的事象	7

357

法的事象		8	171, 348	

法的事象　8
実証手続　192, 202, 215, 240
指定証明　268
社員
　指定社員制度　339
　指定有限責任社員　268
　特定社員　338
自由契約主義　133
重大性　288
十分性　241
重要性　287, 288
　金額的重要性　198, 287
　質的重要性　198, 287
重要性
　——の基準値　198, 199
　——の水準　198
　——判断　287
重要な虚偽表示リスク　196, 197, 240
　財務諸表全体での重要な虚偽表示リスク
　　197, 200
受託責任　28
上場廃止　302
証憑　210, 233
情報
　追記情報　273
　投資情報　83
　非保証情報　315
　保証情報　315
情報価値　298
情報提供機能　266, 278
情報の監査　29
情報の質（信頼性）の保証　303
情報の非対称性　4, 29
除外事項　286, 288, 294
職業的懐疑心　125, 137-140, 213, 217
職業倫理規則　48-50
審査担当者による審査（レビュー）

審査プロセス　172
審査報告書　42
心証　☞信念
真正性　☞監査証拠の証拠
信念　168, 251, 286, 290, 291
　合理的な信念　173
　個別信念　178, 244, 248
　信念の程度　246
　正の信念　246
　総合信念　168, 245, 246
　負の信念　246
信頼性　☞監査証拠の評価
正の証拠　☞監査証拠（証拠）
セーフガード　53
潜在的な利害の対立　4, 6, 29, 31
専門的な見解の問合せ　344, 348
総会屋に対する無償の利益供与　65
阻害要因　52
　自己利益　52
　自己レビュー　52
　馴れ合い　52
　不当なプレッシャー　52
　擁護　52
SOX 法　98
その他の記載内容　280
その他の事項　281
損害賠償責任　151, 153

た 行

第三者審査　242, 248
談合工作　65
注意の標準　133
職業的専門家としての正当な注意
　　123, 133-137
善良な管理者の注意義務　136
帳簿債権　179, 233, 234

テスト・カウント	218
道義的責任	147
投資者の保護	80

な 行

内部監査	1，18
――部門	218
内部牽制	191
内部告発	191
内部通報	191
内部統制（システム）	
	31，66-70，86，188
内部統制	
――の限界	189
――の重大な欠陥	192
――の統合的枠組み	189
――の評価	277
内部統制監査報告書	☞監査報告書
内部統制の構成要素	189，190
監視活動	189，191
情報と伝達	189，191
統制活動	189，191
統制環境	189
リスクの評価	189，190
内部統制の目的	189
会社財産（資産）の保全	189
関連法規の遵守	189
業務の有効性と効率性	189
財務報告の信頼性	189，192
内部統制報告書	86，89，92
内部統制報告書監査	☞内部統制監査
二重責任の原則	274

は 行

パイロット・テスト	163，165
パートナー	170，338，346，347
半期報告書	89，93

判断

監査判断の質	147
実質判断	323
判断ミス	68
被監査会社の継続的事業担当能力	314
非監査証明業務	131
非通例的取引	202
品質管理レビュー（制度）	54
複合技術	☞監査技術
負債証明書	221
不正	57，60，108
――概念	59

品質管理

監査事務所レベルの――	341
監査チームレベルの――	346
――部門	342

不正の態様
	63
違法配当	63
横領	60
会計上の不正	60
故意による不実記載	60
財産不正	60，63，108，152
詐欺	60
私消	60
脱税	60
流用	60
賄賂	60
不正リスク対応基準	116
負の証拠	☞監査証拠（証拠）
粉飾決算	60
米国企業改革法	☞ SOX 法
法的形式よりも経済的実質	69

保証（機能）
	266
監査による保証	97，98
限定的保証	99
肯定的保証	252
合理的（な）保証	99，252

索　引

保証業務	42		
保証の主題	97		

ま 行

命題（立証命題）	180
究極的立証命題	205
財務諸表の適正表示命題	205
要証命題	164

や 行

有価証券届出書	89，90
有価証券報告書	89，92

ら 行

リスク	
個別リスク	312
個別リスク開示主義	312，316
サンプリング・リスク	193
事業等のリスク	317
重要な虚偽表示リスク	196，197，240
情報リスク	32，309
ノンサンプリング・リスク	193
ビジネス・リスク	
208，209，211，309，312	
リスク・アプローチ	194
立証の方向	246
立証上の目標（狙いどころ）　☞監査要点	
臨時報告書	89，95
倫理規則　　　　☞職業倫理規則	
レビューによる保証	98
ローテーション	
☞監査責任者のローテーション	

会社・組織・個人

Arthur Andersen LLP　　　119
Association of International Certified
Professional Accountants（AICPA）
103
Committee of Sponsoring
Organizations of the Treadway
Commission（COSO）　　189
Enron　　　98，105，119
Financial Accounting Standards Board
（FASB）　　　　　　10
International Federation of
Accountants（IFAC）　　181
KDD　　　　　　63，66
McKesson & Robbins 102，119，235
NEC　　　　　　　65
Price Waterhouse & Co.　102，235
Public Company Accounting
Oversight Board（PCAOB）
110，115，120，330
Robert H. Montgomery　　103
Samuel J. Broad　　103，136
Securities and Exchange Commission
（SEC）　　　　102-105
WorldCom　　　　　119
アメリカ公認会計士協会　115，309
監査基準審議会　　　114
コーエン委員会（AICPA）　310
RH インシグノ　　　157
エフオーアイ　　　165
小田急電鉄　　　62，65
オリンパス　　　5，62
カナダ勅許会計士協会　310
カネボウ　　62，65，156，157
かろりーな　　　　62
企業会計基準委員会　　10
企業会計審議会　　　114
キャッツ　　　　156
金融庁　　　　330，333
企画市場局企業開示課　333

360

公認会計士・監査審査会			新潟鉄工	63
	43, 330, 334, 335		日興コーディアルグループ	62, 65
公認会計士審査会	335		ニデック	69
証券取引等監視委員会	330, 336		**日本公認会計士協会**	44-48, 118
公開会社会計監視委員会（PCAOB）	110		監査業務審査会	53, 54
神戸製鋼所	65		綱紀審査会	53, 54
国際会計士連盟	110, 181, 253		日本コッパース	66
サンビシ	157		日本通運	63, 66
サンユウ	63, 66		日本熱学工業	65, 165
山陽特殊製鋼	65		東日本旅客鉄道	14
州職業会計審査会	46		福島銀行	69
証券取引委員会（SEC）	104-107		フットワークエクスプレス	156, 157
西武鉄道	62, 65		プロデュース	165
ゼンテック・テクノロジー・ジャパン	157		平和相互銀行	63, 66
大王製紙	63, 66		マクドナルド委員会	310
大光相互銀行	165		三田工業	156
大和銀行	66		三越	66
タカチホ	69		三菱 UFJ 証券	63
中部電力	63, 66		メディビックグループ	157
勅許管理会計士協会	103		ヤオハンジャパン	165
ディー・ディー・エス	157		ヤシカ	63, 65, 66
東京三菱銀行	63, 66		山一證券	65, 151
東芝	62, 157, 336, 345		ライブドア	62, 83
ナナボシ	107, 137, 151, 164		リッカーミシン	65

著者略歴

■亀岡　恵理子（かめおか・えりこ）

2010 年　早稲田大学商学部卒業

2016 年　早稲田大学大学院商学研究科博士後期課程修了

　　　　　博士（商学）（早稲田大学）

PwC あらた有限責任監査法人 PwC あらた基礎研究所アソシエイト，文教大学経営学部講師，東北大学大学院経済学研究科講師を経て，現在，東北大学大学院経済学研究科准教授

論　文

亀岡恵理子「監査パートナーによる監査品質マネジメント：プロセスの類型化と先行研究レビュー」『産業經理』80 (3): 68–80 2020 年

亀岡恵理子「監査に従事する個人が監査品質に与える影響についての予備的調査—日本の監査労働市場における個人特性の探索—」『経営論集』5 (4): 1-24 2019 年

■福川　裕徳（ふくかわ・ひろのり）

1994 年　一橋大学商学部卒業

1999 年　一橋大学大学院商学研究科博士後期課程単位修得

2002 年　博士（商学）（一橋大学）

長崎大学経済学部講師・助教授，一橋大学大学院商学研究科准教授・教授を経て，現在，一橋大学大学院経営管理研究科教授

著書・論文

福川裕徳『監査判断の実証分析』国元書房　2012 年

Hironori Fukukawa and Hyonok Kim. 2017. Effects of audit partners on clients' business risk disclosure. *Accounting and Business Research* 47 (7): 780-809.

■永見　尊（ながみ・たかし）

1989 年　千葉大学法経学部卒業

1995 年　早稲田大学大学院商学研究科博士後期課程単位取得

2009 年　博士（商学）（早稲田大学）

作新学院大学経営学部専任講師・助教授，慶應義塾大学商学部助教授を経て，現在，慶應義塾大学商学部教授

著　書

永見　尊『AUDIT INQUIRY　質問の理論と技術』中央経済社　2024 年

永見　尊『条件付監査意見論』国元書房　2011 年

■鳥羽　至英（とば　よしひで）

1969 年　早稲田大学第一政治経済学部卒業

1976 年　早稲田大学大学院商学研究科博士後期課程単位取得

1983 年　商学博士（早稲田大学）

専修大学商学部・早稲田大学商学部教授・国際教養大学特任教授を経て，現在，早稲田大学総合研究機構（招聘研究員）

著　書

鳥羽至英『世界の監査史』国元書房　2024 年

鳥羽至英・秋月信二共著『監査を今，再び，考える』国元書房　2018 年

練習問題

ホームページからダウンロードしてください。

http://www.kunimoto.co.jp/contents/audit/s_fsaudit3.html

財務諸表監査　第3版

<検印省略>

| 2015年4月5日 | 初版発行 | 2021年4月25日 | 改訂版発行 |
| 2024年8月31日 | 第3版発行 | | |

著　者	亀岡　恵理子
	福川　裕徳
	永見　　尊
	鳥羽　至英
発行者	國元　孝臣
発行所	㈱国元書房

〒113-0034
東京都文京区湯島 3-28-18-605
電話(03)3836-0026　FAX(03)3836-0027
http://www.kunimoto.co.jp/　E-mail：info@kunimoto.co.jp

Ⓒ 2024
Printed in Japan

印　刷：プリ・テック㈱
製　本：協栄製本㈱
表紙デザイン：
　　永見　豊
　　(Yutaka Nagami)
表紙写真撮影：
　　滝沢　正仁
　　(Masahito Takizawa)

ISBN978-4-7658-0578-0

JCOPY <㈳出版者著作権管理機構 委託出版物>
本書の無断複写は著作権法上での例外を除き禁じられています。複写される場合は、そのつど事前に、(㈳)出版者著作権管理機構(電話 03-5244-5088, FAX 03-5244-5089, e-mail: info@jcopy.or.jp)の許諾を得てください。